PHILIPP SCHLÄGER   AMERIKAS NEUE RECHTE

PHILIPP SCHLÄGER

AMERIKAS NEUE RECHTE

TEA PARTY, REPUBLIKANER UND DIE POLITIK DER ANGST

ROTBUCH VERLAG

Von Philipp Schläger liegt bei Rotbuch außerdem vor:
Der entzauberte Präsident. Barack Obama und seine Politik (2010)

ISBN 978-3-86789-149-3

1. Auflage
© 2012 by Rotbuch Verlag, Berlin
Umschlaggestaltung und -abbildung: toepferschumann.de
Druck und Bindung: CPI Moravia Books GmbH

Ein Verlagsverzeichnis schicken wir Ihnen gern:
Rotbuch Verlag GmbH
Alexanderstraße 1
10178 Berlin
Tel. 01805/30 99 99
(0,14 Euro/Min., Mobil max. 0,42 Euro/Min.)

www.rotbuch.de

INHALT

VORWORT

Alles deutete auf einen Neuanfang hin. Mit seinen Parolen der Hoffnung und des Wandels hatte Barack Obama die Präsidentschaftswahl 2008 deutlich für sich entschieden. Amerika hatte nicht nur den ersten schwarzen Präsidenten gewählt, sondern ihn hatten auch so viele weiße Wähler wie keinen anderen demokratischen Präsidenten seit Jimmy Carter unterstützt. Der von Obama versprochene Wandel, so schien es, hatte bereits eingesetzt. Mit dem Abtritt George W. Bushs schien die Phase des ungebändigten Kapitalismus, der Kriege, der Verhaftungen ohne Verfahren und Folter der Vergangenheit anzugehören. Große Reformprojekte wie die jahrzehntelang gescheiterte Neugestaltung des Gesundheitswesens schienen greifbar nah.

Die Konservativen erlebten dagegen eine tiefgreifende Niederlage. Nach dem Ende der unpopulären Präsidentschaft von George W. Bush und der Niederlage von John McCain sahen manche schon das Ende der modernen konservativen Bewegung gekommen. Doch es dauerte nicht lange, bis sich die Stimmung wieder drehte. Auf dem Höhepunkt der Wirtschaftskrise bildete sich mit Obamas Amtsantritt eine neue konservative Bewegung, die den Republikanern neues Leben einhauchte.

In zunächst spontan organisierten Versammlungen protestierten wütende Bürger im ganzen Land gegen staatliche Eingriffe in den Markt und für einen »kleineren Staat«, »mehr Freiheit« und »weniger Steuern«. Dass diese Bewegung nicht schon mit den Ausgaben-Eskapaden der Bush-Regierung ihren Anfang genommen hatte, ließ viele aufhorchen. Denn weder der stark in bürgerliche Freiheiten eingreifende Patriot-Act, also jenes Gesetz, das seit 2001 im »Krieg gegen den Terror« essentielle Bürgerrechte aushebelt, die unbegrenzte Inhaftierung von Einwanderern und die Überwachung von US-Bürgern ohne richterliche Anordnung erlaubt, noch die Lügen, die zum Irakkrieg geführt hatten, gaben Anlass für die Proteste. Die großzügigen Steuersenkungen für Reiche oder die Milliardensubventionen für die Pharmaindustrie spielten ebenso wenig eine Rolle wie die Verdopplung der Schulden oder das Haushaltsdefizit unter Bush. Vielmehr wurde die Tea Party zum Inbegriff des Widerstandes gegen Barack Obama und seine Politik. Der »zu große Staat«, gegen den sich die Bewegung wendete, das waren die Hilfsprogramme für Arme, Arbeitslose und in Not geratene Hausbesitzer, also diejenigen, die unter der Krise am meisten zu leiden hatten. Die Tea Party protestierte wütend gegen die Reform des Gesundheitswesens, den Klimaschutz, aber auch gegen die gleichgeschlechtliche Ehe und die Einwanderungspolitik. Die Proteste dieser neuen Bewegung ließen aber auch früh ein anderes, hässliches Gesicht erkennen: Rechtsextreme und Verschwörungstheoretiker waren von Anfang an mit dabei und prägten das Geschehen mit ihrer extremen Rhetorik und rassistischen Parolen. Auf Demonstrationen verglichen Anhänger der Bewegung Obama mit Hitler. Die biblischen Kategorien von »Gut« und »Böse«, die George W. Bush zur Rechtfertigung seiner Außenpolitik verwendete, haben längst auch den politischen Dialog im Innern erfasst.

Die politische und kulturelle Dimension dieses Prozesses ist nicht zu unterschätzen. Moderate Republikaner wurden schnell zu einer bedrohten Spezies in Washington. Viele Rechtskonservative kämpfen nach ihrem eigenen Verständnis einen »heiligen Krieg« zur Verteidigung der »christlichen Nation« gegen »Subversive«, »Sozialisten«, »Kommunisten«, »Faschisten« oder – ein relativ neuer Kampfbegriff – »säkulare Humanisten«. Muslime werden in diesem Denksystem pauschal zu Terroristen erklärt und Intellektuelle, Einwanderer und Schwule als »unamerikanisch« verunglimpft. Ein Grundkonsens, eine gemeinsame philosophische Grundlage wie etwa in den Demokratien Westeuropas scheint in den USA nicht mehr zu bestehen. Die Gegenseite wird einfach als Feind betrachtet, den es um jeden Preis zu bekämpfen gilt.

Der republikanische Senator Jim DeMint aus South Carolina fasste dies in seinem berühmt gewordenen Satz zur Gesundheitsdebatte zusammen, in dem er seine Parteikollegen zur Blockade aufrief. Das Ziel der Republikaner müsse sein, Obama sein »Waterloo« zu bereiten.[1] Diese Aussage wurde zum Sinnbild der Vorgehensweise der Republikaner gegen nahezu alle Projekte Obamas. In den Konjunkturprogrammen des neuen US-Präsidenten sahen sie einen »faschistischen Putsch« und in seiner Gesundheitsreform das Einfallstor in den »Sozialismus«.

Aber ihre Wut richtet sich nicht nur gegen die Demokraten. Allen Spekulationen einer neuen, dritten Kraft zuwider, richtete die Tea Party ihr Augenmerk und ihre Energie von Anbeginn auf die Transformation der Republikanischen Partei. Moderate Konservative mussten um ihre Wiederwahl fürchten und verloren in vielen Fällen unter dem Druck der erzkonservativen Bewegung ihre Posten. Kompromisse sind tabu, pragmatische Politik verpönt und der Wahl des »kleineren Übels« setzen sie ideologische Reinheit entgegen. Strategisch weitsichtig nehmen sie dafür auch kurzfristige Niederlagen an der Wahlurne in Kauf.

Die Bewegung sieht sich in der Tradition der Boston Tea Party von 1773, einem Schlüsselereignis der amerikanischen Revolution. Um gegen die britische Kolonialherrschaft zu protestieren, warfen als Indianer verkleidete Siedler Tee aus Schiffen der East India Company in den Hafen von Boston. Bei der Aktion ging es nicht um die Höhe der Steuern, sondern um das Recht der britischen Krone, ihre 13 nordamerikanischen Kolonien mit Steuern und Zöllen zu belegen. Dieses Ereignis bereitete drei Jahre später den Weg zur amerikanischen Unabhängigkeitserklärung.

Ihre selbsternannten Nachfolger haben sich den Kampf zur »Rückeroberung« ihres Amerikas gegen eine »tyrannische Regierung« auf die Fahne geschrieben. Neben ihrer wirtschaftsliberalen Agenda fordert die Bewegung eine größere Rolle der Religion. Für sie ist es eine neue Revolution, eine Schicksalsschlacht. Die kompromisslose Neuausrichtung der Grand Old Party war ein Schritt auf dem Weg zur Rückeroberung der Macht in Washington. Kulturelle Errungenschaften der amerikanischen Gesellschaft will die Tea Party abschaffen. Ihre antiintellektuelle und gegen das politische Establishment gerichtete Rhetorik nahm mit der Zeit an Schärfe zu. Mehr als einmal drängten die Auseinandersetzungen die USA an den Rand einer weiteren Krise und bedrohten damit auch die Weltwirtschaft.

Aktiv gefördert von einem jahrzehntelang aufgebauten rechten Netzwerk von Lobbyorganisationen, Thinktanks, politischen Frontgruppen und rechten Medien, gelang es der populistischen Bewegung in nur wenigen Monaten, die Niederlage der Republikaner von 2008 zu überwinden und die Meinungsführerschaft in der gesellschaftlichen Debatte zu übernehmen. Mit dem Aufstieg der Tea Party gerieten die Demokraten zunehmend in die Defensive, und das obwohl sie den Präsidenten stellten und in beiden Kammern im Kongress die Mehrheit hatten.

Wie weit rechts die Bewegung steht, zeigte sich spätestens bei den Zwischenwahlen 2010. In den großen Fragen ging nichts mehr ohne die Ultrakonservativen. Ob bei der Frage der Verlängerung der von Bush eingeführten Steuersenkungen, dem Haushalt oder der Schuldengrenze, im Bündnis mit dem konservativen Flügel der Partei nutzte die Tea Party die neue republikanische Mehrheit im Repräsentantenhaus für eine Blockade nach der anderen. Als wäre die Wirtschaftskrise bereits überwunden, beherrschten zudem sozialkonservative Themen die Diskussion in Washington. Das Gleiche galt für die Bundesstaaten. Wie in Wisconsin oder Ohio arbeiteten die von der Tea Party geförderten Republikaner, Gouverneure und Abgeordneten an der Entmachtung der Gewerkschaften. Nach ihrem Erfolg von 2010 verabschiedeten sie so viele repressive Regelungen zur Einschränkung des Abtreibungsrechts wie nie zuvor. Einschränkungen des Waffenrechts bekämpfen sie ebenso wie Umweltschutzbestimmungen, die für sie nichts anderes als »Jobkiller« sind.

Und auch im parteiinternen Rennen der Präsidentschaftsanwärter beherrschte die Tea Party die Agenda. Obwohl es ihr nicht gelang, sich auf einen gemeinsamen Kandidaten zu einigen, übernahmen alle Bewerber ihre Positionen, allen voran der als moderat geltende Favorit des Parteiestablishments Mitt Romney.

Die Tea Party ist eine populistische Strömung innerhalb der Republikanischen Partei. Sie lehnt Kompromisse ab und versteht sich als eine Opposition »von unten«. Was sie eint, ist der Hass auf Barack Obama, den »Kommunisten im Weißen Haus«, auf das Establishment der Republikaner, auf die Demokraten. Die Tea Party aber deshalb als eine Ansammlung durchgedrehter Rechtsradikaler, Verschwörungstheoretiker und Extremisten aller Couleur abzutun, wäre zu einfach. Eine solche Einschätzung würde die Macht und den Einfluss dieser neuen Bewegung verkennen. Tatsächlich verlieh sie den Konservativen in kürzester Zeit die dringend benötigte Energie, zwang Obama in die Defensive und die Republikanische Partei in ein noch rechteres Fahrwasser.

1. »YOU ARE NOT ALONE«

DIE GEBURT EINER NEUEN KONSERVATIV-POPULISTISCHEN BEWEGUNG

Die Sonne ist längst untergegangen über der Bronx. Die Geschäfte entlang der Morris Park Avenue schließen ihre Pforten. Nur die Scheinwerfer der Autos und Leuchtreklamen wie das Schild von Dunkin' Donuts erhellen die weite Straße. Es ist ein langer Weg von den Hochhausschluchten Manhattans in diese Welt der Ein- und Zweifamilienhäuser, die den traditionell von italienischen Einwanderern bevölkerten Stadtteil New Yorks prägen. Rund eine Viertelstunde dauert die Fahrt mit dem Bus von der U-Bahnstation an der 180. Straße bis zum Sitz der Conservative Party an der Ecke eines Reihenhausbaus aus Backstein. Es ist Freitagabend in Morris Park, kurz nach sieben. Die Fenster im Erdgeschoss sind mit Jalousien verhängt, ein langes weißes Schild mit der blauen Aufschrift »Bronx County Conservative Party« ziert die Außenwand des Gebäudes. Eine aufgedruckte Hand hält die Fackel der Freiheit. Durch die Jalousien drängt das Licht von Neonlampen.

Die monatliche Versammlung der Tea Party in der Bronx ist eines der wenigen Treffen der erzkonservativen Bewegung in New York City. Dafür fällt es bescheiden aus: Nur knapp 20 Zuhörer sind an diesem Abend im November 2011 gekommen. Es gibt Kaffee und Donuts, und wie es auf der Homepage der Gruppe angekündigt war, wird ein Film vorgeführt. Der Altersdurchschnitt ist hoch, viele Besucher sind über sechzig. Vorn im Raum sitzt Bobby Diamond, sein Kopf ist leicht nach hinten gelehnt und versinkt fast hinter einem massiven Schreibtisch aus dunklem Holz. Über dem 81-Jährigen hängt ein Adlerkopf, ebenfalls aus Holz geschnitzt, rechts von Diamond lehnt eine Stange mit der amerikanischen Fahne gegen die Wand. Nach einer kurzen Begrüßung der Gäste bittet er die Anwesenden, sich zu erheben. Gemeinsam sprechen sie den Fahneneid, danach folgt ein gemeinsames Gebet.

Seit drei Jahren organisiert Diamond die Treffen in der Bronx. Seine Sätze leitet er in der Regel mit den Worten ein: »Was die Medien euch nicht sagen …« Der Klimawandel, behauptet er, sei eine Lüge. Das zeige schon das wachsende Eis an den Polarkappen. Dann geht er über zum islamischen Terrorismus. »Ich will euch eine Frage stellen«, aber es klingt mehr so, als ob er mit sich selbst reden würde. »Wie kommt es, dass die islamischen Terroristen nicht Russland oder China angreifen?« Ein wenig ratlos sitzen die Zuhörer da, keiner meldet sich zu Wort. Nach einer bedeutungsschweren Pause beantwortet Diamond seine rhetorische Frage selbst. Moskau steuere Al Qaida, der islamische Terror sei nur ein Deckmantel für die in Wahrheit kommunistische Bedrohung, der von islamischen Fundamentalisten geführte Krieg in Tschetschenien unbedeutend oder nur ein Ablenkungsmanöver. So klar wird das nicht. »Alle glauben, der Iran mit seiner Atombombe ist die Gefahr, aber unsere wirklichen Feinde sind Russland und China, sie haben zusammen Tausende nuklearer Sprengköpfe.« Zur Unterstützung seiner Thesen teilt Diamond einen gelben Umschlag an alle Anwesenden aus. In diesem befinden sich verschiedene Flugblätter und eine Broschüre mit dem Titel *Terrorismus bloßstellen – Im Innern des Terror-Dreiecks*.

Auf dem Einband sind drei Weltkugeln abgebildet, die durch Linien miteinander verbunden sind und ein Dreieck formen. Der Nahe Osten mit Stern und Halbmond verbindet China und Russland, symbolisiert durch Hammer und Sichel, mit dem amerikanischen Territorium. Autor des Pamphlets ist Arthur Thompson, seit 2005 Vorsitzender der John Birch Society. Neben der Broschüre hat die rechtsextreme Vereinigung an diesem Abend auch einen Film über den Zweiten Zusatzartikel zur US-Verfassung beigesteuert, der nach der Interpretation von Konservativen jede Art staatlicher Eingriffe gegen das individuelle Recht zum Besitz und Tragen von Waffen verbietet. Die auf dem Höhepunkt der Kommunistenhetze in den Vereinigten Staaten gegründete Organisation war für ihren notorischen Widerstand gegen die Abschaffung rassistischer Gesetze in den Südstaaten und ihre antikommunistische Hetze bekannt. Die John Birch Society bezeichnete damals selbst republikanische Präsidenten wie Dwight D. Eisenhower als kommunistische Agenten. Solche Parolen zeigen, dass für diese Organisation der Kalte Krieg nicht zu Ende gegangen ist. In den Arabischen Revolutionen von Tunesien bis Ägypten sieht sie auch heute noch »militante Marxisten« am Werk. Viele der negativen Klischees, die man mit der Tea Party in Verbindung bringt, schienen sich in diesem kleinen Raum in der Bronx zu bestätigen. Und nichts deutete darauf hin, wie es diese Bewegung vermocht hatte, die Geschicke der Vereinigten Staaten seit Anfang 2009 tiefgreifend zu verändern.

DER AUFSTIEG EINER NEUEN BEWEGUNG

Was unmittelbar nach Barack Obamas Amtsübernahme im Januar 2009 mit vereinzelten Demonstrationen begann, entwickelte sich bald unter den Parolen von »weniger Staat« und »weniger Steuern« zu einer nationalen Bewegung, die ein Sammelbecken für unterschiedlichste politische Strömungen des rechten Rands wurde. Obwohl nationale Interessenvereinigungen den Fokus der Tea Party gern auf die Wirtschaftspolitik legen, beschäftigt sich die Basis mit einer Fülle weiterer Themen, die häufig durch die Geographie bestimmt werden. Im Südwesten der USA, den an Mexiko angrenzenden Bundesstaaten, bleibt für die Rechte die illegale Einwanderung ein zentrales Thema. Im Nordosten ist es dagegen die Steuerpolitik. Trotzdem stellt das Treffen in der Bronx keine Ausnahme dar. Die Tea-Party-Bewegung ist nicht homogen, hat keinen gemeinsamen Anführer, keine Sprecher. Extreme Gruppen des rechten Rands wie die John Birch Society fanden bei den Anhängern der Bewegung ebenso ihren Platz und eine bereitwillige Zuhörerschaft wie Angehörige von Milizen, offen rassistische Gruppierungen oder Verschwörungstheoretiker. Diese unterschiedlichen Einflüsse verleiteten Medien und Kommentatoren bei der Entstehung der Bewegung dazu, die Anhänger der Tea Party zunächst als »Freaks« lächerlich zu machen.

DIE GEBURT DER TEA PARTY

Die »Geburt« der Bewegung wird allgemein dem Ausraster eines Fernsehjournalisten zugeschrieben. Am 19. Februar 2009 wechselte die Kameraeinstellung des Wirtschaftssenders CNBC zu Rick Santelli. Der Reporter stand auf dem Parkett der Handelsbörse von Chicago. Eingerahmt von über den Bildschirm rollenden Wirtschaftsdaten und den stets animierten Symbolen der morgendlichen Sendung »Squawk Box« wartete dort der für seine hitzigen Beiträge bekannte Journalist auf seinen Einsatz. Mit dem gewohnt ironischen Unterton des wirtschaftsfreundlichen Senders hatten Joe Kernen und seine Ko-Moderatoren die Sequenz über das von der Regierung vorgelegte Hilfsprogramm für Hausbesitzer eingeleitet. Nach dem Stimulus-Programm wollten die Demokraten nun Banken 75 Milliarden Dollar zur Verfügung stellen, um den Immobilienmarkt zu stabilisieren. Die staatlichen Zuschüsse sollten einen Anreiz bieten, die monatlichen Hypothekenzahlungen von rund neun Millionen »unter Wasser stehenden« Hausbesitzern zu senken. Der Wert ihrer Häuser war im Zuge der Krise auf ein geringeres Niveau gefallen, als die auf ihnen lastende Hypothek. Dann kam die Frage an Santelli: »Rick, hast du unsere Diskussion mitverfolgt?«[2] – »Mitverfolgt? Sie lässt mich nicht los!« Und dann legte er unter dem Applaus der ihn umgebenden Händler los. Der Staat gebe Anreize für falsches Verhalten. Anstatt »Loser«, die nicht mehr in der Lage seien, ihre Hypotheken zu bezahlen, solle die Regierung lieber diejenigen fördern, die tatsächlich eine Chance hätten, zu Wohlstand zu kommen. Und dann folgte der Satz, der wie kaum ein anderer für das Denken der Tea-Party-Anhänger stehen sollte: »Warum nicht diejenigen fördern, die das Wasser tragen können, anstatt diejenigen, die das Wasser trinken?« – »Das ist ja eine ganz neue Idee!«, rief einer der Börsenhändler unter dem Applaus seiner Kollegen ins Mikrofon. Die Moderatoren im Studio reagierten überrascht auf die aufgeheizte Stimmung auf dem Parkett. »Dies ist Amerika«, setzte Santelli an. »Wer von euch will für seinen Nachbarn zahlen, der sich ein neues Bad gekauft hat, obwohl er es sich nicht leisten konnte?« – »Vielleicht sollten wir alle aufhören, unsere Hypotheken zu zahlen«, sekundierte der Trader erneut unter den Buhrufen der anderen. Schließlich rief Santelli alle »Kapitalisten« zu einer »Tea-Party« am Lake Michigan in Chicago auf.

Für die Ultrakonservativen im ganzen Land wurde Santellis Live-Ausraster der »Ruf, der auf der ganzen Welt gehört wurde« – eine Anspielung auf die gleichlautende Redewendung über den »Schuss«, der am 19. April 1775 mit der Schlacht von Lexington und Concord den Beginn des amerikanischen Unabhängigkeitskrieges markierte.

Was im Grunde genommen nichts anderes war, als die Neuauflage eines zuvor unter der Bush-Regierung weitgehend unbeachteten und gescheiterten Hilfsprogramms, erregte unter Obama mit einem Mal den konzentrierten Widerstand der Konservativen. Wie von seinen linken Kritikern vorausgesagt, scheiterte das Programm auch unter ihm. Für Banken war es schlicht profitabler, Hausbesitzer aus ihren Immobilien zu zwingen, als Verträge gegen geringe staatliche Zahlungen anzupassen. Vier Jahre nach dem Start des Programms unter Barack Obama waren von 75 Milliarden gerade einmal vier Milliarden Dollar abgerufen – und der Immobilienmarkt weiter am Boden. Dennoch, was unter Bush unter »ferner liefen« firmierte, bestätigte aus Sicht der Rechten den von Obama organisierten Angriff der »Linken« auf die Grundfeste des freien Marktes. Später kommentierte Santelli die von ihm angestoßene Entwicklung mit den Worten: »Ich muss sagen – ich bin ziemlich stolz darauf.«

Wann genau die Bewegung entstanden ist, bleibt umstritten. Während Tea-Party-Anhänger auffällig oft auf die in weiten Kreisen der Bevölkerung ungeliebte Banken-Rettung vom Herbst 2008 unter der Bush-Regierung hinweisen und Medien bevorzugt den Wutausbruch Santellis im Fernsehen als Geburtsstunde der Bewegung bezeichnen, steht fest, dass die ersten Proteste auf der Straße schon vor Santellis Wutausbruch mit der Debatte um die Konjunkturprogramme Obamas stattfanden. Santelli gab damit einem Phänomen seinen Namen und lieferte möglicherweise den Funken, der, wie es auf der Tea-Party-Patriots-Webseite zu lesen war, schon bald das ganze Land erfassen sollte. Dagegen berichtete die *New York Times* und verschiedene Tea-Party-Gruppen, dass die Bewegung bereits drei Tage zuvor, und zwar am 16. Februar 2009 in Seattle, in Erscheinung getreten sei.

SEATTLE STEHT AUF

Dort hatte die rechte Aktivistin Keli Carender genug von der Politik in Washington. Schon das Banken-Bailout der Bush-Regierung hatte die 29-jährige Halb-Mexikanerin und Mathematiklehrerin für Sozialhilfeempfänger aufgebracht. Bushs Entscheidung, das Leben der amerikanischen Autoindustrie durch eine Finanzspritze zu verlängern und somit ihren Zusammenbruch unter seiner Ägide zu verhindern, stieß bei Marktliberalen wie ihr auf großen Widerstand. Seine Erklärung, er habe die »Prinzipien des freien Marktes außer Kraft gesetzt, um den freien Markt zu retten«[3], empfand die 29-Jährige wie viele andere Konservative als Tabubruch. Dass die Regierung Obamas nun dabei war, ein fast 800 Milliarden Dollar großes Konjunkturprogramm auf die Beine zu stellen, während sich die Wirtschaftskrise weiter vertiefte, brachte für sie das Fass zum überlaufen. »Ich begann darüber nachzudenken, in was für Probleme wir uns hineinmanövrieren. Es machte für mich keinen Sinn, so viel Geld auszugeben, wenn wir es nicht haben. Es schien mir logischer, dass wir eine Atmosphäre schaffen, in der der private Sektor wieder wachsen und

Arbeitsplätze schaffen kann.«⁴ Carenders Verlobter hatte für Obama votiert und ihm gingen die ständigen Diskussionen mit ihr auf die Nerven. So entschied sich sich, ihre Meinung im Internet kundzutun. In ihrem Blog schrieb sie unter dem Pseudonym »Liberty Belle«: »Mein erster Gedanke ist, dass wir nicht ausreichend organisiert sind, um die Revolution zu vollenden, die unser Land so dringend benötigt.« Ihre Versuche, mit den demokratischen Senatoren ihres Bundesstaates in Kontakt zu treten, scheiterten. »Ihre Anrufbeantworter waren immer voll.« Schließlich begann sie, Mitbürger in Seattle für eine Kundgebung unter dem Titel »Porkulus« zu mobilisieren.⁵

Den Begriff des »Porkulus« als konservative Antwort auf die Hilfsprogramme der Obama-Regierung hatten rechte Aktivisten schon früh geprägt. Die Wortbildung ist eine Kombination aus »Pork« und »Stimulus« und wurde schnell zu einem Synonym für Obamas Konjunkturprogramm, dem 787 Milliarden Dollar großen *American Recovery and Reinvestment Act* vom Februar 2009. Die Begriffe »Pork«, »Pork-Barrel« oder auch »Earmark« stehen in der amerikanischen Politik für einen Deal, wonach Abgeordnete im Gegenzug für ihre politische Unterstützung Geld für Projekte in ihren Wahlbezirken erhalten. Wie effektiv ein Abgeordneter seinen Wahlkreis vertritt, bestimmt sich in den Vereinigten Staaten auch nach der Menge der Förderung, die er für seinen Wahlbezirk sichern kann. Für viele sind solche Vereinbarungen allerdings ein Beweis für die korrumpierte Politik in Washington. Zur Amtseinführung Obamas im Januar 2009 hatte sich die Krise weiter intensiviert. Rund 750 000 Amerikaner verloren monatlich ihren Job. Während die Konservativen damit beschäftigt waren, die Scherben ihrer Niederlage aufzusammeln, arbeitete der erste schwarze US-Präsident im Eiltempo und ausgestattet mit soliden Mehrheiten in beiden Kongresskammern an seinem milliardenschweren Stimulus-Programm. Um die Republikaner an den Verhandlungstisch zu bringen, bot er von Anfang an umfangreiche Steuersenkungen an. Auch wenn diese Teil des Konjunkturprogramms wurden, scheiterten seine Versuche einer überparteilichen Einigung. Von Anfang an lautete einer der Vorwürfe der Konservativen gegen Obama, mit seinen Konjunkturprogrammen unterstütze er vor allem politische Verbündete, was schon angesichts der Streuung der Gelder – ein Drittel Steuernachlässe für 95 Prozent der Amerikaner, ein Drittel Fördermittel für Infrastruktur und Bildung und ein Drittel für die Arbeitslosenversicherung und Sozialprogramme – eine abenteuerliche Behauptung war. Der konservative Thinktank Mercatus Center etwa verbreitete einen Bericht, nach dem überproportional viel Geld in demokratische Bezirke abgezweigt worden sei, musste diese Behauptung aber kurz darauf wieder zurücknehmen. Bis zum Widerruf allerdings hatten konservative Medien die Botschaft mit großem Eifer verbreitet. Nach dem Amtsantritt Obamas war es die von den Industriellen-Brüdern Charles und David Koch gegründete Frontorganisation mit dem wohlklingenden Namen Americans for Prosperity (dt.: Amerikaner für Wohlstand), die vielerorts sogenannte »Porkulus«-Demonstrationen organisierte. Die Diffamierung wirkte. Immer wieder verwendeten die politischen Gegner Obamas den Begriff im Zusammenhang mit den Anstrengungen des US-Präsidenten gegen die sich zuspitzende Wirtschaftskrise. So auch die Bloggerin Carender. Zur Organisation ihres »Porkulus«-Protestes schrieb sie konservative Medien an und bat rechte Blogger um Unterstützung. Und die erhielt sie auch. Einen Tag vor der geplanten Kundgebung veröffentlichte die erzkonservative Bloggerin Michelle Malkin einen Hinweis auf ihrer Webseite. Schnell sprach sich daraufhin Carenders Aktion in rechten Kreisen herum. Im linksliberalen Seattle kamen so immerhin rund 120 Bürger zusammen, genau einen Tag vor der Verabschiedung von Obamas Stimulus-Programm. Eine Woche später, berichtete die *New York Times*, seien es 300 und sechs Wochen darauf bereits 1200 Teilnehmer gewesen. Ohne es zu wissen, hatte Carender den Startschuss für eine neue Bewegung gegeben. Ob sie tatsächlich die erste war, bleibt offen. Feststeht, dass Seattle ein ungewöhnlicher Ort für die Wiederauferstehung der Republikanischen Partei durch eine neue konservative Bewegung war. Barack Obama hatte hier bei der Präsidentschaftswahl 2008 gegen John McCain einen komfortablen Vorsprung von zwei Drittel der Stimmen erhalten. Umso mehr war Carender von da an für zahlreiche Tea-Party-Organisationen die unbestrittene Heldin der ersten Stunde. »Sie ist nicht die typische Konservative«, sagte Jenny Beth Martin, die nationale Koordinatorin der Tea Party Patriots, eine Dachorganisation für zahlreiche Tea-Party-Gruppen.[6] Carender sei jung, arbeite als Schauspielerin und trage einen Nasenring und gebe somit einer Bewegung, die in der Regel als Ansammlung alter Extremisten wahrgenommen werde, ein »frisches, idealistisches« Gesicht. Dies zeige, resümmierte Martin ein Jahr später, wie großartig diese Bewegung sei.

EINE ANATOMIE DER TEA-PARTY-BEWEGUNG

»You are not alone« (dt.: Du bist nicht allein), sagte der Fernsehmoderator und einer der eisernen Fürsprecher der Tea Party Glenn Beck in seiner Sendung auf Rupert Murdochs Fox News. »Wir umzingeln sie!« Doch wer war »wir«? Die erste großangelegte Umfrage von *New York Times* und CBS News im April 2010 untermauerte noch den Eindruck einer alten, rückwärtsgewandten Gruppierung. Ihre Anhänger waren zum überwiegenden Teil weiß, männlich und älter.[7] Sie waren besser gebildet und wohlhabender als der amerikanische Durchschnitt und sie tendierten dazu, sich als »sehr konservativ« und Obama als »sehr links« zu beschreiben. »Obama«, gab eine Rentnerin aus Jacksonville an, »ist sehr weit entfernt von dem, was Amerika ist.« »Er ist ein Sozialist. Und um Ihnen die Wahrheit zu sagen, ich glaube, er ist ein Moslem und versucht, uns in diese Richtung zu lenken. Es ist mir egal, was er sagt. Seit über einem Jahr ist er im Amt und seit über einem Jahr findet er keine Kirche, zu der er gehen kann. Das spricht nicht für ihn.«

In anderen Fragen unterschieden sich ihre Antworten nicht von denen anderer Amerikaner. Viele meinten etwa, dass die erhobenen Steuern in der Höhe »fair« seien und Sarah Palin für das Präsidentenamt nicht qualifiziert sei. Die Umfrage schien auch bemerkenswerte Widersprüche aufzudecken. Obwohl sie gegen den ihrer Meinung nach zu »großen Staat« auf die Straße gingen, sprachen sich viele der Befragten gegen die Abschaffung oder Kürzungen bei den staatlichen Sozialsystemen aus. Sie stellten sich insbesondere gegen eine Abschaffung beziehungsweise Privatisierung der staatlichen Krankenversicherung für Senioren, Medicare, oder der Rentenversicherung, Social Security – die mit Abstand größten Regierungsprogramme und kostenintensivsten Posten im Haushalt der USA. Diese hohen Ausgaben von Steuergeldern, gaben viele im Anschlussinterview an, seien es wert.

Auf diesen Widerspruch angesprochen, reagierten Tea-Party-Anhänger irritiert. »Das ist eigenartig, nicht wahr?«, fragte etwa Jodine White, eine 62-Jährige aus Rocklin, Kalifornien.[8] »Ich weiß nicht, was ich sagen soll. Vielleicht will ich keinen kleineren Staat. Ich will vielmehr einen kleineren Staat *und* meine Rente. Ich hatte einfach nicht gesehen, dass ich etwas verlieren könnte. Ich denke, ich habe meine Meinung geändert.«

Die mangelnde ideologische Stringenz vieler Tea-Party-Unterstützer wurde von vielen rechten Medien kritisiert. Schilder mit der Aufschrift »Hände weg von meinem Medicare« seien ein Beispiel dafür, kommentierte Fox News noch im Februar 2012 anlässlich des Geburtstages von Ayn Rand. Die einflussreiche politische Autorin ist für das Verständnis der ideologischen Aufmachung der Tea Party unerlässlich. Für Tea-Party-Anhänger ist Rand eine Kultfigur und ihr Hauptwerk *Atlas Shrugged* nach einer Untersuchung der Kongressbibliothek in den USA das populärste Buch nach der Bibel.

Geboren 1905 im zaristischen Russland erlebte Rand, die mit bürgerlichem Namen Alissa Sinowjewna Rosenbaum hieß, die Oktober-Revolution und die Machtübernahme der Bolschewiken. Als die Apotheke ihres Vaters verstaatlicht wurde, emigrierte sie 1926 in die Vereinigten Staaten. In Hollywood arbeitete sie zunächst als Autorin für verschiedene Filmprojekte. In zahlreichen Büchern entwickelte die Autorin und rechte Ikone schließlich Anfang des 20. Jahrhunderts ihre Theorie des »Objektivismus«, ihr Ideal des egoistischen Menschen als Motor des Wohlstands, als Leitbild und »moralisches Korrektiv« für die Gesellschaft.

Das große Thema ihrer Romane ist die Gegenüberstellung von zwei Klassen von Menschen: der »Produzenten« und der »Parasiten«. In ihren Büchern sind stets die großen Industriellen die Helden. Sie erschaffen etwas, und alle anderen, die sich »davon ernähren« sind Parasiten. Ihr Einsatz gegen staatliche Sozialprogramme ging in der Praxis allerdings nicht weit. Im Alter empfing auch sie regelmäßige Zahlungen aus der staatlichen Rentenkasse und ließ sich die Behandlung ihrer Krebserkrankung von Medicare bezahlen.

Doch ihr Ethos ist in der Tea Party weit verbreitet. »Ich will mein Land zurück haben«, sagte etwa Guyla Kricka bei einer Tea-Party-Demonstration in Plymouth im April 2012.[9] »Es wird mir zu sozialistisch.« Deshalb unterstüze sie die erzkonservative Bewegung. »Es gibt viel zu viele Menschen, die ihre Hände ausstrecken, anstatt zu arbeiten, was dieses Land groß gemacht hat.« Diese Ansicht ist repräsentativ für viele Anhänger der Bewegung. Zugleich verteidigen Tea Partier trotz ihrer Rhetorik gegen den »großen Staat« gern bestimmte staatliche Sozialprogramme, während sie etwa bei Hilfsprogrammen für Arme drastische Kürzungen fordern. Im Unterschied zu den bei der Rechten unbeliebten »Wohlfahrtsprogrammen« für »Sozialschmarotzer« sehen sie in der staatlichen Rentenversicherung oder der Krankenversicherung für Senioren ihre eigene Arbeit. Da sie jahrzehntelang in diese sozialisierten, staatlich organisierten Versicherungsprogramme eingezahlt haben, hätten sie sich einen Anspruch auf die Früchte erworben. Sie sehen sich als Opfer, weil sie ihr Leben lang in ein System eingezahlt haben, das mit ihrem Geld nur »arbeitsunwillige« Arme in Form von Lebensmittelmarken finanzierte. Auch gegen die vermeintlich faule, junge Generation und illegale Einwanderer richtet sich ihr Zorn.

Soziologen sehen deshalb in der Tea Party eine neue populistische Bewegung, die sich im Wesentlichen über ihre Eigenschaft als arbeitende Bevölkerung, als »Produzenten« im weitesten Sinne definiert. Demokraten und das von ihnen geschaffene soziale Netz werden von dieser Bewegung als parasitär gesehen. Auch der Libertäre Ron Paul spielte mit diesem Gegensatz mit Blick auf die Occupy- und die Tea-Party-Bewegungen: »Die einen demonstrieren, weil sie Todesangst haben, dass sie ihre staatlichen Zuwendungen verlieren könnten. Die anderen protestieren, weil sie genug davon haben, dafür zu zahlen. Ich bin auf der Seite derjenigen, die genug davon haben, für andere zu zahlen.«[10]

Die Tea Party ist keine Partei. Sie besteht vielmehr aus einem losen Netz von Gruppen in allen 50 Bundesstaaten der USA, die unterschiedliche Schwerpunkte haben. Nach einer Untersuchung der Autoren Theda Skocpol und Vanessa Williams gab es Ende 2011 rund 600 Tea-Party-Gruppen.[11] Auf dem Höhepunkt der Bewegung waren es rund 1000. Einige verfügen über mehr als 1000 Mitglieder, die meisten jedoch sind relativ klein und bei lokalen Treffen finden sich nicht mehr als einige Dutzend Aktivisten ein. Landesweit, schätzen die Autorinnen, gibt es rund 200 000 aktive Anhänger.

DIE FURCHT VOR DER TEA PARTY GREIFT UM SICH

Unter dem Druck der Bewegung mussten bereits zahlreiche Politiker um ihre Wiederwahl fürchten. In ihrer Selbstdarstellung gab sich die Bewegung stets überparteilich, beschrieb sich als unabhängige Kraft oder gar »dritte Partei« und als neue Alternative zum Zwei-Parteien-System. Zweifel an ihrer republikanischen Identität zerstreute die Bewegung allerdings schon früh selbst.

Sie konzentrierte sich fast ausschließlich auf moderate und kompromissbereite Politiker aus den Reihen der Republikaner. Mit der Schützenhilfe von rechtsextremen Kolumnisten wie Ann Coulter, dem Fernsehmoderator Glenn Beck oder dem Radiomoderator Rush Limbaugh zielten sie auf die sogenannten RINOs der Partei, den Republicans in Name Only (dt.: Republikaner nur dem Namen nach). Sie seien zu weit von den ideologischen Wurzeln und konservativen Idealen der Partei abgekommen, lautete die immer wieder zu hörende Kritik der Erzkonservativen. Und diese Politiker wollte die Tea Party mit der tatkräftigen Unterstützung von nationalen Organisationen wie FreedomWorks gegen ihre eigenen, stramm rechten Kandidaten austauschen.

Dieser Fokus war kein Zufall. Die Mehrzahl der Tea-Party-Aktivisten war seit Jahren innerhalb der Grand Old Party aktiv. Dies ergab eine Studie aus dem Jahr 2010. Die Politologen David Campbell und Robert Putnam fanden heraus, dass die heutigen Anhänger der Tea Party schon 2006 überproportional stark im sozialkonservativen Lager der Republikanischen Partei zu finden waren.[12] Seit damals beobachteten die beiden die politischen Präferenzen von Amerikanern, die sie Jahre später erneut befragten. Dabei konnten sie genau untersuchen, wer in ihrem Kreis der Befragten am ehesten zur Tea Party tendierte.

Die große Mehrheit ihrer Anhänger, so die Schlussfolgerung von Campbell und Putnam, entsprach keineswegs dem weitverbreiteten Klischee einer losen Gruppe überdrüssiger Bürger beider Parteien. Ihre Studie kommt zu dem Ergebnis, dass die Anhänger der Tea Party seit langem mit den Republikanern eng verbundenen sind. Sie haben sich mit großer Wahrscheinlichkeit auch schon vor Jahren in den Parteistrukturen aktiv sozial-konservativen Werten wie dem Kampf gegen das Abtreibungsrecht gewidmet, »und das tun sie bis heute«.

Und noch ein Ergebnis der Studie war aufschlussreich. Der stärkste Indikator für eine spätere Unterstützung der erzkonservativen Bewegung sei neben der Mitgliedschaft in der Grand Old Party der Wunsch, dass Religion im politischen System der USA eine größere Rolle spielen solle. Während die selbsternannten Anführer der Tea Party und vor allem die von reichen Förderern finanziell bestens ausgestatteten nationalen politischen Aktionsgruppen, Thinktanks und Lobbygruppen immer wieder darauf pochen, dass es der Bewegung ausschließlich um – wie es das Motto von FreedomWorks vorgibt – »weniger Steuern«, einen »kleineren Staat« und »mehr Freiheit« gehe, will die Basis, dass religiöse Volksvertreter eine größere Rolle in der Öffentlichkeit spielen und die Religion insgesamt mehr Raum in politischen Debatten erhält. Dem Fußvolk, schließen Putnam und Campbell daraus, gehe es darum, »Gott zurück in den Staat« zu bringen.

REAKTIONEN DES ESTABLISHMENTS

Anfangs reagierte das konservative Establishment irritiert und mit Misstrauen auf die Bewegung, die eine pragmatische Politik und Kompromisse offen ablehnte und nur umso stärker an ihrem Kurs des ideologischen Purismus festhielt. Die Tea Party wolle Medicare und Social Security abschaffen, schrieb der ehemalige Redenschreiber und Architekt des »einfühlsamen Konservativismus« unter Präsident George W. Bush, Michael Gerson.[13] Sie wolle »sich von den umfangreichen globalen Verpflichtungen Amerikas seit dem Zweiten Weltkrieg und dem Kalten Krieg lösen, die Wirtschaftsreformen der progressiven Ära rückgängig machen und die exekutive Gewalt aufheben, die die Union erhält«. Würden diese Forderungen erfüllt, fiele Amerika auf den Stand einer isolierten, agrarischen Republik des 19. Jahrhunderts zurück. Vieles von dem, was die Tea Party fordere, seien deshalb »Vorschläge für eine Zeitreise, nicht eine politische Agenda«.

»Die konservative Bewegung«, konstatierte Steven Hayward in einem mit »Ist der Konservatismus hirntot?« betitelten Kommentar[14], »wurde aus dem Gleichgewicht gebracht«. Ihm zufolge dominierten die Populisten und die Intellektuellen hätten sich zurückgezogen. »Die neuen konservativen Führer unserer Zeit werden von den Massenmedien bestimmt, vom Talkradio und den Kabelnachrichtensendern.« Intellektuelle Rechte wie der Gründer des Magazins *National Review* William F. Buckley oder der Kommentator Bill Kristol seien durch Talkshow-Moderatoren wie Glenn Beck oder polemische Kolumnisten wie Ann

Coulter ersetzt worden, »und der Konservativismus wurde auf markante Sprüche reduziert«.

Die Grand Old Party ist eine große Koalition aus Protestanten und Katholiken aus der Ober- und Mittelschicht, aus evangelikalen Christen, Mitgliedern aus der weißen, katholischen Arbeiterklasse, einigen kubanischstämmigen Amerikanern in Florida, einer kleinen Gruppe schwarzer Konservativer und einer noch kleineren Gruppe orthodoxer und konservativer Juden. Aus Sicht der Tea Party ist sie aber im Wesentlichen in zwei Lager gespalten. Auf der einen Seite steht das Establishment, dessen Einfluss gern ein wenig mythisch überhoben wird. Das Establishment ist in der Regel der wohlhabende und besser gebildete Flügel der Partei, der zur Chamber of Commerce tendiert. Sie haben eine gute Beziehung zur Bush-Regierung und auch wenn sie den »Großen Staat« nicht unbedingt mögen, sind sie pragmatisch, wenn es um Ausgaben geht, die sie als nötig erachten.

Dagegen repräsentiert die Tea Party den Teil der Partei, der weniger gebildet, evangelikal und populistisch ist. Ihre Anhänger sind von der Großen Rezession in der Regel persönlich betroffen und haben auf die Wall-Street-Banken eine ebenso große Wut wie auf Washington. Vor allem aber hegen Sie einen Hass auf all die Republikaner, die, wie sie glauben, jahrzehntelang von ihren konservativen Werten abgewichen und im politischen System mitgespielt hätten. Unter Einfluss des Geschichtsunterrichts von Populisten wie Beck und Limbaugh haben die Erzkonservativen für ihre Anliegen eine Gegenöffentlichkeit gefunden. Sie fühlen sich als Verlierer eines politischen Systems. Und es ist nicht nur ein Gefühl. Die populistische Welle, die die USA 2009 ergriffen hat, ist Ausdruck eines tiefgreifenden Wandels der amerikanischen Gesellschaft.

Dass Interessengruppen wie FreedomWorks und Americans for Prosperity schon früh hinter den Protesten standen, bestätigten die schlimmsten Erwartungen vieler Beobachter. »Diese Partys – Anti-Steuerdemonstrationen –, die die Erinnerung an die Boston Tea Party und die Amerikanische Revolution hervorrufen sollen, waren Gegenstand des Spottes, und das mit Recht«, schrieb etwa *New York Times*-Kolumnist Paul Krugman im April 2009.[15] »Mittlerweile steht fest, dass sie nicht eine spontane Äußerung öffentlicher Empfindungen darstellen. Sie sind Astro-Turf-Veranstaltungen, organisiert von den üblichen Verdächtigen.«

In der Bronx hat Bobby Diamond inzwischen seine Rede beendet. Mittlerweile sind auch drei Tea-Party-Sympathisanten aus Manhattan eingetroffen. Sie tragen Anzüge und sind gekommen, um die Gründung der Gotham Tea Party, also einen Ableger der konservativen Bewegung in Manhattan zu verkünden. Sie werden von den Anwesenden mit freundlichem Applaus begrüßt. Dann meldet sich ein älterer Herr in kariertem Hemd, Jeans und einem Pferdeschwanz aus schütterem, grauem Haar zu Wort. Diamond erteilt ihm das Wort. Er habe, bringt der alte Mann hervor, einen Bericht über Gasbohrungen gesehen, in deren Folge das Leitungswasser in Brand gesetzt worden sei. Beim sogenannten Hydrofracking werden Wasser und Chemikalien in den Erdboden gepresst, um Risse in der Erdoberfläche zu erzeugen, die das in der Tiefe liegende Gas freisetzen sollen. Umweltschützer gehen davon aus, dass es dadurch zu einer Verschmutzung des Grundwassers komme, da der Verlauf der Risse nicht kontrolliert werden könne. Sofort unterbricht ihn eine Frau aus der Manhattan-Delegation. Medienberichte über die Gasbohrungen auf amerikanischem Festland seien Lügen. Im Erdboden komme Methangas vor, das in einzelnen Fällen ins Grundwasser eindringe und zu dem brennenden Wasser führe.

Auch Diamond stimmt mit ein. Wer anderes behaupte, falle auf Lügen »linksliberaler Medien« herein. Dann kommt er zum eigentlichen Thema des Abends. »Was haben der Holocaust, die Massenmorde in der Sowjetunion und China und Kambodscha gemeinsam?«, fragt er in die Runde. In allen Fällen hätte ein wehrloses Volk Tyrannen gegenübergestanden. Kurz: Es gehe um das Recht der Menschen, Waffen zu tragen, sagt Diamond und deutet auf den Flachbildschirm auf dem Tisch. Das Licht geht aus, der Film beginnt.

Der Film thematisiert das von der amerikanischen Rechten verehrte »Second Amendment« oder »2A«, wie er im Film liebevoll genannt wird. Hierbei handelt es sich um einen der am kontroversesten diskutierten Artikel der US-Verfassung, der das Verbot der Einschränkung des Rechts, Waffen zu tragen, beinhaltet. Die Tragweite des Verbotes ist allerdings umstritten. Nicht so im Film, der, wie der Abspann verrät, von der John Birch Society produziert wurde. Nach deren Auffassung gilt das Waffenrecht uneingeschränkt. Um diese Auffassung zu belegen, seziert der Film den Wortlaut des Verfassungstextes, spielt Zitate von Lenin, Mao Zedong und Hitler ein. Eine Frau aus Texas erzählt von einem Überfall, bei dem 23 Menschen ums Leben kamen. Hätte sie eine Waffe bei sich tragen dürfen, erklärt sie, hätten diese Opfer vermieden werden können. Damit greift sie auf eines der zentralen Argumente der Waffenlobby zurück: Je mehr Waffen im Umlauf sind, desto mehr Sicherheit für alle. Kriminelle hätten ohnehin Waffen. Die einzigen, die unter strengen Waffengesetzen zu leiden hätten, seien rechtschaffene Bürger. Dass jedes Jahr rund 10 000 Menschen in den USA durch Schusswaffen ums Leben kommen, erwähnt der Film nicht.

In der Bronx geht unterdessen die Diskussion ihrem Ende entgegen. Dann klingt der Abend in vereinzelten Gesprächen aus. Der Mann in Jeans und Cowboy-Hemd zeigt mir noch stolz seine Mitgliedskarte der Waffenlobby, der National Rifle Association. Andere verabschieden sich freundlich. Ohne die Leuchtreklamen und Schilder der Geschäfte spenden nur noch die sporadischen Straßenlaternen Inseln des Lichts.

2. IHRE WICHTIGSTEN AKTEURE

DIE BASIS, IHRE REPRÄSENTANTEN, RECHTE THINKTANKS UND INTERESSENGRUPPEN

Anstelle eines roten Teppichs hatte FreedomWorks vor dem Ronald Reagan Convention Center in Washington Kunstrasen ausrollen lassen. Mit dem für sie typischen Humor spielte die rechte Organisation damit auf die Kritiker von Links an, die die Tea Party als AstroTurf bezeichnen. Die Kunstrasenmarke steht in den USA für Kunstrasen aller Art. Als politischer Begriff beschreibt AstroTurf eine künstliche Graswurzelbewegung, hinter der gut organisierte, finanziell starke politische Vereinigungen und Konzerne stehen. Durch den Anschein einer spontanen Bürgerbewegung versuchen sie, ihren Zielen eine größere Legitimität zu verleihen. Die Tea Party sah sich von Anbeginn mit Vorwürfen konfrontiert, von finanziell starken Interessengruppen instrumentalisiert oder gar gesteuert zu werden.

Den Veranstaltungsort, ein Auditorium samt Foyer, hatte FreedomWorks angemietet. Auf dem Programm stand der Film *Tea Party: Die Dokumentation*, der das politische »Erwachen« und den Werdegang von fünf Tea-Party-Aktivisten schildert, die kurze Geschichte der Bewegung feiert und ihre Darstellung in den Medien zu korrigieren beabsichtigt. Hochrangige Kongressabgeordnete erwiesen der Bewegung an diesem Abend die Ehre. Senator Jim DeMint aus South Carolina war zur Premiere gekommen, ebenfalls aus South Carolina war der republikanische Repräsentantenhausabgeordnete Joe Wilson erschienen und mit ihm zollten seine Parteigenossen Marsha Blackburn aus Tennessee und Tom Price aus Georgia dem Filmereignis ihren Tribut.

Bei der Premiere im Dezember 2009 ließ sich auch Freedom-Works-Präsident Matt Kibbe gemeinsam mit seiner Frau den Lauf über den Kunstrasen nicht nehmen. Als sie auf den Eingang zugingen, sprach ihn Bob Vorin an. Der Mann aus Massachusetts war zur Premiere nach Washington gekommen, um seine Botschaft persönlich zu überbringen. Dies sei nötig gewesen, erklärte er Kibbe, weil ihm sonst niemand zuhören würde.[16]

Nach dem Tod des Senators Ted Kennedy war in Massachusetts für den Januar eine Sonderwahl angesetzt worden, in der ein Nachfolger bestimmt werden sollte. Die Republikaner und mit ihnen vor allem die Tea Party hätten dort, wie Vorin aufgeregt berichtete, die einmalige Gelegenheit, das Votum für sich zu entscheiden und ein Signal ihrer Macht an das ganze Land zu senden. Neun Mal in Folge hatten die Wähler den Demokraten Ted Kennedy in den Senat gewählt. Ein republikanischer Nachfolger wäre ein unmissverständliches Signal. Die ungewöhnlich guten Bedingungen könnten in dem traditionell demokratisch wählenden Bundesstaat zu einem triumphalen Sieg der Republikaner beitragen. Die Apathie der Wähler, prophezeite Vorin, werde ebenso wie der Winter zu einer niedrigen Wahlbeteiligung führen. An den Weihnachtsfeiertagen und um Neujahr herum werde es für die Demokraten schwer, Wähler zu mobilisieren. Beste Bedingungen also für eine enthusiastische und gut organisierte Wahlkampagne, um eigene Anhänger an die Urnen zu bringen.

Doch Matt Kibbe reagierte skeptisch. Nichts deutete darauf hin, dass der Staat, der fast 60 Jahre lang ausschließlich Demokraten in den Senat geschickt und dreimal so viele registrierte Demokraten wie Republikaner hatte, gerade dieses Mal umschwenken würde. Der Kandidat der Republikaner, Scott Brown, war – wenn auch telegen – relativ unbekannt. Als jungen Mann kürte ihn das *Cosmopolitan Magazine* zum »Sexiest Man Alive«. Die Tea Party in Massachusetts, berichtete Vorin, stand begeistert hinter Brown. Kibbe war sich nicht sicher. Für ihn waren zwei Fragen entscheidend: Macht die Unterstützung einen Unterschied und kann der Kandidat gewinnen? Er habe in diesem Moment nicht gewusst, ob die Antwort auf beide Fragen ja gewesen wäre, gestand er später der Autorin und *New York Times*-Journalistin Kate Zernike. Allerdings sei auch klar gewesen, dass ein Sieg des Außenseiters mit Unterstützung der Tea Party der erste große Sieg für die noch junge Bewegung sein würde.

Ihr Potential hatte die Tea Party bereits einen Monat vor der Filmpremiere bei zwei Gouverneurswahlen unter Beweis gestellt. Nach zwölf Jahren der demokratischen Dominanz hatte sie in New Jersey die Wiederwahl des demokratischen Gouverneurs Jon Corzine verhindert und den ehemaligen Staatsanwalt und im Umgang mit Gewerkschaften besonders aggressiven Konservativen Christopher Christie mit an die Macht gehievt. Im Bundesstaat Virginia, den mit Obama 2008 zum ersten Mal wieder ein demokratischer Präsidentschaftskandidat seit 1964 für sich gewonnen hatte, führte der republikanische Gouverneursanwärter Robert McDonnell den Siegeszug der Konservativen an. Auch hier beendete der Sieg des Rechtskonservativen eine achtjährige Erfolgsserie der Demokraten.

Aber die Eroberung des 41. Senatssitzes aus Massachusetts würde erstmals den Siegeszug der Demokraten auf Bundesebene zum Stillstand bringen. Ohne ihre Supermehrheit von 60 der 100 Sitze würden die Demokraten in der Kongresskammer die Filibuster genannte Blockade einer entschlossenen republikanischen Minderheit nicht mehr verhindern können. Ohne die Republikaner ginge dann nichts mehr. Großprojekten Obamas wie der Gesundheitsreform drohte damit das Aus. Kibbe empfahl Vorin schließlich, sich an Brendan Steinhauser zu wenden. Nachdem der Chefstratege von FreedomWorks Vorins Nachricht erhalten hatte, rief dieser einen ehemaligen Praktikanten der Organisation an, der zurück in seinen Heimatstaat Massachusetts gezogen war. Der bestätigte, dass die Bedingungen vor Ort hervorragend seien. Der ganze Staat sei voll mit Brown-Schildern und -Plakaten. Außerdem würden sich Anzeichen mehren, dass der Boden unter den siegessicheren Demokraten wegbrach.

Die Demokratin Martha Coakley wähnte sich schon als sichere Siegerin und führte in der entscheidenden Phase Wochen vor der Wahl einen wenig ambitionierten Wahlkampf. Statt mit den Menschen auf der Straße zu kommunizieren, verließ sie sich auf ihre Kontakte mit »Gewerkschaftsführern, örtlichen Staatsbediensteten und anderen einflussreichen Personen«, wie sie es in einem Gespräch mit der Zeitung *Boston Globe* ausdrückte. Auf den Gedanken eines anderen Wahlkampfs kam sie nicht. »Draußen am Fenway Park stehen? In der Kälte? Händeschütteln?«, erwiderte sie verständnislos. Als US-Präsident Barack Obama von seinem Berater David Axelrod von dieser Äußerung erfuhr, reagierte er schockiert. »Nein, nein, das hast du erfunden«, rief er fassungslos. »Das kann nicht sein. Sag mir, dass sie das nicht gesagt hat!«[17] Doch sie hatte es gesagt. Sie wollte keine Hände schütteln in der Kälte. Genau das aber tat ihr Herausforderer Scott Brown. Nach außen hin das Bild eines Mannes des Volkes abgebend fuhr der Millionär in Carhartt-Jacke und Pickup-Truck von einer Wahlkampfveranstaltung zur nächsten und suchte den Kontakt mit den Wählern. Und diese, insbesondere die der Tea Party, suchten einen wie ihn. Er war ein Außenseiter, konservativ, charismatisch, gutaussehend. Das Rennen wurde zu einem nationalen Ereignis. Zahlreiche »Big Player« schlossen sich den lokalen Gruppen an und investierten Hunderttausende von Dollar. Organisationen wie der Tea Party Express pumpten beispielsweise 350.000 Dollar in den Wahlkampf von Scott Brown. Und er gewann.

»Gott sei Dank«, sagte Christen Varley, die Präsidentin der Greater Boston Tea Party und Vorsitzende des Republican Party Committee ihrer Stadt. »Ich bin nicht sicher, ob wir ohne diesen Sieg heute noch aktiv wären.« Bis zu Browns Sieg in Massachusetts bezweifelten viele Beobachter die politische Macht der Tea Party. Aber als dort der konservative Außenseiter Scott Brown mit ihrer Unterstützung die Wahlen zum Senat gewonnen und damit eine fast 60-jährige demokratische Tradition beendet hatte, saß der Schock tief und erreichte auch das Weiße Haus. Dort war die Stimmung am Boden, zentrale Gesetzesprojekte Obamas, allen voran seine ambitionierte Gesundheitsreform, drohten aufgrund der neuen Mehrheitsverhältnisse im Senat zu scheitern. Mit Browns Sieg hatten die Demokraten ihre Supermehrheit von 60 Senatoren verloren. Jetzt stand Obamas Gesundheitsreform auf der Kippe.

DAS RECHTE NETZWERK

Scott Brown war ein Projekt von FreedomWorks. Und Freedom-Works war eine Lobbyorganisation in einem Netzwerk von Thinktanks, Interessenvereinigungen und Graswurzelgruppen. Im Gegensatz zu den Anhängern der Tea Party sind ihre Mitarbeiter im Schnitt jünger. Und sie wollen den Staat konsequent zurückdrängen, was für sie den Abbau der staatlichen Sozialprogramme und Regulierungen bedeutet.

Er sei nicht gegen die Abschaffung der Regierung, fasste der Lobbyist Grover Norquist die von den Republikanern adoptierte Grundthese zusammen. Vielmehr müsse der Staat so klein geschrumpft werden, dass er ihn »ins Bad schleifen und in der Badewanne ertränken« könne.[18] Etliche republikanische Abgeordnete unterzeichneten ein Papier Norquists, den sogenannten Taxpayer Protection Pledge, in dem sie sich »gegenüber dem amerikanischen Volk« verpflichten, niemals in ihrer Karriere Steuern zu erhöhen – in welcher Form auch immer. Diese Verpflichtungserklärung trägt dazu bei, dass viele Republikaner nun vorgeben, keinen Spielraum für jedweden Kompromiss zu haben, der Steuererhöhungen beinhalte. Diese Erklärung eignet sich allerdings auch gut als Vorwand, um nichts gegen die eigenen reichen Förderer der Partei zu tun. Der Staat wird damit gezwungen, seine Sozialprogramme Stück für Stück abzubauen. Was führende Konservative seit den 1930er-Jahren gepredigt haben und was Ronald Reagan ab 1981 in Taten umsetzte, hat mit der Tea Party ein neues Etikett erhalten.

Steuersenkungen und weniger Staat sind das Mantra dieses rechten Netzwerkes. Unter dem Vorwand der Haushaltskonsolidierung sollen insbesondere staatliche Sozialprogramme unter das Messer kommen oder ganz abgeschafft werden. »Die Bestie aushungern lassen«, nennen das die Konservativen auch. Durch die stetigen Steuersenkungen für Reiche, Budgetsteigerungen im Verteidigungshaushalt und die Kosten der Kriege der USA, gegen die die Konservativen in der Regel nichts einzuwenden haben, steigt das Haushaltsdefizit so stark, dass am Ende Kürzungen in Sozialprogrammen, die einen Großteil des Haushaltes ausmachen, unausweichlich sind.

Angesichts des Widerstandes der zahlenmäßig nicht nur in der republikanischen Basis stark vertretenen amerikanischen Rentner, war es nicht ratsam, gegen die staatliche Krankenversicherung für Senioren oder die Rentenversicherung zu wettern. Deshalb mussten am Ende die daran glauben, die keine Lobby haben: Arbeitslose und Arme.

DIE KOCH-BRÜDER

Ein Name, auf den man in diesem Netzwerk immer wieder stößt, lautet Koch. Die Brüder Charles und David Koch sind die Eigentümer von Koch Industries. Mit einem Jahresumsatz von 100 Milliarden Dollar ist das Industriekonglomerat der größte Energiekonzern Amerikas in privater Hand und das zweitgrößte private, also nicht börsennotierte Unternehmen der USA. Charles und David Koch kontrollieren Ölraffinerien in mehreren Bundesstaaten der USA, ihnen gehören über 6 400 Kilometer Pipeline, Papierfabriken, Sägewerke und Düngemittelfabriken. Technologien zur Wasserbehandlung gehören ebenso zum Portfolio der Unternehmensgruppe wie der Rohstoffhandel, die Viehwirtschaft und die Produktion von Polymerfasern. Das Vermögen der Koch-Brüder wird auf zusammen rund 50 Milliarden Dollar geschätzt. Damit schafften sie es 2011 auf die Plätze vier und fünf in der Liste der reichsten Amerikaner.[19]

Schon ihr Vater Fred Koch war für die rechte Sache aktiv. Als eines der zwölf Gründungsmitglieder der ultrakonservativen

John Birch Society investierte der Öl-Industrielle Millionen in den Aufbau eines rechten Netzwerkes. Seine Söhne Charles und David setzen diese Tradition fort. Sie sind heute die prominentesten Förderer rechter Organisationen, die für sich in Anspruch nehmen, für die Tea Party zu sprechen. Niemand investiert so viel Geld in die rechte Sache wie sie.

Konkrete Summen sind nicht bekannt. Um die Geldflüsse zu verschleiern, steuern sie ein weit verzweigtes Netz von Stiftungen und anderen Organisationen, die sich gegenseitig Gelder zuschieben. Sie stehen hinter einem dichten Netz von Organisationen, die seit 2009 auch die Tea Party gezielt fördern, aber schon seit Jahrzehnten aktiv an einem echtem »Wandel« in der amerikanischen Gesellschaft arbeiten.

Ein Erweckungserlebnis der besonderen Art hatte David Koch. 1991 überlebte er als Einziger in der Business Class schwer verletzt einen Flugzeugunfall. Bei der anschließenden Behandlung entdeckten Ärzte eine Prostatakrebserkrankung. »Gott verschonte mich für eine größere Aufgabe«, scherzte er. Seitdem vergibt er auch großzügige Spenden an Wissenschaft und Kultur.

Doch das Engagement hat seine Grenzen. Während Koch sich beispielsweise für die Krebsforschung einsetzt, warben Lobbyisten in Washington im Auftrag von Koch Industries gegen die Einstufung von Formaldehyd als »krebserregende Substanz«. Mit dem Hinweis, dass mehr Studien nötig seien, setzten sie alles daran, um entsprechende Regelungen hinauszuzögern. Seit dem Aufkauf des Chemieunternehmens Georgia-Pacific 2005 produziert Koch Industries selbst beträchtliche Mengen von Formaldehyd, um es bei der Herstellung von Sperrholz und Laminat zu verarbeiten. Selbst eine über vier Jahrzehnte reichende Studie des staatlichen National Cancer Institute kam zu dem Ergebnis, dass die Substanz bei Menschen Krebs auslösen würde. Seit seiner Ernennung durch George W. Bush im Jahr 2004 sitzt auch David Koch im Führungsgremium der staatlichen Forschungsbehörde. Das sei »widerlich«, meinte James Huff, stellvertretender Direktor des National Institute for Environmental Health Sciences. Er sieht darin einen klaren Interessenkonflikt. »Diese Gremien sind sehr wichtig. Sie sind sehr einflussreich. Bei Formaldehyd geht es um Milliarden Dollar.«

Neben der Lobbyarbeit steuern die Koch-Brüder zudem ein weitverzweigtes Netzwerk von Stiftungen und politischen Organisationen. Mit Millionen unterstützen sie rechte Organisationen, Stiftungen und Interessenvereinigungen. Ihr Geld geht an die republikanische Gouverneursvereinigung Republican Governors Association ebenso wie an einflussreiche Stiftungen wie das Kansas Policy Institute, das Cato Institute, die Heritage Foundation, das Mercatus Center der George Mason Universität und das Institute for Humane Studies. Die David H. Koch Charitable Foundation und die Charles G. Koch Charitable Foundation pumpten in den vergangenen Jahren zudem Millionen in den Thinktank Cato Institute und die Organisation Citizens for a Sound Economy. Citizens for a Sound Economy brach 2004 aufgrund interner Streitigkeiten auseinander. Aus der Gruppe gingen die beiden Organisationen Americans for Prosperity und FreedomWorks hervor, die beide mit dem Aufstieg der Tea Party und dem Kampf gegen die zentralen Projekte Obamas nationale Prominenz erreichten.

Die Koch-Brüder haben so viele Initiativen von Barack Obama bekämpft, dass in politischen Kreisen dieses riesige Netzwerk von Stiftungen, Thinktanks und politischen Frontgruppen schlicht als »Kochtopus« bezeichnet wird. »Die Kochs sind auf einem komplett anderen Level«, sagte Charles Lewis, Gründer der Watchdog-Gruppe Center for Public Integrity. »Niemand gibt so viel Geld aus wie sie. Die schiere Menge ist es, was sie von anderen unterscheidet. Es ist das immer selbe Muster von Gesetzesbruch, politischer Manipulation und Verschleierung. Seit Watergate bin ich in Washington und habe etwas Vergleichbares noch nie gesehen. Sie sind Standard Oil unserer Zeit.«

Der von diesem Netzwerk ausgehende Widerstand war instrumental für die härtere Haltung von Obamas Verhandlungspartnern. Die Proteste im Sommer 2009 entmutigten Moderate und bestärkten Lobbyisten und Unternehmensverbände wie die Chamber of Commerce, die anfangs noch mit der Obamas Regierung zusammenarbeiten wollte, sagte Grover Norquist. »Jetzt wo Obama schwach ist, werden sie hart.« Die Tea Party war in der Offensive und bezichtigte Barack Obama, eine Übernahme des Gesundheitswesens durch die Regierung zu planen. »Tage wie diese lassen unsere Vision, die unser Vorstand bei Gründung dieser Organisation vor fünf Jahren hatte, Wirklichkeit werden«, sagte David Koch ein Jahr nach Obamas Amtsantritt rückblickend. »Wir malten uns eine Massenbewegung aus, verwurzelt in den Bundesstaaten, aber mit nationaler Reichweite, von Hunderttausenden amerikanischen Bürgern aus allen Gesellschaftsschichten, die für die wirtschaftlichen Freiheiten, die unsere Nation zur wohlhabendsten Gesellschaft in der Geschichte machten, aufstehen und kämpfen.« Immer mehr Mitbürger sähen nun »dieselben Wahrheiten, wie wir«. Die Tea Party lobte er für ihre »eindringliche, wahre Feindschaft« gegen den »massiven Anstieg der staatlichen Macht, gegen die massiven Anstrengungen, dieses Land zu sozialisieren«.

Der rasante Aufstieg der Tea Party richtete erstmals die Aufmerksamkeit auf das Netzwerk der Koch-Brüder. Seine Warnung vor den Folgen der Citizens-United-Entscheidung des Supreme Court verband Barack Obama mit der politischen Agenda der Koch-Brüder. Bei einem Fundraiser in Austin, Texas, warnte er vor den »Gruppen mit harmlos klingenden Namen wie Americans for Prosperity«. Sie müssten nicht sagen, wer sie seien und woher ihr Geld komme. Dann erwähnte er indirekt auch die Koch-Brüder. »Man weiß nicht, ob ein ausländischer Konzern dahinter steht«, sagte Obama, »oder sogar ein großes Ölunternehmen.«

Ihr Engagement zahlt sich aus. Nach einer Untersuchung des Amherst's Political Economy Research Institute der University of Massachusetts gehören Koch Industries zu den zehn größten Luftverschmutzern der USA. Die Umweltschutzorganisation Greenpeace befand, dass der Konzern der Top-Leugner des Klimawandels sei. Bei der Verhinderung von Umweltschutzbestimmungen stellte das Konglomerat in den vergangenen Jahren selbst Konzerne wie ExxonMobil in den Schatten. Umweltschutzbestimmungen brandmarken sie als »Jobkiller«. Americans for Prosperity organisierte 2008 falsche »Bürger«-Demonstrationen gegen ein im Kongress diskutiertes Klimaschutzgesetz. Von sich selbst behaupten die Koch-Brüder in ihrer »Nachhaltigkeitsvision«[20] dagegen: »Wir schaffen Wert durch die effizientere Nutzung von Ressourcen, den Schutz der Umwelt, die Sicherheit und Gesundheit unserer Mitarbeiter sowie die konsequente Anwendung guter Wissenschaft.« Das Gegenteil ist jedoch der Fall. Nach Angaben von Greenpeace gaben sie allein von 1997 bis 2008 knapp 50 Millionen Dollar aus, um Hürden für ihre Industrien aus dem Weg zu räumen.[21] Ihre »Klimaleugnungsmaschine«, so Greenpeace, diskreditiere gezielt Wissenschaftler und verleugne die globale Erderwärmung und ihre Ursachen, um jeden Ansatz für eine Klimagesetzgebung im Keim zu ersticken.

Neben der Lobbyarbeit geht es der Rechten auch um eine neue politische Kultur. »Ideen kommen nicht von selbst«, erklärt FreedomWorks-Präsident Matt Kibbe, »Ideen brauchen Förderer.« Doch die Finanzierung von Thinktanks reichte nicht. Bald wurde klar, dass es eines Mechanismus bedurfte, um die Ideen aus den Thinktanks auf die Straße zu bringen, um für öffentliche Unterstützung zu werben. Deshalb gründeten David Koch und Richard Fink 1984 die Gruppe Citizens for a Sound Economy (dt.: Bürger für eine gesunde Wirtschaft). Sie sollte den Eindruck einer Bürgerinitiative erwecken, wurde aber von Beginn an vor allem von den Kochs gefördert. Zwischen 1986 und 1993 überwiesen sie der Organisation rund 7,9 Millionen Dollar. Ihre Mission war, laut Kibbe, der in dieser Zeit hinzustieß, »diese schweren Ideen zu nehmen und für die Massen zu übersetzen«. Zur Pflichtlektüre der Gruppe gehörte die »gleiche Literatur, die Obama über gewaltfreie Revolutionen gelesen hatte – Saul Alinsky, Gandhi, Martin Luther King. Wir studierten die Idee der Boston Tea Party als ein Beispiel für gewaltfreien sozialen Wandel, und wir lernten, dass wir auf der Straße präsent sein mussten, um

Ideen an den Mann zu bringen.« In kurzer Zeit hatte die Gruppe einen festen Mitarbeiterstab in 26 Bundesstaaten. 1990 bildete sie zudem Ableger, wie die Citizens for the Environment (dt.: Bürger für die Umwelt). Die Organisation zeichnete sich dadurch aus, dass sie Umweltprobleme wie sauren Regen als »Mythen« bezeichnete. Als die Pittsburgher Zeitung *Post-Gazette* die Organisation unter die Lupe nahm, fand sie kein einziges einfaches Mitglied. Die Einflussnahme zielte in erster Linie auf Kandidaten für politische Ämter. 1997 untersuchte ein Senatsausschuss Millionenbeträge, die offenbar gezielt in Wahlkämpfe republikanischer Bewerber flossen und zu einem großen Teil ihren Ursprung bei einem obskuren Fond, dem Economic Education Trust, hatten. Der Bericht des Ausschusses stellte fest, dass der Trust »vollständig oder zum Teil« von »Charles und David Koch aus Wichita, Kansas« finanziert wurde. Die aggressiven Werbeattacken auf Kosten der Organisation liefen meistens in Bundesstaaten, in denen Koch Industries Geschäfte machte. Diesbezüglich von Umweltsünden zu sprechen, wäre noch verharmlosend ausgedrückt. Ein Senatsausschuss befand 1989, dass Koch Industries Indianern in Reservaten durch betrügerische Messungen systematisch Rohöl gestohlen hatte. Charles Koch beschrieb die Messung von Öl als »eine unsichere Kunst«, gestand jedoch ein, auf diese Weise Öl im Wert von 31 Millionen Dollar entwendet zu haben. Mitte der 1990er-Jahre reichte das Justizministerium zwei Klagen gegen den Konzern ein und fand heraus, dass Koch Industries für mehr als 300 Ölkatastrophen verantwortlich sei, bei denen in Flüssen und Seen rund drei Millionen Gallonen Öl ausgelaufen seien. Den Konzern erwarteten Schadensersatzforderungen von bis zu 214 Millionen Dollar. Doch es kam zu einem Vergleich, und Koch Industries zahlte die bis dahin höchste Strafe in einem Zivilverfahren. 30 Millionen Dollar gingen an die Staatskasse und fünf Millionen Dollar musste der Konzern für Umweltschutzprojekte ausgeben.

Fortwährend kommt es zu Auseinandersetzungen zwischen Koch Industries und der Umweltschutzbehörde EPA. Und Thinktanks wie das Mercatus Center attackieren – wie die Republikaner im Kongress – genau diese Behörde regelmäßig. Die ehemalige Leiterin des Regulatory Studies Program, Susan Dudley, kritisierte etwa Anstrengungen der Behörde, die 1997 den Ozonwert in der Atmosphäre durch neue Regulierungen reduzieren wollte. Die EPA habe nicht die zunehmende Zahl von Hautkrebserkrankungen in Betracht gezogen, die aus Smog-freiem Himmel resultierten, argumentierte sie. Nach ihren Berechnungen würde es mit einem saubereren Himmel jedes Jahr bis zu 11 000 zusätzliche Fälle von Hautkrebs geben. Eine größere Luftverschmutzung ist nach der Logik des Mercatus Center somit gesund. Klingt lächerlich? Nicht für die amerikanische Justiz. Das Gericht des District of Columbia urteilte 1999 gegen die EPA. Die Behörde habe mögliche Vorteile des Ozons nicht berücksichtigt, zudem habe sie ihre Regelungskompetenz überschritten. Später kam heraus, dass die Richter an einer juristischen Vergnügungsreise auf einer Ranch in Montana teilgenommen hatten, die von der Foundation for Research on Economics and the Environment organisiert wurde, auch dies eine Organisation, die von den Familienstiftungen der Koch-Brüder finanziert wird.

Charles und David Koch sind keineswegs die einzigen reichen Förderer, die die rechte Sache mit ihren Millionen unterstützen. Die Organisation Media Matters listet die Walton Family Foundation, eine Stiftung unter der Kontrolle der drei Kinder von Wal-Mart-Gründer Sam Walton, als Spender von Hunderttausenden von Dollar an konservative Organisationen wie die Cato Foundation, das American Enterprise Institute oder die Americans for Tax Reform. Ein weiterer »Big Player« auf diesem Gebiet ist Richard Scaife, Erbe des Mellon-Vermögens mit einem geschätzten Vermögen von 1,2 Milliarden Dollar. Seine politische Haltung ist stramm rechts. Programme zur Zwangssterilisation Drogenabhängiger fanden seine Unterstützung. Sein Vermögen verteilt sich im Wesentlichen auf drei Stiftungen: Sarah Scaife, die Allegheny Foundation und die Carthage Foundation. Diese Stiftungen wiederum spenden regelmäßig Geld an Thinktanks und andere Einrichtungen wie die Heritage Foundation, das Center for Security Policy, das Manhattan Institute oder das Independent Women's Forum. Um seine Spendentätigkeit zu verschleiern, verteile Scaife sein Geld auf unterschiedliche Organisationen, die allerdings, wie das antimilitaristische Institute for Policy Studies feststellte, an den gleichen Projekten arbeiteten. Fast immer sind die Milliardäre auch persönlich involviert. Scaife beispielsweise sitzt im Vorstand der Heritage Foundation und im Aufsichtsrat der Hoover Institution. Die Koch-Brüder haben Vorstandsposten bei zahlreichen von ihnen gegründeten oder geförderten Organisationen inne.

Wo sie selbst nicht direkt involviert sind, haben sie Vertrauensleute. Einer, auf den diese Beschreibung uneingeschränkt passt, ist Richard Fink. Er nimmt im Koch-Imperium eine Schlüsselstellung ein und kontrolliert die Lobbyarbeit für Koch Industries in Washington. Er ist Präsident der Charles G. Koch Charitable Foundation und der Claude R. Lambe Charitable Foundation, Direktor der Fred C. and Mary R. Koch Foundation und gründete gemeinsam mit David Koch die politische Frontorganisation Americans for Prosperity Foundation, der er heute als Direktor vorsteht. Mit seinen vielen Funktionen und Titeln sei Fink das »zentrale Nervensystem« des »Kochtopus«, schrieb die *New Yorker*-Journalistin Jane Mayer.[22]

Fink ist auch Gründer des Mercatus Center. Das Institut ist Teil der George Mason University in Virginia, in der insgesamt rund 40 weitere radikal-libertäre Forschungsinstitute untergebracht sind, darunter auch das Institute for Humane Studies. Die George Mason University sei »ein Magnet für Geld von rechten Ideologen« und das Mercatus Center einer der finanziell stärksten Thinktanks der USA. Allein die Koch-Brüder stellten der George Mason University in den vergangenen Jahrzehnten rund 30 Millionen Dollar zur Verfügung. 1995 erläuterte Fink einer Gruppe von Philanthropen, dass es die Aufgabe solcher Aktionsgruppen sei, »intellektuelles Rohmaterial« in »Politikprodukte« zu konvertieren. In der Praxis bedeutet dies, dass die rechten

Organisationen an Gesetzentwürfen arbeiten, die sie an konservative Abgeordnete im US-Kongress und in den Landesparlamenten weiterreichen. Das *Wall Street Journal* nannte das Mercatus Center den »wichtigsten Thinktank, von dem Sie noch nie etwas gehört haben«. Wie einflussreich ihre Arbeit in der politischen Praxis ist, zeigt ihr Erfolg: 14 der 23 Regularien, die George W. Bush auf seine »Abschussliste« gesetzt hatte, hatten zuerst Gelehrte des Mercatus Center vorgeschlagen.

FREEDOMWORKS

FreedomWorks ist eine der präsentesten Gruppierungen in der Welt der erzkonservativen Bewegung. Das liegt auch daran, dass sie ihrer Zeit voraus war. Hervorgegangen aus der 1984 von den Koch-Brüdern gegründeten Organisation Citizens for a Sound Economy, entwickelte sich FreedomWorks zu einer Gruppe mit besten Verbindungen nach Washington D.C. Um möglichst viele Amerikaner für ihre Sache zu gewinnen, hatten sie jahrelang Kundgebungen vor Postämtern zum sogenannten Steuertag am 15. April organisiert. Bis zu diesem Tag müssen alle Amerikaner ihre Steuererklärungen abgeben. Mit der populistischen Parole »Hassen Sie Ihre Steuern? Kommen Sie zu uns!« versuchten sie, auf sich aufmerksam zu machen.

Bereits 2002 veröffentlichte die Organisation eine Webseite der »U.S. Tea Party«, auf der zu lesen war: »Denken Sie, dass Ihre Steuern zu hoch sind und unser Steuerrecht zu kompliziert? Wir auch!« Aber der Funke sprang nicht über. Für eine Bewegung auf der Straße war die Zeit noch nicht reif. Nur ein Jahr später konnte FreedomWorks mit Dick Armey einen der führenden Republikaner der konservativen Revolution von 1994 für ihre Sache gewinnen.

Der frühere Kongressabgeordnete aus Texas war bekannt für seine Forderung nach niedrigeren Steuern. Doch auch der neue Vorsitzende von FreedomWorks vermochte es nicht, der »U.S. Tea Party« Leben einzuhauchen. Gemeinsam mit dem Präsidenten von FreedomWorks, Matt Kibbe, verfasste er 2007 einen Gastkommentar, der die Boston Tea Party als Modell einer neu zu schaffenden Graswurzelbewegung gegen den »anmaßenden Staat« präsentierte. Die Bewegung, argumentierten sie, brauche eine gute Planung. Die Männer, die 1773 in Mohawk-Indianer-kostümen den Tee im Hafen von Boston ins Wasser warfen, hätten sich keineswegs spontan getroffen. Jahrelang habe Samuel Adams neue Unterstützer und wohlhabende Förderer rekrutiert und jede Maßnahme der Briten als Anlass genutzt, neue Rekruten für die amerikanische Unabhängigkeit zu gewinnen. Dass der Kommentar nie veröffentlicht wurde, zeigt, wie wenig das Land zu diesem Zeitpunkt für eine solche Botschaft bereit war. Selbst Armeys eigene Leute bezeichneten die Äußerung schlicht als »langweilig«.

Viele rechte Organisationen hatten lange auf diesen Moment gewartet. Doch keine nutzte diese mit der Wahl Obamas entstehende, historische Chance so effektiv wie FreedomWorks. Von Beginn an versuchte sie die Lehren der wirtschaftskonservativen Gruppe als die offizielle »Philosophie« der Tea Party zu verkaufen. Gegen die Kritik des konservativen Establishments brüstete sie sich damit, dass die Tea Party ein »Thinking Man's Movement« sei, wie Matt Kibbe und Dick Armey in ihrem Buch *Give us Liberty* schrieben.

Interessenten biete die Organisation eine Leseliste mit Klassikern. Diese beinhalte zuallererst die US-Verfassung, die die Tea Partier »gelesen haben«, »was viele Kongressabgeordnete nicht von sich behaupten können«.[23] Die Organisation verteile zudem kostenlose Exemplare von Ayn Rands *Atlas Shrugged*. Auch *The Law* von Frédéric Bastiat, ein Buch, das die »freie Gesellschaft« gegen Sozialprogramme »verteidigt«, sowie die Schrift des liberalen Ökonomen Friedrich von Hayek, *Der Weg zur Knechtschaft*, in der über die Gefahren des Sozialismus berichtet wird, gehörten zu den Empfehlungen.

Ebenso findet sich linke Literatur im Sortiment, darunter beispielsweise *Dedication and Leadership* von Douglas Hydes über die erfolgreiche Rekrutierungsarbeit der Kommunistischen Partei Englands, *A Force More Powerful* von Peter Ackerman und Jack DuVall über gewaltfreie soziale Bewegungen und die »Bibel« der Community-Organizer, *Rules for Radicals* von Saul Alinsky. Dass dieses Buch Zehntausende Leser in der Tea Party gefunden habe, kommentieren Kibbe und Armey, beunruhige wahrscheinlich viele im Parteiestablishment. Es zeige, dass es sich bei der Tea Party um eine Bewegung handele, die »sich dem Wandel und nicht akademischen Debatten« verpflichtet habe.[24]

Ein ganzes Kapitel widmen sie in ihrem Buch dem Establishment, das vor der Tea Party zittere. »Das Versprechen der Tea-Party-Bewegung ist ihre Kombination aus der Macht einer Graswurzelbewegung und den guten Ideen der Freiheit. Die Millionen Patrioten, die aufstehen und gegen einen zu großen Staat aufbegehren«, würden die Macht in der Republikanischen Partei, im Kongress und schließlich vom politischen Establishment Amerikas übernehmen, sind sie sich sicher.[25] »Und deshalb schlägt das Establishment um sich.« Dass Armey und Kibbe selbst diesem Establishment angehören, verschweigen sie dabei. Von 1995 bis 2003 war Armey Mehrheitsführer der Republikaner im Repräsentantenhaus. Danach arbeitete er als Lobbyist in Washington für General Motors, das Rüstungsunternehmen Raytheon und verschiedene Pharmaunternehmen. Seine Arbeit für FreedomWorks ließ er sich ebenfalls gut bezahlen. 500.000 Dollar im Jahr verdiente er, zu den Tea-Party-Protesten flog er stets erster Klasse oder ließ sich fahren.[26] Dass ausgerechnet Armey für sich in Anspruch nimmt, eine populistische Revolte gegen das Establishment anzuführen, sei »natürlich Unsinn«, sagte Theda Skocpol, Harvard-Professorin und Ko-Autorin eines Buches über die Tea Party. »Der Mann war Mehrheitsführer ... Er ist ein sagenhaft gutbezahlter, rechtsextremer Unternehmenslobbyist.« Gemeinsam mit Newt Gingrich verfasste er den »Contract with America«, der 1994 zu einem der größten Wahlerfolge der Republikaner führte. Gingrich wurde anschließend Sprecher des Repräsentantenhauses, Armey der Mehrheitsführer der Republikaner in der

Kammer. Auch Matt Kibbe kam nicht schlecht weg. Er gilt als einer der Architekten der Bewegung und agiert in den Medien häufig als ihr Sprecher. Sein Gehalt beträgt 321.000 Dollar im Jahr. FreedomWorks investierte aber auch viel Geld, um gegen gemäßigtere Republikaner vorzugehen. Gegen den Amtsinhaber Dick Lugar in Indiana unterstützte FreedomWorks in den parteiinternen Vorwahlen den Tea-Party-Kandidaten Richard Mourdock.[27] US-Senator Orrin Hatch aus dem Bundesstaat Utah ist ein weiteres Beispiel: Während seiner Karriere hatte er stets schärfere Kontrollen von Schusswaffen und die gleichgeschlechtliche Ehe bekämpft. Er war gegen Gewerkschaften, unterstützte die Ernennung von erzkonservativen Richtern und erhielt immerhin die perfekte Wertung von 100 Punkten von der American Conservative Union. Hatch war es auch, der einen Brief an die amerikanische Steuerbehörde Internal Revenue Service (IRS) initiierte, um ein Vorgehen der Behörde gegen Tea-Party-Gruppen abzuwenden. Im März 2012 hatte die IRS Auskunftsersuche an zahlreiche Super-PACs und Tea-Party-Gruppen im Land versendet, die sich selbst als »gemeinnützig« beschrieben hatten und damit von bestimmten Vorteilen im Steuerrecht Gebrauch machten. Hatchs Vorgehen kam nicht überraschend. Er selbst stand 2012 auf der Abschussliste von Tea-Party-Gruppen in seinem Heimatstaat Utah. Seine Bereitschaft, mit Demokraten zusammenzuarbeiten, sein Votum für die Bankenrettung von 2008 und seine 16 Voten für die Anhebung der Schuldengrenze, machten ihn zur Zielscheibe. FreedomWorks gab schon in den ersten Monaten von 2012 knapp 700.000 Dollar für Wahlwerbung gegen Hatch aus. Im Vergleich dazu: Dem Kampf gegen Obama widmete sie im gleichen Zeitraum gerade einmal 173.000.[28]

DER WUNDERSAME AUFSTIEG DER GOUVERNEURIN VON ALASKA

Trotz aller Versuche der Tea Party, einnehmende Umarmungen von vermeintlichen »Führern« der Bewegung abzuwehren, gibt es eine Reihe von Prominenten, denen diese Rolle vor allem von den Medien gern zugeschrieben wurde. Eine davon ist Sarah Palin, die nach ihrer Niederlage als Vizepräsidentschaftskandidatin John McCains 2008 diese Rolle bereitwillig für sich in Anspruch nahm. »Ich bin ein großer Unterstützer dieser Bewegung, ich glaube an sie«, sagte Palin als Hauptrednerin der National Tea Party Convention in Nashville im Februar 2010.[29] »Amerika ist bereit für eine weitere Revolution, und ihr seid ein Teil davon!«

Noch vor zwei Jahren war sie den meisten Amerikanern unbekannt. Entsprechend groß war die Verwunderung, als John McCain sie im August 2008 der Öffentlichkeit als seine Wahl für den Posten der Vizepräsidentin vorstellte. Wie bei Barack Obama war auch für Sarah Palin ihre Rolle als Außenseiterin das Ticket in die große Politik. Ihr Aufstieg auf der nationalen Bühne überraschte politische Beobachter – und begeisterte die Basis. »Ich bin nicht Teil des politischen Establishments«, sagte sie auf dem Nominierungsparteitag der Republikaner in St. Paul im September 2008. »Wenn Sie kein Mitglied der Washingtoner Elite sind, werden sie von den Medien allein aus diesem Grund als unqualifiziert betrachtet.« Aber, so Palin, »ich gehe nicht nach Washington, um ihre Anerkennung zu suchen.« Amerikaner hätten genug von der Washingtoner Elite, diesem mit sich selbst beschäftigten »good-ol'-boy network hinter verschlossenen Türen«.

Doch es war genau dieses Netzwerk der Insider, der »Ol' Boys«, ohne das Palins Aufstieg wohl kaum möglich gewesen wäre, wie Jane Mayer in einem Artikel für den *New Yorker* nachwies.[30]

Einer der ersten, der auf Palin aufmerksam wurde, war Adam Brickley. Ihm habe die »Hand Gottes« bei der Suche nach einer passenden Vizepräsidentschaftskandidatin geholfen, sagte Brickley. »Je länger ich daran arbeitete, desto weniger fühlte es sich so an, als ob ich es steuere. Etwas anderes war am Werk.« Aber nicht Gott hatte seine Finger im Spiel, vielmehr war es ein umfangreiches rechtes Netzwerk, dem Brickley selbst angehört. Aufgewachsen in Colorado in einer Familie evangelikaler Christen, die später zum »messianischen Judaismus« überwechselten, ging der »politische Junkie« nach seinem Studium nach Washington, arbeitete für verschiedene rechte Thinktanks und lebte zeitweise in einer Unterkunft der konservativen Heritage Foundation. Im Februar 2007 begab sich Brickley auf die Suche nach einer republikanischen Vizepräsidentschaftskandidatin, die der damaligen demokratischen Favoritin Hillary Clinton die Stirn und konservativen Frauen eine Alternative bieten könnte. Er begann mit seiner Suche auf Wikipedia und verschiedenen Wahlkampfwebseiten der Republikaner. Die Auswahl war nicht gerade groß, viele Frauen gab es nicht an der Spitze der Grand Old Party. Und die, die er fand, entsprachen nicht Brickleys Vorstellungen. Senatorin Olympia Snowe schien ihm zu moderat, ihre Amtskollegin Kay Hutchison aus Texas in sozial-konservativen Fragen nicht solide genug. Dann fiel ihm Sarah Palin auf, die gerade ins Amt gewählte Gouverneurin von Alaska. Sie war jung, attraktiv und stramm konservativ. Und sie hatte eine begeisterte Anhängerschaft, die Brickley an Obamas Kandidatur erinnerte. Umgehend ließ Brickley unter dem Titel »Palin for VP« eine Webseite freischalten. Die Nachricht verbreitete sich in konservativen Kreisen wie ein Lauffeuer, und auch die traditionellen Medien sprangen darauf an und berichteten über das »Babe«, wie sie der Radiomoderator Rush Limbaugh »liebevoll« nannte. Noch vor Verkündung seines »Running Mate« durch John McCain habe die Webseite täglich rund 3 000 Klicks verbuchen können. Das lag wohl auch an intellektuellen Schwergewichten, die sich nun in die Debatte um die Vizepräsidentschaftskandidaten einschalteten.

Dem vorausgegangen waren die Bemühungen Sarah Palins, die schon bei ihrer Kandidatur als Gouverneurin von Alaska gegen die »Elite« und die »Mainstream«-Medien wetterte. Sie war es, die die Gunst der Stunde zu nutzen wusste, als im Sommer 2007, nur ein halbes Jahr nach ihrem Amtsantritt, zwei Kreuzfahrtschiffe Kurs auf Alaska nahmen. An Bord der Cruiser war das konservative Establishment par excellence, wie die Gouverneurin von der Vorsitzenden der Alaska Federation of Republican Women, Paulette Simpson, erfahren hatte. Umgehend verschickte Palin Einladungen an die Reisenden. Am 18. Juni legte die *MS Oosterdam* der Holland-Amerika-Linie im Hafen von Juneau an. Das erste der beiden Schiffe hatte der *Weekly Standard* organisiert. Unter den Gästen befanden sich auch drei Top-Journalisten des zu Rupert Murdochs News Coporation gehörenden Magazins: der Kolumnist William Kristol, der ehemalige Redenschreiber George W. Bushs Michael Gerson sowie Fred Barnes, leitender Redakteur des *Standard* und Ko-Moderator einer Fernsehsendung auf Fox News. Wie andere nahmen sie die Einladung Palins zum Lunch gern an.

Kaum mehr als einen Monat später legte das Schiff der *National Review* in Juneau an. Der konservative Intellektuelle William F. Buckley hatte das Magazin in den 1950er-Jahren gegründet und für Jahrzehnte zu einem der einflussreichsten Medien der Konservativen gemacht. An Bord der *MS Noordam* waren unter anderem der Herausgeber des Magazins Rich Lowry, der ehemalige Bundesrichter und konservative Jurist Robert Bork sowie John Bolton, Botschafter der USA bei den Vereinten Nationen unter George W. Bush.

Die Chemie stimmte. Victor Hanson, angeblich der Lieblingshistoriker des ehemaligen Vizepräsidenten Dick Cheney, war begeistert von Palins Auftritt »in hochhackigen Schuhen in diesem großen viktorianischen Haus« mit rauem Holzboden. »Hi, ich bin Sarah«, habe sie zur Begrüßung gesagt. Ihre Erscheinung sei beachtlich gewesen. »Sie hat diese Aura, die Clinton, Reagan und Jack Kennedy hatten, ein Magnetismus, der noch stärker zu fühlen ist, wenn man im selben Raum ist«, sagte Hanson danach. Auch Dick Morris hatte eine langwierige Unterhaltung mit Palin. Um als Reformer erfolgreich zu sein, müsse sie ihr Image als Außenseiterin beibehalten, riet ihr der Kolumnist der Zeitung *The Hill,* der auch regelmäßig zu Gast auf Fox News ist. »Viele, die als Außenseiter in den Wahlkampf gehen, werden zu Insidern, sobald sie an die Macht kommen. Wollen Sie erfolgreich sein, müssen sie eine Außenseiterin bleiben.«

Aber auch als Außenseiterin blieb sie nach den Besuchen im Establishment stets im Gespräch. Die Begeisterung über die unverbrauchte Politikerin war groß. Einer, der sich besonders für sie ins Zeug warf, war Bill Kristol vom *Weekly Standard*. Zwei Monate vor McCains Entscheidung sprach er sich im Gespräch mit Fox News unmissverständlich für Palin aus. Als Mutter von fünf Kindern sei sie ideal, um Unterstützer von Hillary Clinton auf ihre Seite zu ziehen, und als ehemalige Basketballspielerin könne sie es sogar mit Obama aufnehmen, scherzte er. »McCain wird Sarah Palin, die Gouverneurin von Alaska, aufstellen«, sagte er selbstsicher.[31] Seine unablässige Lobhudelei unterbrach der Moderator schließlich mit einem schroffen »Können wir bitte aufhören, über Palin zu sprechen?«. Doch Kristol blieb dran – und sollte recht behalten.

Ende August überraschte McCain seine Anhänger mit einer entsprechenden Ankündigung, die kurz darauf eine Woge der Begeisterung auslöste. Ihre Rede beim Nominierungsparteitag der Republikaner war ein voller Erfolg. Umfragen, die vorher einen Rückstand von mehreren Prozentpunkten aufgezeigt hatten, zeigten McCain/Palin nun mit einem komfortablen Vorsprung vor Obamas Team. Dick Morris reagierte begeistert. »Ich werde nie vergessen, dass ich sie einst zur Seite nahm und sagte, dass sie eines Tages Vizepräsidentin werden könne, angesichts ihrer Geschichte und dem Mangel an Frauen in der Republikanischen Partei«, erinnerte er sich an ihr gemeinsames Gespräch ein Jahr zuvor. »Sie wird eine Mordskandidatin sein, Hut ab vor John McCain für seine Entscheidung.«

Morris' Rat, eine Außenseiterin zu bleiben, hat sie sich zu Herzen genommen. Seit ihren ersten Auftritten wettert sie gegen die Insider, die Elite und das Establishment und stößt gerade deshalb in der Tea Party auf große Zustimmung. Die Elite ist Palins Lieblingsziel. Darunter fasst sie alles, von den Mainstream-Medien, die sie abschätzig Lamestram-Medien nennt, bis hin zum moderateren Establishment der Grand Old Party. Dabei war es genau dieses Establishment, das ihren fulminanten Aufstieg von der Bürgermeisterin einer Kleinstadt in Alaska zur Vizepräsidentschaftskandidatin 2008 vorbereitet hatte.

Ihr Image als Außenseiterin pflegte sie beharrlich, wahlweise bezeichnete sie sich selbst als »Soccer-« oder »Hockey-Mom«. Als Sarah Palin die Öffentlichkeit mit ihrem Aussehen, ihrem erfrischenden Auftreten und frechen Statements eroberte, erlebte John McCains Wahlkampagne einen Höhenflug. In Umfragen lag das republikanische Team sogar erstmals vor Obama.

Doch die anfängliche Begeisterung verflog schnell. Denn bald wurde klar, dass sich hinter der Fassade von »quietschvergnügter Sorglosigkeit und Sexualität«, wie der Palin-Biograf Joe McGinniss schrieb, ein anderer Mensch versteckte. Es wurde immer offensichtlicher, wie wenig Zeit McCains Team dafür verwendet hatte, Palins Person und Geschichte zu überprüfen. McCain selbst hatte nicht mehr als drei Stunden persönlich mit der ihm unbekannten Politikerin gesprochen, bevor er seine Entscheidung bekannt gab. Ursprünglich hatte der Präsidentschaftskandidat den unabhängigen Senator Joe Lieberman an seiner Seite bevorzugt, der kam für die Parteibasis aber aufgrund seiner abtreibungsfreundlichen Haltung für eine Kandidatur nicht in Frage. All diese den Umständen geschuldeten Nachlässigkeiten sollten sich nun rächen.

Als ausgesprochen gefährlich erwiesen sich Fernsehinterviews mit Fragen, auf die sich Palin nicht präzise vorbereiten konnte. Selbst einfache Fragen wie die, welche Zeitungen sie lese, brachten Palin in Verlegenheit. »Ich habe die meisten gelesen, mit großer Anerkennung gegenüber der Presse, der Medien«, antwortete sie vieldeutig nichtssagend. »Und welche im Besonderen?«, hakte die sichtlich verblüffte Reporterin Katie Couric nach. »Äh, alle, die mir in all den Jahren vorgelegt wurden.« Couric: »Können Sie irgendeine nennen?« Palin: »Ich habe viele unterschiedliche Quellen, aus denen wir unsere Nachrichten beziehen.«

Dass Palin keine einzige dieser Quellen benennen konnte, lag vielleicht auch daran, dass sie im ersten Jahr als Gouverneurin kaum vor Ort war und somit auch gar keine Zeitungen vorgelegt bekam. Viele demokratische und republikanische Abgeordnete waren sichtlich empört, dass Palin 2007 insgesamt 312 Nächte im tausend Kilometer entfernten Wasilla verbracht hatte, anstatt am Amtssitz in Juneau zu sein. Zahlreiche Anfragen von Bürgermeistern blieben unbeantwortet, zugesagte Gelder wurden nicht überwiesen. Nach einem Bericht der *New York Times* trugen daraufhin einige der Abgeordneten in den Sitzungen Anstecker mit der Aufschrift »Wo ist Sarah?«.[32]

Und obwohl sich Palin bei jeder sich bietenden Gelegenheit gegen sogenannte »Earmarks« aussprach, ließ es sich die Bürgermeisterin der 6700-Seelen-Stadt Wasilla nicht nehmen, ordentlich Bundesmittel einzukassieren. Aufgrund eines von ihr beauftragten Lobbyisten in Washington flossen in ihrer Amtszeit rund 27 Millionen Dollar in die Kleinstadt von Alaska. Auch ein anderes Projekt unterstützte sie, bevor sie dagegen war. Der republikanische Senator aus Alaska, Ted Stevens, hatte Jahre zuvor die Finanzierung einer Brücke in Alaska durchgesetzt, mit der 50 Bewohner der Gravina Insel eine Verbindung zur Stadt Ketchikan und dem dortigen Flughafen erhalten sollten. Die Kosten für den amerikanischen Steuerzahler veranschlagte der Kongress mit rund 400 Millionen Dollar. Im Wahlkampf 2008 führte diese »Brücke nach Nirgendwo« zu heftigen Debatten über die Vizepräsidentschaftskandidatin. Denn selbst der republikanische Präsidentschaftskandidat John McCain hatte das Projekt stets als Sinnbild »für all das, was falsch läuft in Washington« bezeichnet. Auch in ihren Reden brachte Palin gern ihre Ablehnung gegenüber der Brücke zum Ausdruck. »Danke, aber nein Danke«, habe sie schon immer zu der staatlichen Förderung gesagt. Aber in Wahrheit hatte sie sich als Kandidatin für den Gouverneursposten ausdrücklich für ihren Bau ausgesprochen.[33] Erst nachdem der Kongress die Finanzierung verweigert hatte und das Thema zu einer nationalen Peinlichkeit wurde, änderte auch Palin ihre Meinung.

Und dann gab es da noch den Fall »Troopergate«: Nachdem sich der State Trooper Mike Wooten von ihrer Schwester getrennt hatte, übte Gouverneurin Sarah Palin persönlich Druck aus, um ihn aus dem Dienst zu entfernen. Doch ihr Kabinettsmitglied, der Sicherheitsbeauftragte Walt Monegan, widersetzte sich der Anordnung. Daraufhin feuerte Palin Monegan wegen »abtrünnigen Verhaltens«. »Hätte sie gesagt, dass ihr mein Haar nicht gefalle, hätte das mehr Sinn gemacht«, erklärte Monegan zu seinem Rausschmiss. Palins »Troopergate« beschädigte ihre Kandidatur weiter. Noch vor der Wahl im November 2008 stellte der Bericht eines vom Landesparlament eingesetzten Ethikausschusses fest, dass Palin ihr Amt als Gouverneurin bei der Kündigung Monegans missbraucht habe. Die Scheidungs- und Sorgerechtsauseinandersetzungen ihrer Schwester hätten eine Rolle bei der Kündigung gespielt. Im Wahlkampf kamen ebenfalls Berichte an die Öffentlichkeit, nach denen Palin lukrative Jobs in Regierungsämtern an ehemalige Schulfreunde vergeben hatte. Eine von ihnen hatte sich um eine Stelle im Landwirtschaftsministerium beworben und als Qualifikation ihre »Liebe für Kühe als Kind« angegeben. Palin musste ihr Image der Außenseiterin gegen immer neue Enthüllungen verteidigen. Einen weiteren Dämpfer galt es zu verkraften, als herauskam, dass die einfache »Soccer-Mom« für ihre Garderobe und Accessoires 150.000 Dollar aus Mitteln der Parteiführung der Republikaner unter anderem im Luxuskaufhaus Saks Fifth Avenue in New York ausgegeben hatte.[34]

Die Ernennung Palins begeisterte daher längst nicht alle Republikaner. Christopher Buckley, Sohn von *National Review*-Gründer William F. Buckley, war so empört darüber, dass er im Oktober 2008, wenige Wochen vor der Wahl, zum Team Obamas wechselte.

Doch wer dachte, dass mit der Niederlage im November 2008 ihre politische Karriere zu Ende sei, wurde schnell eines Besseren belehrt. Palin erwies sich als extrem geschickt, wenn es darum ging, ihr Charisma zu nutzen und sich als Marke weiterzuentwickeln. Um für ihr Buch *Going Rogue* zu werben, absolvierte sie im November 2009 eine Bustour durch die USA. In Wahrheit verbrachte sie den größten Teil der Reise in einem Gulfstream II

Luxus-Jet.[35] Mehr als 4.000 Dollar die Stunde kostete die Maschine, die Platz für zwölf Passagiere bot. Die Bustour beschränkte sich offenbar auf Fahrten vom Flughafen zur nächsten Buchhandlung. Dennoch, Interviews gab sie im Bus, und auf ihrer Facebook-Seite kündigte sie Updates »von der Straße« an.

»Wie Barry Goldwater schon sagte«, zitierte Palin eines ihrer Vorbilder, »wir können mit Bomben erobert werden, aber wir können auch durch Vernachlässigung, Ignoranz unserer Verfassung und der Prinzipien des begrenzten Staates besiegt werden.«[36] Washington habe die private Unverantwortlichkeit durch die öffentliche Unverantwortlichkeit ersetzt. »Die Liste von Unternehmen und Industrien, die die Regierung verdrängt, durch Bailouts rettet oder übernimmt, wächst weiter.« Zuerst seien es die Banken und andere Finanzinstitutionen gewesen, dann die Autohersteller. Bald, »wenn es nach ihnen geht«, wäre das Gesundheitswesen und die Kreditindustrie für Studenten an der Reihe. TARP stehe für die schlimmste Form der Vetternwirtschaft, eine »Schmiergeldkasse« des Finanzministeriums. Top-Manager an der Wall Street bekämen weiterhin ihre Topboni und das bei Institutionen, die vom Staat gerettet worden seien.

Nach dem erfolglosen Wahlkampf mit John McCain und ihrem Rücktritt als Gouverneurin von Alaska im Juli 2009 machte sie sich zunäst rar, kehrte aber schon bald wieder in die Öffentlichkeit zurück und gerierte sich als Sprecherin der Tea Party. Eine ihrer Hauptbeschäftigungen wurde der Verkauf von Büchern und eine TV-Show, die sie mit ihrer Familie und bei der Jagd in Alaska zeigte.

Der Bestsellerautor Joe McGinniss wollte wissen, was für ein Mensch hinter der Fassade wirklich steckte und machte sich zu Recherchezwecken auf nach Alaska. Als er nach einer geeigneten Bleibe suchte, bot ihm ausgerechnet die Nachbarin Palins für die Sommermonate ihr Haus an. Damit zog der Journalist, der zuvor mehrere kritische Texte über den von Palin verpatzten Bau einer Ölpipeline in Alaska und eine von ihrem Verlag gestellte Bustour geschrieben hatte, umgehend den Zorn der Gouverneurin auf

sich. Über Facebook und mit Hilfe von rechten Fernsehmodera-
toren wie Glenn Beck machte sie Stimmung gegen den unerwünschten Nachbarn, der ihre Familie belästige, die Kinder be-
obachte und ihre Schlafzimmer vom Nachbargrundstück aus mit
Ferngläsern ausspioniere. »Ich frage mich, welches Material er
dabei gewinnen wird, wenn er Pipers Schlafzimmer, meinen kleinen Garten und unser Schwimmloch auskundschaftet.« Ihr Ehe-
mann Todd Palin sprach von McGinniss' »gruseliger Obsession
mit meiner Frau«. Um jedweden Blickkontakt zu verhindern,
erhöhten die Palins ihren Zaun. Doch ihre Sorge war unbegrün-
det. Das nach mehrmonatiger Recherche in Alaska entstandene
Buch *The Rogue* kommt ganz ohne schlüpfrige Details ihres All-
tagslebens aus. Es bringt vielmehr zahlreiche unangenehme Informationen über ihre Familiengeschichte ans Licht, von denen
ihm Familienangehörige, ehemalige Kollegen, Freunde und
Nachbarn oftmals ohne Umschweife berichteten. Für sein Buch
habe er mit rund 200 Menschen aus der Umgebung der Palins
gesprochen, verriet McGinniss. Eines wird aufgrund der gewon-
nenen Erkenntnisse besonders deutlich: Viele Menschen in Alaska, insbesondere in Wasilla, haben genug von der Palin-Show. »Je
besser die Menschen sie kennen, desto weniger mögen sie sie«,
fasste der Autor das Ergebnis seiner Recherchen zusammen. Palin sei eine Heuchlerin, rachsüchtig und obsessiv, vor allem aber
eine »völlige Fälschung«.[37] Obwohl sie bei öffentlichen Auftritten
immer wieder gern ihre Kinder bemühe, um das Bild einer traditionellen, nach konservativen Mustern perfekten Mutter abzu-
geben, sei sie bei der Erziehung der Kinder tatsächlich abwesend
gewesen. Um politische Punkte bei Abtreibungsgegnern zu sammeln, präsentiere sie Zuschauern immer wieder ihr jüngstes
Kind mit Down-Syndrom. Ihre Ehe sei fragil, das Paar streite sich
unablässig und drohe sich gegenseitig immer wieder mit der
Scheidung. »Sie führen gar keine Ehe«, beichtete etwa Sarahs
Bruder, Chuckie, einem Freund.[38] »Ich weiß nicht, wie sie zusam-
menleben.« Das Gegenteil also von einer Bilderbuch-Familie,
wie sie Palin gern der konservativen Öffentlichkeit präsentiert.

Ihr sorgfältig aufbereitetes Image steht damit im krassen Gegensatz zu ihrem wirklichen Leben.

McGinniss berichtet in seinem Buch auch von Palins rücksichtslosem Vorgehen, als sie noch Bürgermeisterin von Wasilla war. Da ihr Grundstück keine Zufahrt von der Straße her hatte, mussten die Palins die Grundstücke ihrer Nachbarn über eine unbefestigte Straße überqueren. Anstatt aber um Erlaubnis zu bitten oder ein wenig Geld für die Nutzung der Straße anzubieten, hätten die Palins die Durchfahrt einfach benutzt. Als er von den Nachbarn daraufhin angesprochen wurde, habe Todd Palin ihnen gedroht. »Meine Frau ist die Bürgermeisterin, ich wäre sehr unglücklich, wenn es Probleme geben würde.« Diese Darstellung deckt sich mit vielen anderen Berichten über die Palins. In *The Rogue* kommt McGinniss auch auf Palins lieblos-strengen Vater, den Männerclub von Todd Palin und dessen rassistische Übergriffe auf die wenigen schwarzen Bewohner Wasillas zu sprechen. Des Weiteren schildert er den Kokain- und Marihuana-Konsum des Paares (»und sie hat inhaliert«) und erwähnt einen One-Night-Stand mit dem afroamerikanischen Basketballspieler Glen Rice, über den Sarah Palin im Nachhinein schockiert gewesen sein soll. Die anti-elitistische Rhetorik blieb weiterhin ihr Markenzeichen. Für eine Rede auf der Tea-Party-Convention in Nashville, Tennessee, kassierte sie 100.000 Dollar und gab sich dennoch volkstümlich. »Wie geht es euch mit dem Hopey-Changey-Krempel?«, fragte Palin zur Begrüßung an die Elite der Tea-Party-Bewegung gerichtet. Deren Mitglieder hatten immerhin 549 Dollar für die Tickets der dreitägigen Versammlung im Februar 2010 bezahlt.[39] Wer nur die Rede Palins hören wollte, musste 349 Dollar hinblättern. Aufgrund dieser immens hohen Preise hagelte es Kritik von Tea-Party-Anhängern im ganzen Land, die der Veranstaltung aufgrund ihres profitorientierten Charakters jede Legitimität absprachen.

»Hier geht es nicht um Geld«, reagierte Palin in der Rede auf die Kritik. »Es geht nicht um Titel.« Sie werde leben und sie werde sterben für das amerikanische Volk. »Was auch immer ich machen kann, um zu helfen. Diese Bewegung ist die Zukunft der Politik in Amerika.«

Enttäuschungen vorwegnehmend fügte sie an: »Kandidaten sind Menschen, und sie werden gelegentlich enttäuschen.« Wichtiger seien jedoch die Ideen. »Arbeitet hart für die Kandidaten. Aber glaubt an die Ideen.«[40] Die Tea Party müsse weiterhin führerlos bleiben und sich vor Vereinnahmung schützen. »Die Tea-Party-Bewegung ist nicht eine hierarchisch gesteuerte Operation. Sie ist eine Bewegung von unten, die beide Parteien zwingt, die Art, wie sie Geschäfte machen, zu ändern. Und das ist schön.«

Aber letzten Endes setzte sich das Establishment durch. Als die Parteiführung für die Wahlen 2012 kein Geheimnis aus ihrer Unterstützung für Mitt Romney machte und extremere Kandidaten sabotierte, reagierte Sarah Palin wütend über die Bemühungen der Parteiführung, die erzkonservative Bewegung bei der Kandidatensuche zu neutralisieren. Das Parteiestablishment wende »Taktiken der Linken gegen die Tea Party« an, schrieb sie in einem Beitrag auf ihrer Facebook-Seite.[41] »Ronald Reagan und Barry Goldwater, die Väter des modernen Konservativismus, wären beschämt über uns in diesen Vorwahlen.«

DIE AKTEURE IM KONGRESS

Im Kongress konnte die Tea Party ebenfalls eine starke Position vorweisen. Schnell erkannten auch etablierte Republikaner im Kongress die Chancen dieser Bewegung von unten. Sie bot, was der Partei fehlte: Energie und Enthusiasmus. Unter den konservativsten Kongressabgeordneten bestanden ohnehin schon große Überschneidungen. Von ihnen erfuhr die Tea Party uneingeschränkte Solidarität. Führende Republikaner waren entweder unfähig, die Bewegung unter Kontrolle zu halten oder nutzten ihre Energie bewusst, um konservative Projekte voranzutreiben. Wenig erreichte Repräsentantenhaussprecher John Boehner. Der Republikaner aus Ohio scheiterte regelmäßig an der erzkonservativen Fraktion, die die von ihm eingebrachten Vorschläge torpedierte. Jedes Vorhaben, das seine Vorgängerin Nancy Pelosi zur Abstimmung freigegeben hatte, erhielt dagegen wie erwartet die Stimmen der Demokraten. John Boehner hatte seine Fraktion nicht unter Kontrolle. Hinzukam, dass er die Stimmung unter den Konservativen immer wieder falsch einschätzte. Letzten Endes setzte sich Eric Cantor, der Mehrheitsführer der Republikaner, an die Spitze der Erzkonservativen und machte sich zu ihrem Sprecher im Repräsentantenhaus.

Der Kongressabgeordnete aus Virginia hatte bei einer Tea-Party-Demonstration noch im September 2009 den Tausenden Demonstranten zugerufen, dass sie an der »Frontlinie der Schlacht um unsere Demokratie« kämpften. Seine Umarmung war ein großer Erfolg für eine Bewegung, die im amerikanischen Präsidenten einen neuen Hitler sah und für ihre Lobbyanstrengungen eine Terminologie aus dem Irakkrieg wie »shock and awe« verwendete. In der Occupy-Bewegung sah Cantor »einen Angriff auf die Kernprinzipien unserer Nation«. Er sei »zunehmend besorgt über den wachsenden Mob, der die Wall Street besetzt und sich auch in anderen Städten der USA« ausbreite. »Und einige in dieser Stadt haben dieses Ausspielen von Amerikanern gegen andere Amerikaner sogar geduldet«, sagte er und zielte damit unmissverständlich auf Obama und die Demokraten ab.

Mit der Tea Party setzte die konservative Bewegung einen Rechtsruck auf allen Ebenen der Partei durch. Die politische Dynamik veränderte sich dadurch merklich. »Es gibt einen Unterschied zwischen der Tea-Party-Bewegung und der offiziellen Grand Old Party und wir ignorieren diesen auf eigene Gefahr«, schrieb der *New York Times*-Kolumnist Frank Rich schon Monate vor den Zwischenwahlen, im Februar 2010, über die Bedeutung der erzkonservativen Bewegung.[42] »Während Washington auf das Geschwätz von Mitch McConnell, John Boehner, Michael Steele und die vermeintlichen Präsidentschaftskandidaten für 2012 fixiert ist, sind Mitt Romney und andere Führer der Partei der Tea Party ein Dorn im Auge oder schlichtweg irrelevant«, so Rich. »Tatsächlich könnten sich McConnell, Romney und Konsorten für die allgemeine politische Dynamik in Amerika als unbedeutend erweisen. Abgesehen von den machtlosen und im ganzen Land verteilten Country-Club-Republikanern hat die alte Garde der Partei keine erkennbare Wählerschaft mehr. Die Leidenschaft auf der Rechten ist nahezu geschlossen zum Kontra-Konservativismus der Tea Party emigriert.«

Dies zeigten schon die Zwischenwahlen 2010, auch wenn die Tea Party nur eine Minderheit der zur Wahl stehenden konservativen Kandidaten stellte. Denn die Mehrheit der Republikaner bekannte sich zu den Zielen der Tea Party. Und das Gleiche galt für die Präsidentschaftswahlen 2012.

Ein weiterer ranghoher Fürsprecher im Kongress war der Republikaner Jim DeMint aus South Carolina. Wie Sarah Palin sollte der Senator instrumental für die Unterstützung von Tea-Party-Kandidaten bei parteiinternen Nominierungen von Außenseitern für die Zwischenwahlen 2010 sein. Doch im Unterschied zu Palin ist DeMint ganz eindeutig dem Parteiestablishment zuzurechnen. Seit mehr als zwölf Jahren sitzt er im Kongress.

Sein Senate Conservative Fund sammelte 2010 3,3 Millionen Dollar für extreme Außenseiter und Tea-Party-Kandidaten wie Joe Miller aus Alaska, Pat Toomey aus Pennsylvania, Rand Paul aus Kentucky, Ken Buck aus Colorado und Marco Rubio aus Florida. Gemeinsam mit dem konservativen Club for Growth unterstützte DeMint einige der bekanntesten Tea-Party-Kandidaten für den Senat. Er förderte aber auch noch extremere Kandidaten wie die Republikanerin Christine O'Donnell aus Delaware oder Sharron Angle aus Nevada. Selbst der Club of Growth machte da nicht mehr mit, so extrem abgedreht waren diese Kandidatinnen.

»Einige meiner Freunde sind nicht wirklich glücklich mit mir«,[43] sagte Jim DeMint einmal stolz über sein Verhältnis zu anderen Mitgliedern des Parteiestablishments und erntete dafür tosenden Applaus von Tea-Party-Anhängern. Die Grand Old Party müsse sich nach den Kongresswahlen endlich wieder auf konservative Werte besinnen. »Wenn die Republikaner die Kontrolle zurückerobern und den Erwartungen nach einer Rückbesinnung auf konservative Prinzipien nicht gerecht werden«, verkündete er, dann »ist die Republikanische Partei tot«. Das Bündnis mit den extremsten Elementen der Partei sei eine Frage des Überlebens. Der Enthusiasmus der Tea Party sei ein Beleg dafür. »Anstatt die Partei zu schwächen, haben wir einen Überraschungserfolg nach dem anderen einfahren können ... Das ist nicht mehr eine Stimmabgabe für das ›kleinste Übel‹ auf dem Wahlzettel.«

Das war es nicht. Dass dies jedoch auch der Partei helfen würde, sahen viele kritisch. Wie in Delaware, einem Bundesstaat, der aufgrund der Wechselstimmung gegen die mehrheitlich demokratischen Amtsinhaber stark zu den Republikanern tendierte, sahen die Republikaner mit den Siegen von Tea-Party-Kandidaten bei den Vorwahlen ihre Hoffnungen schwinden. Und nachdem die extreme Außenseiterin Christine O'Donnell dort überraschend nomminiert worden war, war die Niederlage für die Republikaner besiegelt. Der Demokrat Chris Coons lag in Umfragen bald schon 20 Prozentpunkte vor seiner republikanischen Tea-Party-Widersacherin. Als der progressive Comedian Bill Maher ein elf Jahre altes Video von Christine O'Donnell veröffentlichte, in dem sie mit ihm über ihre Erfahrungen mit Hexerei plaudert, sah sie sich einen Monat vor der Wahl unter allgemeinem Gespött dazu gezwungen, in einem eigens für diesen Zweck produzierten Werbespot zu erklären: »Ich bin keine Hexe«.[44] Mit diesem Zitat habe sie das politische Lexikon der Dementi von Präsident Nixons »Ich bin kein Betrüger« bis hin zu Bill Clintons »Ich hatte keine sexuelle Beziehung mit dieser Frau« um eine weitere Version bereichert, sagte der Medienberater Brad Philips.[45] Durch den Druck der Tea Party fielen immer mehr der sicher geglaubten Sitze an Kandidaten, die selbst für eine konservative Öffentlichkeit nicht mehr akzeptabel waren. Dies wiederum war ein Geschenk für den um seine Wiederwahl ringenden demokratischen Mehrheitsführer im Senat, Harry Reid, der angesichts der schlechten Umfragewerte der Tea-Party-Kandidaten in seinem Heimatstaat Nevada wieder Auftrieb bekam.

Wegbereiter der kommenden Niederlagen war Jim DeMint, einer der »konservativsten Republikaner im Kongress«, so das Urteil des konservativen Magazins *The National Journal*.[46] Der Nachrichtensender CNN zitierte einen namentlich nicht genannten, hochrangigen Mitarbeiter der Partei mit den Worten: »Ich frage mich, wen Harry Reid … heute Abend zuerst anrufen wird – Chris Coons, um ihm zu seiner zukünftigen Rolle als Senator von Delaware zu beglückwünschen oder Jim DeMint, weil er dabei mitgeholfen hat, dass dies passieren konnte.«[47] Dass die Demokraten am Ende auch ihre Sitze in Nevada und Colorado gegen extreme Tea-Party-Kandidaten verteidigen konnten, frustrierte die Führung der Republikaner. Und das lag vor allem an den Kandidaten, die nicht zuletzt DeMint aktiv gefördert hatte. Sie waren entweder zu extrem oder zu skurril, um eine Mehrheit auf ihre Seite zu ziehen.

DER KAMPF UM DIE BUNDESSTAATEN

Vor allem in den Bundesstaaten und auf lokaler Ebene war die Tea-Party-Bewegung engagiert. Wegweisend war die Auseinandersetzung mit den Republikanern unter der Führung von Gouverneur Scott Walker in Wisconsin. Der von der Tea Party und den Koch-Brüdern unterstützte Gouverneur hatte es sich zum Ziel gesetzt, die Gewerkschaften zu entmachten. Unverblümt äußerte sich David Koch über seine Bemühungen, die Abwahl des ultrarechten Gouverneurs Scott Walker in Wisconsin zu verhindern. »Wir helfen ihm, wie sich das gehört. Über die Jahre sind wir darin ziemlich gut geworden«, sagte er.[48] »Wir haben eine Menge Geld in Wisconsin ausgegeben, und wir werden noch mehr Geld ausgeben.« Walkers Kampf habe Symbolkraft für das ganze Land. Bis dahin hatte Americans for Prosperity rund 700.000 Dollar für Werbung für den Gouverneur ausgegeben.

Wie eng diese Tea-Party-Politiker mit dem rechten Netzwerk verzahnt sind, macht folgendes Beispiel deutlich: Im Februar meldete sich im Büro von Scott Walker ein gewisser David Koch.

Ob der Gouverneur ihn zurückrufen könne, fragte Walkers Mitarbeiter. Leider könne er momentan nicht zurückgerufen werden, antwortete dieser, da »sein Zimmermädchen« aus Versehen das Handy gewaschen habe. Tatsächlich war nicht der Multimilliardär und Industrielle David Koch am anderen Ende der Leitung, sondern Ian Murphy, ein linker Journalist aus New York. Doch sein Plan ging auf. Indem er die Stimme Kochs imitierte, gewann er das Vertrauen von Walkers Mitarbeiter und wurde zum Gouverneur durchgestellt. Wie ein Untergebener seinem Chef berichtete Walker dem falschen Koch, wie er den Widerstand gegen sein gewerkschaftsfeindliches Gesetz in Wisconsin brechen würde. Unter einem Vorwand, sagte er, wolle er 14 demokratische Senatoren, die die Abstimmung durch eine Flucht in Nachbarstaaten zu blockieren versuchten, wieder zurücklocken. Um den Druck auf die Gegenseite zu erhöhen, werde er in den kommenden Tagen zudem 5 000 bis 6 000 Mitarbeiter des Öffentlichen Dienstes schriftlich darauf hinweisen, dass ihre Jobs auf dem Spiel ständen. Wisconsin, sagte er, sei »Ground Zero«. Walkers Plan ging auf. Mit der großzügigen finanziellen Förderung der Koch-Brüder im Rücken hatte er die Macht der Gewerkschaften entscheidend schwächen können. Er wollte einen Präzedenzfall schaffen, oder einen »Anschlag auf die Gewerkschaften«, wie es der Sprecher des Weißen Hauses, Jay Carney, nannte. Andere von den Konservativen dominierte Bundesstaaten wie Ohio folgten dem Beispiel Wisconsins bald mit noch schärferen Gesetzen.[49] Es war ein Schlüsselmoment für die Republikaner. Wie 30 Jahre zuvor unter Reagan und der Durchsetzung des Streikrechts ging es nun einen bedeutenden Schritt weiter.

ERST SCHIESSEN, DANN FRAGEN

Ein weiteres Beispiel für die Zusammenarbeit zwischen konservativen Interessengruppen und einer immer weiter nach rechts driftenden Partei auf der Ebene der Bundesstaaten ist die ebenso unbekannte wie einflussreiche Organisation namens American

Legislative Exchange Council (ALEC), die erst mit Schüssen und einem Toten in Sanford, Florida, nationale Prominenz erlangte. Vom konservativen Aktivisten Paul Weyrich in den 1970er-Jahren gegründet, entwirft sie ultrakonservative Gesetze für die Legislativen in den Bundesstaaten. Ihre Mitgliederliste liest sich wie ein »Who is Who« der Unternehmenswelt: Das Netzwerk setzt sich aus Großunternehmen wie dem Kommunikationskonzern AT&T, dem Einzelhandelskonzern Wal-Mart, den Pharmakonzernen Johnson & Johnson und Pfizer, dem mächtigen Pharmaverband Pharmaceutical Research and Manufacturers of America (PhRMA) sowie der ebenso einflussreichen Waffenlobby National Rifle Association (NRA) zusammen. Des Weiteren gehören auch Abgeordnete in den Bundesstaaten und Organisationen der radikal-libertären Milliardärsbrüder von Koch Industries dazu.

Die Organisation setzt sich gegen Umweltschutzregelungen und Gewerkschaften und für die Privatisierung von öffentlichen Einrichtungen wie Schulen oder Haftanstalten ein. Regelmäßig stehen hinter ihren Initiativen Unternehmen oder Branchen, die von einer solchen staatlich subventionierten Aufgabenübertragung profitieren, etwa der private Bildungsanbieter K 12 oder das Strafvollzugsunternehmen Corrections Corporation of America. Dieser Einfluss hat reale Auswirkungen auf die Gesetzgebung, etwa auf das Strafrecht: Je härter die Sanktionen, desto mehr Gefangene und desto höher die Profite. Was vor einigen Jahren noch eine Nische war, ist inzwischen zu einer Multimilliarden Dollar schweren Industrie gewachsen. Mit mehr als zwei Millionen Häftlingen sperrt die USA mehr Menschen weg als jedes andere Land der Welt. Knapp 40 Prozent davon sind Afroamerikaner, obwohl diese nur rund 14 Prozent der Bevölkerung ausmachen.

Ein Projekt, das die Organisation auf den Weg brachte, war das vielfach kopierte und von der NRA geförderte Stand-Your-Ground-Gesetz (dt.: Weiche nicht von der Stelle).[50] Die Regelung soll die Anwendung tödlicher Gewalt erleichtern, indem sie die Grenzen des Selbstverteidigungsrechts deutlich ausweitet. Danach dürfen Bürger überall schon dann tödliche Gewalt anwenden, wenn allein »Grund zur Annahme« einer Straftat besteht. Von der Öffentlichkeit kaum wahrgenommen, arbeitete ALEC im Bündnis mit der NRA an der Verbreitung der Regelungen in den Bundesstaaten. Und das mit großem Erfolg. Inzwischen haben 21 Bundesstaaten ein entsprechendes Gesetz in Kraft gesetzt.

Erst mit dem Tod des 17-jährigen Trayvon Martin begann eine nationale Diskussion über diese Art von »Erst schießen, dann fragen«-Gesetzen. Der Afroamerikaner wurde im Februar 2012 von George Zimmerman, einem weißen Lateinamerikaner und Nachbarschaftswächter, in Sanford, Florida, erschossen. Zimmerman gab an, dass es in seiner Nachbarschaft immer wieder Einbrüche gegeben habe und ihm der junge Mann im Kapuzenpulli verdächtig vorgekommen sei. Tatsächlich stammte Martin aus derselben Gegend und war nach dem Kauf von Süßigkeiten auf dem Weg nach Hause. Mit sich führte der Junge lediglich eine Packung Skittles-Kaudragees. Die Umstände der Tat lagen lange im Dunkeln. Denn nach einer kurzen Befragung durch die Polizei wurde der Schütze unter Berufung auf die neue Selbstverteidigungsregelung kurz nach der Tat wieder freigelassen. Ihr seien durch das Gesetz die Hände gebunden gewesen, behauptete die Polizei. Mehr als einen Monat nach Martins Tod erhob die Staatsanwaltschaft schließlich unter dem wachsenden Druck der Öffentlichkeit doch noch Anklage gegen Zimmerman. Auch die Rolle von Großkonzernen und ihre Einflussnahme in der Politik kam in die Kritik. Angesichts des öffentlichen Aufschreis distanzierten sich die ersten Konzerne wie Coca-Cola, PepsiCo, McDonald's, Kraft Foods und Wendy's von ALEC und kappten nach den Ereignissen von Florida ihre finanziellen Zuwendungen. Es folgten weitere Konzerne, unter anderem auch der Skittles-Produzent Mars.

Die NRA und die Tea Party sind natürliche Verbündete. Auch wenn sie eine offene Kollaboration vermeiden, gibt es deutliche Überschneidungen. Die Tea-Party-Rhetorik gegen den »großen Staat« passt zur Politik der NRA, die Beschränkungen ihres Waffengeschäfts abbauen oder verhindern will. Während sich die Tea Party inhaltlich auf den vermeintlichen Plan der Gründungsväter und die ursprüngliche Version der US-Verfassung beruft, argumentiert auch die NRA mit dem Wortlaut des Zweiten Zusatzartikels zur US-Verfassung, aus dem aus Sicht der Waffenlobby das Recht jedes Bürgers zum Besitz von Schusswaffen aller Art folgt. Waffenfans sind treue Wähler der Republikaner, Waffenhersteller und ihre Lobbyorganisation Großspender der Partei. Die wiederum setzen sich dann in den Bundesstaaten für die Lockerung der Waffengesetze ein.

Alljährlich veranstaltet die NRA eine Versammlung mit einer großen Waffenschau, Seminaren über das Verfassungsrecht und politischen Reden. Zu der »Feier der amerikanischen Werte« in Charlotte, North Carolina, kamen 2010 auch Tea-Party-Ikonen wie Sarah Palin, Glenn Beck oder der »Texas Ranger«-Schauspieler Chuck Norris. Es ist eine alljährliche Machtdemonstration der Organisation mit vier Millionen Mitgliedern, die Anhänger motivieren und Freiwillige für die von der NRA unterstützten politischen Kandidaten in den Bundesstaaten rekrutieren soll. Insbesondere auf Fox News, betonte Norris in seiner Rede, könnten die gewählten Volksvertreter die neue Stimmung im Land wahrnehmen, die die Wiederherstellung unserer verfassungsmäßigen Rechte einfordere. Die Verfassung sei »kein lebendes Dokument«, entgegnete er den Vertretern eines dynamischen Verfassungsbegriffs, das sich mit der Zeit an die gesellschaftlichen Verhältnisse anpasse. Die US-Verfassung »sagt, was sie meint und sie meint, was sie sagt«. Gesetze zur Waffenkontrolle seien auch durch die Unterstützung der konservativen Mehrheit des Supreme Court für Politiker endlich das geworden, wofür die Waffenlobby lange Jahre gekämpft habe: »Der politische Todeskuss.« Und diejenigen, die diese Stimmung nicht wahrhaben wollten, »die Feinde der Freiheit«, würden 2010 eine neue Saat von Kandidaten erleben. »Wir werden am Wahltag an die Urnen gehen und unser Land zurückerobern«, rief er den Tausenden Waffenfans in der Time-Warner-Cable-Arena der Stadt zu.

Und wie Chuck Norris vorausgesagt hatte, übernahmen mit den Zwischenwahlen 2010 die Republikaner in zahlreichen Bundesstaaten die Macht. Wie folgenreich die republikanische Welle war, zeigt sich am Beispiel von Pennsylvania: 2010 hatte die Legislative dort ein Stand-Your-Ground-Gesetz verabschiedet, doch der demokratische Gouverneur Ed Rendell legte sein Veto ein und blockierte die Inkraftsetzung. Noch im selben Jahr kamen die Wahlen und mit ihnen ein republikanischer Gouverneur. Tom Corbett unterzeichnete schließlich das Gesetz.

Wie erfolgreich Organisationen wie ALEC sind, wird anhand der Rechtslage in fast allen Bundesstaaten deutlich. Nur noch Illinois und der Hauptstadtdistrikt verbieten das heimliche Tragen von Schusswaffen. 1981 waren es noch 19 Bundesstaaten. In zahlreichen Bundesstaaten sind Gesetze auf dem Weg, die Waffen an Schulen, in Kirchen und sogar in Bars legalisieren sollen. Während Demokraten immerhin eine Ausnahmeerscheinung bei der NRA sind, kommen Republikaner regelmäßig und gern. Ihr angehender Präsidentschaftskandidat Mitt Romney war 2012 zu Gast. Die USA bräuchten »einen Präsidenten, der die derzeitigen Gesetze durchsetzt«, und nicht wie Obama neue schaffe, die nur eine Last für gesetzestreue Waffenbesitzer darstellten, sagte er vor Tausenden Mitgliedern der NRA in St. Louis. Obama warf er vor, sich nicht für den Schutz von Waffenbesitzern einzusetzen. Schon 2008 hatte die Waffenlobby vor Barack Obama gewarnt. Er plane, Verkauf und Besitz von Waffen einzuschränken. Dass Obama in seiner Amtszeit nichts dergleichen unternommen hatte, enttäuschte nicht nur Progressive, die strengere Waffengesetze fordern. Auch die Rechte weiß diese Tatsache in ihrem Sinne zu interpretieren. Seine Passivität sieht sie als Beleg dafür, dass Obama in Wahrheit eine geheime Agenda verfolge. Dass er bis jetzt nichts unternommen habe, beweise, dass er es in seiner zweiten Amtszeit machen werde. Doch Romney hatte noch ein weiteres und weitaus überzeugenderes Argument. Die NRA hat im aktuellen Supreme Court einen verlässlichen Partner. Seit 2008 brachte das Gericht zahlreiche lokale Gesetz zur

Begrenzung von Schusswaffen zu Fall. In seiner ersten Amtszeit habe der US-Präsident den Supreme Court als Garanten konservativer Werte einzuschüchtern versucht, sagte Romney in seiner Rede. Eine zweite Amtszeit gäbe Obama die Möglichkeit, einen weiteren Richter des Supreme Court zu ernennen und das Gericht nach seinen Vorstellungen zu gestalten. Die bislang bestehende 5:4-Mehrheit der konservativen Richter wäre damit beendet. »Unsere Freiheiten wären in der Hand eines Obama-Gerichts, nicht nur für die kommenden vier Jahre, sondern für die nächsten 40.«[51] Mitt Romney und die anderen Republikaner verteidigten das Recht auf Besitz einer Waffe »um jeden Preis«, kritisierte die *New York Times* die Anbiederung der Republikaner an die Waffenlobby. Dies war typisch für Romneys »Flip-Flop«-Karriere. Noch 1994 beim Rennen um den Senat beteuerte er, »nicht auf gleicher Linie mit der NRA« zu liegen.

DER SUPREME COURT UND DIE SUPER-PACS

Sie wollen Barack Obama besiegen und den Republikanern eine Mehrheit im Senat und im Repräsentantenhaus bescheren: Die Super-PACs der Republikaner. Für den Wahlkampf 2012 verkündeten formal unabhängige Gruppen unter der Führung der Koch-Brüder, Karl Rove und der Chamber of Commerce, dass sie beabsichtigen, zusammen bis zu einer Milliarde Dollar auszugeben. Möglich machte diese Geldflut konservativer Organisationen das Höchste Gericht der USA. Während Gesetze die direkte Wahlkampffinanzierung einzelner Kandidaten begrenzen und Spenden an die traditionellen Political Action Committees (PACs) der Kandidaten auf maximal 5.000 Dollar pro Jahr begrenzen, sind seit der Supreme-Court-Entscheidung Citizen's United v. Federal Election Commission unbegrenzt hohe Zahlungen an sogenannte Super-PACs möglich. In dieser Grundsatzentscheidung vom Januar 2010 verwarf die konservative Richtermehrheit mit einer knappen Mehrheit von fünf zu vier Stimmen das bis dahin geltende, ein Jahrhundert alte Verbot der Wahlkampffinanzierung durch die Wirtschaft. Ihre Entscheidung begründete die konservative Richtermehrheit mit dem Recht auf freie Meinungsäußerung, das auch für Unternehmen und andere juristische Personen gelte, und bezeichnete das bis dahin herrschende Verbot als »Zensur«. Während der Wirtschaft weiterhin direkte Zuwendungen an Kandidaten und ihre Wahlkampforganisationen verwehrt bleiben, ist es Konzernen und anderen Organisationen seit Citizens United möglich, unbegrenzte Mengen an Geld an formal unabhängige Organisationen zu spenden, die dann in den Wahlkampf eingreifen können. In seinem Minderheitsvotum fasste Richter John Stevens das Problem dieser Entscheidung in wenigen Worten zusammen: »Zweifellos ist die amerikanische Demokratie nicht perfekt, aber außerhalb der Mehrheit dieses Gerichts hätten wohl nur wenige Geldknappheit der Wirtschaft in der Politik zu ihren Mängeln gezählt.«

Offiziell dürfen Super-PACs ihre Arbeit nicht mit den Wahlkampagnen der von ihnen unterstützten Kandidaten koordinieren. Eine gewisse personelle Nähe ist dagegen nicht verboten. »Aber die Realität ist, dass Super-PACs sehr nahe mit Kandidaten verbunden sind«, sagte Paul Ryan, Jurist am unabhängigen Campaign Legal Center, das sich für eine Reform der Wahlkampffinanzierung einsetzt.[52] »Und es ist nicht illegal, enge Beziehungen zu haben.« Viele Super-PACs werden daher beispielsweise von ehemaligen Mitarbeitern der Kandidaten geführt. Auch aktuelle Geschäftspartner können an ihrer Spitze stehen.

Super-PACs sind in der Regel das Vehikel für negative Wahlwerbung, die das Ansehen des Gegners möglichst stark beschädigen soll. Kandidaten, die davon am meisten profitieren, können aufgrund des formal unabhängigen Charakters der Organisation jede Verantwortung von sich weisen und das von ihnen gesammelte Geld für die eigene, positive Imagebildung nutzen. Allein für die Zwischenwahl von 2010 sammelten diese Super PACs zusammen mehr als 83 Millionen Dollar, ein Großteil davon ging an Gruppen, die gegen die Demokraten Stimmung machten.[53]

Der republikanische Stratege und das ehemalige »Gehirn Bushs«, Karl Rove, sammelte für seine Organisationen American Crossroads und Crossroads GPS 71 Millionen Dollar, darunter siebenstellige Beträge von einzelnen, wohlhabenden Gönnern aus der Finanzindustrie. Ein Großteil dieses Geldes floss in die Unterstützung der Wahlen von zehn Senatoren und 30 Repräsentantenhausabgeordneten. Neben dem republikanischen Strategen gehören vor allem die drei Öl-Milliardäre Harold Simmons, Bob Perry und Robert Rowling zu den Geldgebern. Allein sie spendeten American Crossroads 30,5 Millionen Dollar und damit mehr als die Hälfte der Summe, die die Organisation seit ihrer Gründung 2010 sammelte.[54] Für seine Organisationen rechnet Karl Rove im Wahljahr 2012 mit Einnahmen von über 240 Millionen Dollar. Auch Tea Party Express, FreedomWorks und andere Organisationen zapften diese Geldquelle an.

Die Wahl der steuerrechtlichen Kategorie hat allerdings handfeste Vorteile. Die meisten Super-PACs wie Tea-Party-Gruppen bezeichnen sich als »C4s«, benannt nach dem Abschnitt 501(c)(4) des Steuerrechts. Unter diese Kategorie fallen Organisationen, die sich ausschließlich gemeinnützigen Zwecken widmen, und sie hat den großen Vorteil, dass die Namen von Spendern nicht veröffentlicht werden müssen. Es bleibt jedoch fraglich, inwiefern politische Wahlwerbung als Schwerpunkt der Arbeit mit dem gesetzlich vorgesehenen Zweck als gemeinnützige Organisation zu vereinbaren ist. Die andere, wohl passendere Kategorie ist die für Gruppen nach Ziffer 527 des Steuerrechts. Die »527er« genießen ebenso das Steuerprivileg, sind allerdings dazu verpflichtet, die Namen ihrer Spender zu veröffentlichen.

Im März 2012 nahm die US-Steuerbehörde Internal Revenue Services (IRS) zahlreiche Tea-Party-Gruppen und die unterschiedlichen Super-PACs ins Visier. Die Untersuchungen könnten dazu führen, dass die Organisationen ihren C4-Status verlieren und in die 527er Kategorie gezwungen werden.[55] In diesem Fall würden Strafzahlungen in Höhe von 35 Prozent der eingesammelten Spenden drohen. Ein bedeutender Betrag angesichts der Millionenbeträge, die vor allem die zahlreichen konservativen Gruppen gesammelt haben.

Eine noch größere Rolle als die Zwischenwahlen spielen traditionell die Präsidentschafts- und Kongresswahlen. Die erste Präsidentschaftswahl seit der Citizens-United-Entscheidung verzeichnete im Vorwahlkampf der Republikaner schon früh einen deutlichen Anstieg von Ausgaben unabhängiger Gruppen für die TV-Werbung.[56] Im Vergleich zu 2008 nahmen die hauptsächlich negativen »Attack-Spots« um 1600 Prozent zu. Während die Werbespots dieser Gruppen 2008 gerade einmal drei Prozent der gesamten Wahlkampfwerbung ausmachten, waren es 2011 bereits 44 Prozent aller gesendeten Spots. Damit versprechen die Wahlen 2012 zu einer besonders schmutzigen Angelegenheit zu werden.

Wie Pilze aus der Erde sprießen solche vermeintlich unabhängigen Organisationen. Eine davon ist die 60plus Association, die unter dem Deckmantel einer Interessenvertretung von Senioren für die Privatisierung beliebter staatlicher Programme wirbt, von der Rentenversicherung Social Security bis zur Krankenversicherung für Senioren, Medicare. Für die »betroffenen Frauen« setzt sich das Concerned Women for America Legislative Action Committee gegen das Abtreibungsrecht und gegen die gleichgeschlechtliche Ehe ein.

Da vor allem die Republikaner vom Geldsegen konservativer und wohlhabender Förderer profitierten, änderte auch Barack Obama 2012 seinen Kurs und erlaubte Mitgliedern seiner Regierung bei Fundraisern des demokratischen Super-PAC Priorities USA aufzutreten. Damit revidierte er ein weiteres Mal seine Position gegenüber Spenden im Wahlkampf. Auch linke, demokratische Gruppen wie Americans United for Change und MoveOn. org Civic Action bemühen sich um Einfluss. Doch ihnen mangelt es an wohlhabenden Förderern und sie hinken bei den Einnahmen stark hinterher. Obwohl Obamas Wahlkampagne 2011 deutlich mehr Geld einbrachte als alle republikanischen Kandidaten zusammen, ist eine solche Rechnung jedoch nur begrenzt aussagekräftig.

Das ganz große Geld geht bei den Republikanern an sogenannte unabhängige Organisationen, die unbehindert von Regeln zur Wahlkampffinanzierung früh, unbegrenzt und anonym Geld sammeln und in Attacken auf ihre Gegner investieren können – gegen Obama bis hin zu demokratischen Widersachern auf Kongress- und bundesstaatlicher Ebene. Obamas Super-PAC dagegen enttäuschte. Die ihm nahestehenden Organisationen erhielten vergleichsweise wenig Geld.

Obamas erstes offizielle Wahlkampfvideo vom Januar 2012 zielte dann auch auf den Einfluss der »heimlichtuerischen Öl-Milliardäre«, eine klare Anspielung auf die Koch-Brüder, die viele dieser Gruppen großzügig finanzieren.

Die Tea Party hat alles dafür getan, die USA noch weiter in rechtes Fahrwasser zu zwingen. Diese Entwicklung lief auf vielen Ebenen. Eine Schlüsselstelle des Rechtsrucks war der Supreme Court.[57] Jeder der elf seit 1975 neu hinzugekommenen Richter, einschließlich ihm selbst, sei konservativer gewesen als diejenigen, die sie ersetzten, erklärte beispielsweise der im Juni 2010 ausgeschiedene Richter John Paul Stevens im Gespräch mit der *New York Times*. Dies gilt wohlgemerkt für Nominierungen republikanischer wie demokratischer Präsidenten gleichermaßen. Eine Ausnahme von dieser Regel »könnten« möglicherweise die Richterinnen Ruth Bader Ginsburg und die von Obama nominierte Sonia Sotomayor darstellen, äußerte sich Stevens vorsichtig. Auf die Frage, ob die Ablösung des Vorsitzenden Richters Rehnquist im Jahr 1986 durch seinen Nachfolger John Roberts das Gericht weiter nach rechts gezwungen habe, zögerte Stevens nicht lange. »Oh, ja«, antwortete er.

Das »Roberts-Gericht« leitete die konservativste Phase des höchsten Gerichts ein. Seit Ronald Reagan beruhten die Ernennungen der Richter, allen voran bei republikanischen Präsidenten, klar auf politischen Erwägungen. Je konservativer, desto besser. So ähnlich lautet auch das Motto der Tea Party im Kongress.

Selbst wenn ihre Überzeugungen kurzfristig kein politisches Kapital erzeugen oder sogar zu Niederlagen führen, wie beispielsweise bei den Senatswahlen 2010, halten die Ultrakonservativen im Gegensatz zu ihren Gegnern auf der Linken ihren Kurs bei – wenn nötig auch gegen eine erdrückende Mehrheit in der Bevölkerung. Mit dieser Einstellung haben die extremen Kräfte unter den Konservativen in den vergangenen Jahrzehnten die Debatte und die Politik der USA immer weiter nach rechts gedrängt – und waren damit durchaus erfolgreich.

An diesen Erfolg will die Tea Party als populäre Bewegung anknüpfen. »Im Grunde genommen gab es vor 1955 keine konservative Bewegung«, erklärte Matt Kibbe von FreedomWorks.[58] Und erst mit der Tea Party habe die konservative Bewegung einen bedeutenden Schritt »nach vorn« gemacht. Jetzt gehe es darum, diese Strukturen für die Zukunft zu erhalten und auszubauen. »Mir geht es um die nächsten 50 Jahre. Wir können das auf die nächste Ebene befördern.«

3. DER PRÄSIDENTSCHAFTS- WAHLKAMPF 2012

AUF DER SUCHE NACH ANTI-ROMNEY

Sollte man in der Zukunft nach einem Datum für den Beginn des Abstiegs Amerikas suchen, würde man wahrscheinlich Ende Oktober beziehungsweise Anfang November 2011 fündig werden, schrieb *New Yorker*-Chefredakteur David Remnick über die peinlichen Präsidentschaftsbewerber der Republikaner.[59] Mit Unterstützung der Tea Party hatte jeder noch so extremistische Kandidat seinen Moment im Schweinwerferlicht erhalten. Wie extrem die Partei nach rechts geschwenkt war, machte die Kandidatur von Jon Huntsman deutlich. Neben Mitt Romney war er der einzige moderate Republikaner unter den Bewerbern gewesen. Von Anfang an führte der ehemalige Gouverneur von Utah in Umfragen ein Schattendasein und hatte wenig zu verlieren.

Dennoch kuschte auch er, als die Kandidaten in einer Fernsehdebatte gefragt wurden, wer von ihnen einem für sie extrem vorteilhaften Kompromiss zustimmen würden, der Haushaltskürzungen und im Gegenzug dazu Steuererhöhungen im Verhältnis von zehn zu eins beinhalte. Zur Zufriedenheit der Tea Party hob keiner der damals noch acht Präsidentschaftsbewerber auf der Bühne die Hand. Huntsmann war sich auch nicht zu schade, den wissenschaftlichen Konsens zum Klimawandel in Frage zu stellten.[60] Aber seine Anbiederungsversuche halfen ihm nicht. Der ehemalige Gouverneur von Utah und spätere US-Botschafter Obamas in China war einer der ersten, die 2012 aus dem Vorwahlrennen schieden. Dieser extreme Rechtskurs ausnahmslos aller Kandidaten bestätigte eine Beobachtung, die der rechte Intellektuelle, Neokonservative und Redenschreiber George W. Bushs, David Frum, gemacht hatte: »Die Republikaner fürchten ihre Basis, die Demokraten hassen ihre Basis.« Während die demokratische Führung die eigene Basis mit ihrer kontinuierlichen Bewegung nach rechts in die »politische Mitte« regelmäßig enttäuschte, schaffe es die konservative Bewegung immer wieder, die Republikanische Partei in Beschlag zu nehmen. »Der nächste Präsidentschaftskandidat der Republikaner wird mit der Tea Party bei jeder wichtigen Sachfrage übereinstimmen«, schrieb der Kolumnist David Weigel folgerichtig im Januar 2012.[61] »Die heutigen Konservativen wissen mehr über Salma Hayek als über Friedrich Hayek«, kommentierte *Newsweeks* Paul Begala die peinlichen Debattenbeiträge der republikanischen Präsidentschaftsbewerber in einem »Die dumme Partei« betitelten Kommentar.[62] Die Republikaner würden heute eher durch Sarah Palins trotziges Nichtwissen repräsentiert, als durch »intelligenten Konservativismus«.

Eines stand für die Tea Party von Anfang an fest: Eine Nominierung des aus ihrer Sicht zu moderaten, ehemaligen Gouverneurs von Massachusetts, Mitt Romney, musste verhindert werden. Unter dem Druck sinkender Umfragewerte und geplagt von Fragen über ihre Überlebensfähigkeit kämpfte sie eine heftige parteiinterne Schlacht gegen den Favoriten des Establishments. Doch die Suche nach dem »Anti-Romney«, nach einem alternativen republikanischen Präsidentschaftsbewerber, erwies sich als überaus frustrierend. Bis zuletzt beförderte die Bewegung einen unqualifizierten Außenseiter nach dem anderen an die Spitze der Umfragen. Und ein Kandidat nach dem anderen stürzte vom kurzfristigen Umfragehoch in die Bedeutungslosigkeit.

DONALD TRUMP

Der erste dieser »Anti-Romneys« im Präsidentschaftsrennen der Republikaner war ausgerechnet der Immobilien-Mogul Donald Trump. Getragen von einer Welle der Tea-Party-Unterstützung stieg er in Umfragen schnell zum Spitzenplatz auf. Grund dafür war auch sein Flirt mit den Birthern. Er habe Experten beauftragt, in Hawaii Informationen über Obamas Geburtsort zu sammeln, »und sie haben Überraschendes gefunden«, sagte er in Interviews immer wieder. Auch Palin unterstützte seine Arbeit. »Mehr Macht für Trump«, forderte sie bei ihrem Heimatsender Fox News.[63] »Ich schätze es, dass Donald seine Ressourcen nutzen möchte, um dieser Sache auf den Grund zu gehen, die ihn und viele Amerikaner so sehr interessiert.« Er werfe nicht nur Steine von der Seitenlinie, sondern »hakt nach und bezahlt für Forscher«. Angesprochen auf ihre eigenen Gedanken zu dem Thema, reagierte sie ausweichend und bestärkte zugleich die Zweifel der Birther. »Ich denke, dass er in Hawaii geboren wurde, da es eine entsprechende Anzeige in der Tageszeitung gab. Aber offensichtlich gibt es etwas auf der Geburtsurkunde, das der Präsident nicht offenbaren möchte. Er versucht alles, um sicherzugehen, dass es nicht herauskommt. Und das ist ziemlich verwirrend für viele Menschen.«

Weil mit Donald Trump immerhin ein Präsidentschaftsbewerber der Republikaner das Thema immer wieder hochspielte, und auch die Medien davon nicht abließen, beantragte das Weiße Haus im April beim Gesundheitsamt von Hawaii eine Ausnahmegenehmigung zur Veröffentlichung der ausführlichen Geburtsurkunde, die die Behörde schließlich erteilte. Um Gerüchten zuvorzukommen, veröffentlichte das Weiße Haus gleich auch die dazu gehörige Korrespondenz.[64] »Normalerweise würde ich diese Dinge nicht kommentieren«, sagte Barack Obama in einer zur Veröffentlichung angesetzten Pressekonferenz. »Wir stehen enormen Herausforderungen gegenüber«, sagte Obama mit Blick auf die weiterhin hohe Arbeitslosigkeit und die schlechte Haushaltslage sichtlich frustriert über diese »Sideshow«. Mit diesen Herausforderungen werde das Land jedoch nicht fertig, wenn »wir uns gegenseitig verteufeln, Sachen erfinden und vorgeben, dass Fakten nicht Fakten sind«. Er wisse, dass auch mit der Veröffentlichung des ausführlichen Dokumentes für eine kleine

Gruppe die Sache weiterhin nicht erledigt sein werde. Er aber wende sich an die Mehrheit der Amerikaner und an die Presse. »Wir haben keine Zeit für diese Art der Dummheit«, insistierte er. »Wir haben wichtigere Aufgaben. Ich habe wichtigere Aufgaben.« Donald Trump war am Ende.

MICHELE BACHMANN

Eine weitere Tea-Party-Ikone im Kongress ist Michele Bachmann. Nach einem Gebetstreffen im Alter von 16 Jahren konvertierte die als Lutheranerin aufgewachsene junge Frau zum »living faith«. »Alles, was ich dazu sagen kann, ist, dass der heilige Geist an der Tür meines Herzens anklopfte«, erinnerte sich Bachmann in einem Gespräch mit dem Magazin *Newsweek* im August 2011, »ich ging mit einigen meiner Freunde auf die Knie, im wahrsten Sinne des Wortes und beichtete meine Sünden … Ich gab mein Herz Jesus Christus.« Abgesehen von ihren rhetorischen Fähigkeiten hat die Kongressabgeordnete allerdings wenig vorzuweisen.

Von einer unbekannten Politikerin, die 2006 den Einzug in den Kongress schaffte, stieg sie schnell zu nationaler Prominenz auf. Die betont konservativen und christlich-fundamentalistischen Positionen der Kongressabgeordneten aus Minnesota fanden insbesondere bei der Tea-Party-Bewegung Anklang. Ihren Wahlkampf, ihr Political Action Committee und ihr Kongressbüro nutzte sie strategisch, um sich als dominante nationale Figur der Ultrakonservativen zu etablieren und eine nationale Anhängerschaft aufzubauen. Das machte sie mit markigen Sprüchen. Noch im Wahlkampf 2008 erklärte sie im Fernsehsender MSNBC, dass Obama möglicherweise antiamerikanische Ansichten habe. Später ruderte sie zurück, nur um 2010 auf der Welle der Tea-Party-Wut erneut auf ihre ursprüngliche Bemerkung zu verweisen. Sie habe es ja schon damals gewusst, sagte sie. »Jetzt sehe ich aus wie Nostradamus.«[65] Obamas Wirtschaftspolitik sei der »Pfad zum ökonomischen Marxismus«, zur Verteidigung der Freiheit gegen die »Tyrannei« sollten sich ihre Landsleute auf eine »geord-nete Revolution« vorbereiten.[66] Auch Kongressmitglieder sollten von den Medien dahingehend unter die Lupe genommen werden, ob sie pro- oder antiamerikanisch seien, forderte sie.

Mit ihrem Abschluss als Anwältin im Steuerrecht arbeitete Bachmann mehrere Jahre für die US-Steuerbehörde IRS, eine interessante Tatsache angesichts ihrer Tea-Party-Rhetorik gegen Steuern. Gemeinsam mit ihrem Mann Marcus und fünf gebürti-gen Kindern adoptierte die Familie 23 Pflegekinder, engagierte sich in der Bildungspolitik vor allem für eine religiösere Erzie-hung. Sie ist eine entschiedene Abtreibungsgegnerin, lehnt gleich-geschlechtliche Partnerschaften ab, bezeichnete Homosexualität als »moderne Form der Sklaverei« und die Warnungen vor dem Klimawandel als »Schwindel«. Auch ihre nostalgische Sichtweise der US-Geschichte ist ein Markenzeichen der Politikerin. »Die Gründungsväter kämpften hart, um Sklaverei abzuschaffen«, be-hauptete sie einmal wahrheitswidrig. Viele der Gründungsväter der USA hatten selbst Sklaven und in der US-Verfassung er-hielten diese lediglich den Status von »drei Fünftel Mensch«. Dass eine solch extreme Politikerin 2011 nicht nur zur ernstzu-nehmenden Präsidentschaftskandidatin sondern zeitweise auch zur Spitzenreiterin aufsteigen würde, war nur mit dem Aufstieg der Tea-Party-Bewegung zu erklären. Denn in ihr fand sie ein politisches Zuhause. Im Kongress gründete sie eine politische Vertretung der Bewegung, den Tea-Party-Caucus. Einer der Höhe-punkte ihrer politischen Karriere war ihre Replik auf die State-of-the-Union-Address von Barack Obama 2011 im Namen der erzkonservativen Bewegung. Obwohl der Kongressabgeordnete Paul Ryan für die Republikaner die offizielle Antwort seiner Par-tei verkündete und dabei Obamas Gesundheitsreform und des-sen Agenda des »großen Staates« attackierte, war es Bachmann, die mit ihrer praktisch inhaltsgleichen »Tea-Party-Antwort« die Aufmerksamkeit der amerikanischen Öffentlichkeit auf sich zog. Sie beabsichtige nicht, betonte sie gleich zu Beginn ihres State-ments, mit der offiziellen Stellungnahme der Republikaner zu konkurrieren. Dennoch, ihre vom Tea Party Express im Internet live gesendete Antwort wurde auch von ehedem seriösen Medien vollständig übernommen. Selbst der Kabelnachrichtensender CNN übertrug ihre Erklärung ungeschnitten und rief Bachmann und die Tea-Party-Bewegung damit zur faktischen Kontrahentin Obamas aus.

RICK PERRY

Nicht im Kongress, aber als Gouverneur beeindruckte Rick Perry die Bewegung. Noch während die Präsidentschaftsbewerberin Michele Bachmann auf dem Höhepunkt ihrer Popularität im August 2011 ihren symbolisch durchaus wichtigen Sieg bei der Ames Straw Poll genannten Umfrage im Bundesstaat Iowa feierte, verkündete Perry seinen Entschluss, anzutreten.

Daraufhin wandte sich die Mehrheit der Tea-Party-Anhänger Perry zu. Die Gruppe Tea Party Express investierte 500.000 Dollar in Werbung für Rick Perry.[67] Als der zu diesem Zeitpunkt am längsten amtierende Gouverneur der Vereinigten Staaten brachte er genau das mit, was Bachmann fehlte: Erfahrung. Ebenso konnten religiöse Fundamentalisten bei Perry nur wenige Angriffspunkte finden. Der Evangelikale macht seine religiösen Überzeugungen immer wieder zum Thema, etwa als er ein dreitägiges Gebet gegen die Trockenheit und für Regen anordnete. Kurz vor Verkündung seiner Kandidatur hatte Perry zudem zu einem gemeinsamen Gebet im Stadion von Houston aufgerufen, um Gott bei Bewältigung der Wirtschaftskrise um Hilfe zu bitten. Wer glaubte, dass die USA mit der Präsidentschaft von George W. Bush ihren Tiefpunkt erreicht hatte, erlebte mit Perry neue ungeahnte Tiefen. Mehrere verpatzte Debattenauftritte beendeten seine Aspirationen bald wieder. Selbst seine Anhänger aus der Tea Party sahen ein, dass Perry gegen den rhetorisch versierten Obama keine Chance haben würde.

DER PIZZAUNTERNEHMER HERMAN CAIN

Einen der verwunderlichsten Aufstiege vollzog Herman Cain. Dem einzigen afroamerikanischen Präsidentschaftsbewerber der Republikaner und ehemaligem Chef der Godfather's Pizzakette rechnete man zunächst nur wenige Chancen ein, aber nachdem Kandidaten wie Michele Bachmann und Rick Perry im Abstieg begriffen waren, begann Cain die Tea Party erfolgreich zu umgarnen. »Ich glaube, dass die Unzufriedenheit der Tea Party mit Obama nicht das Geringste mit seiner Rasse zu tun hat«, sagte er.[68] Ihr Problem sei die »schlechte Politik« des Präsidenten. Auch die Unterstützung der Bewegung für ihn habe mit seiner Hautfarbe nichts zu tun, behauptete Cain. »So viele Weiße können nicht vorheucheln, dass sie mich mögen!« Dennoch, mit ihrer Unterstützung des einzigen schwarzen Kandidaten lieferte er den fast ausschließlich weißen, älteren Männern der populistischen Protestbewegung die Absolution. Cain äußerte sich auch über die amerikanischen Verhältnisse allgemein. Rassismus, so seine Position, sei nicht länger ein Problem in den USA.[69] Die Schwarzen unterlägen fairen Wettbewerbsbedingungen. Schwarze, die in diesem System nicht weiterkommen, hätten sich das selbst vorzuwerfen. »Manche Menschen benutzen Rassismus als Entschuldigung, weil sie nicht fähig sind, das zu erreichen, was sie erreichen wollen.«

Der Princeton-University-Professor, Philosoph und schwarze Bürgerrechtler Cornel West forderte Cain daraufhin auf, »von der symbolischen Crack-Pfeife herunterzukommen« und anzuerkennen, dass die Beweise für Rassismus nicht von der Hand zu weisen seien. Unverblümt bekannte sich Cain zu seiner Nähe zum rechten Netzwerk.

»I am the Koch-brothers brother from another mother«, tönte er über seine Nähe zu den Koch-Brüdern.[70] Unter dem begeisterten Applaus der Teilnehmer der Americans-for-Prosperity-Konferenz bekannte sich Cain Anfang November 2011 offen zu seiner Freundschaft mit den ultrarechten Industriellen. Kurz zuvor war

Cain in den Umfragen mit Hilfe der Tea Party zum neuen Spitzenreiter aufgestiegen.

Die Kandidatur Cains erwies sich aber noch in anderer Hinsicht als bedeutend. Obwohl ihm anfangs kaum Bedeutung zugemessen wurde, eignete sich der einzige afroamerikanische Kandidat in der Riege republikanischer Präsidentschaftskandidaten als ideale Projektionsfigur für die von Rassismus-Vorwürfen geplagten Republikaner und insbesondere die Tea-Party-Anhänger. »Herman Cain bietet diese großartige Gelegenheit, zu sagen: ›Seht Mal, das ist keine rassistische, einwanderer-, frauen- und schwulenfeindliche Bewegung … Wir haben einen schwarzen Mann hier!‹«, sagte etwa die Komikerin Janeane Garofalo.[71] »Und er führt in den Umfragen mal hier und er gewinnt in der Probeabstimmung mal dort.«

Etwas ernsthafter brachte es Brendan Steinhauser, der Direktor für Kampagnen bei FreedomWorks, auf den Punkt: »Dies belegt, dass die Tea Party den Kandidaten nicht die Hautfarbe entgegenhält.« Und er fügte noch hinzu: »Der Kongressabgeordnete Andre Carson sagt, die Tea Party wolle Schwarze lynchen. Was wird er sagen, wenn Cain die Nominierung erhält?« Cains Bewerbung widerlege eindeutig die Vorstellung, dass die Bewegung rassistisch sei. Und auch Cain selbst bediente entsprechende Klischees immer wieder: »Wie könnt ihr Rassisten sein, wenn ihr mich, einen Schwarzen, unterstützt?« In fünf nationalen Umfragen lag Cain im Oktober 2011 gleichauf oder vor Mitt Romney.

Er selbst hatte sich mit dem Rassismus wenig beschäftigt. Von der Bürgerrechtsbewegung, auf deren Höhepunkt er gerade erwachsen wurde, hielt er sich fern. »Mein Vater sagte mir, ich solle mich aus Schwierigkeiten heraushalten und keinen Ärger bekommen.« Sein Traum war in dieser Zeit vielmehr, irgendwann »einmal ein Jahresgehalt von 20.000 Dollar zu verdienen«. Der Baptistenpfarrer aus Atlanta, Georgia, saß früher im Vorstand einer Filiale der Federal Reserve Bank von Kansas City und übernahm in den 1980er-Jahren die Führung der Fast-Food-Kette Godfather's Pizza. In den 1990er-Jahren leitete er zudem die Lobbyvereinigung für Gaststätten in Washington D. C., die National Restaurant Association. Dennoch feierte die Tea Party den vermeintlichen Außenseiter mit strikt erzkonservativen Überzeugungen als ihren Mann der Stunde.

Ein Außenseiter war er also keineswegs. Der Aufgabe war er dennoch nicht gewachsen. Über weit mehr als die ideologische Nähe, die Cain in seiner Rede mit den Koch-Brüdern suggerierte, hatte die *New York Times* einen Tag vor der Versammlung in Washington berichtet: nämlich über handfeste Verbindungen Cains mit den Industriellen.[72] Demnach hatte Cain viele Jahre für die politische Frontgruppe der Koch-Brüder Americans for Prosperity gearbeitet. Sein Top-Wahlkampfmanager Michael Block war bei derselben Gruppe für den Bundesstaat Wisconsin zuständig gewesen. Nach Angaben von Cains Wirtschaftsberater Rich Lowrie sei die fünfjährige Aufbauarbeit Blocks in dem Bundesstaat zentral für die politische Wende gewesen, bei der die Republikaner 2010 die Legislative und den Gouverneursposten eroberten. Lowrie musste es wissen, er selbst arbeitete in dieser Zeit für Americans for Prosperity und war ein Kollege von Mark Block.

Herman Cains Rede in Washington war damit weniger ein Gast- als ein Heimspiel. Und für eine kurze Zeit hatten die Koch-Brüder mit Cain immerhin ein selbstgezüchtetes Sprachrohr der Konzerne an der Spitze der republikanischen Präsidentschaftsbewerber. Americans for Prosperity wies diese Darstellung jedoch empört zurück. »Wollen sie damit sagen, dass Herman Cain nicht selbst denken kann?«, sagte etwa der Präsident der Gruppe Tim Phillips. Das war offenbar der Fall, das Koch-Rezept erwies sich als völlig ungeeignet. Cains Redekunst reichte nicht aus, um sein gravierendes Unwissen auf praktisch allen Gebieten zu verdecken. Fragen gleich welcher Art beantwortete er bevorzugt mit seinem radikalen Steuerplan, kurz »9-9-9«. Einkommens-, Unternehmens- und eine neu zu schaffende Umsatzsteuer sollten unter seiner Präsidentschaft neun Prozent betragen. Sämtliche Ausnahmen wie der Grundfreibetrag und Steuerschlupflöcher sollten im Gegenzug abgeschafft werden. Dass sein Plan für untere und mittlere Einkommen einer kräftigen Steuererhöhung gleichkam, während Unternehmen und Reiche – wie etwa die Koch-Brüder – von einer solchen Flat-Tax massiv profitieren würden, verschwieg Cain.

Öffentliche Auftritte und Interviews mit Journalisten erwiesen sich als erhebliche Stolpersteine für seine Kandidatur. Fragen zur Außenpolitik vermasselte er ebenso glorreich wie seine Statements zum Abtreibungsrecht, für und gegen das er sich bei einem Auftritt sogar gleichzeitig aussprach – eine Todsünde für Konservative, die entsprechend irritiert reagierten. Das Ende seiner Kandidatur leitete jedoch eine nicht enden wollende Serie von Vorwürfen der sexuellen Belästigung mehrerer Frauen ein, die während seiner Zeit bei der National Restaurant Association unter Cain gearbeitet hatten. Deutliche Hinweise auf eine langjährige außereheliche Beziehung beförderten den Pizza-Unternehmer schließlich ins Aus.

DIE WIEDERGEBURT NEWT GINGRICHS

Es war schon bemerkenswert, dass Herman Cain nicht wegen den Vorwürfen der sexuellen Belästigung, sondern erst nach der Enthüllung einer auf beiderseitigem Einverständnis beruhenden 13-jährigen außerehelichen Beziehung abtreten musste. Nichts Geringeres als eine Ironie der Geschichte war dann allerdings die Übernahme der Spitzenposition durch Newt Gingrich. Dieser war bereits zum dritten Mal verheiratet, hatte seine beiden Exfrauen betrogen, und als diese schwer erkrankt waren, hatte er sich von ihnen scheiden lassen. Seine zweite Frau, gab er einmal zu verstehen, habe er betrogen, weil er sein Land so sehr liebte.[73]

Gingrich war auch Sprecher des Repräsentantenhauses, die dritthöchste Position im politischen System der USA nach dem Präsidenten und seinem Vize. 1994 führte er die Machtübernahme der Republikaner im Kongress an. Doch anstatt der sogenannten »Republikanischen Revolution« erinnern sich heute viele Amerikaner an den Politiker, dessen Gebaren im Amt ihm eine Maßregelung wegen Ethikverstößen einbrachte – das erste Mal in der über 200-jährigen Kongressgeschichte.

Denn es war Gingrich, der mit reichlich gespielter Empörung das Amtsenthebungsverfahren gegen Bill Clinton wegen dessen Affäre mit der Praktikantin Monica Lewinsky betrieb und zugleich seine eigene Frau betrog. Ob eine 500.000 Dollar Kreditlinie bei der Juwelierkette Tiffany & Co. oder seine »Berater-Tätigkeit« als »Historiker« für das bei Konservativen verhasste staatlich gestützte Hypothekenunternehmen Freddie Mac, das ihm Millionen Dollar einbrachte – die Liste mit Gingrichs Verfehlungen könnte endlos fortgesetzt werden.

Im Englischen steht der Begriff »Baggage« für Ballast oder »Leichen im Keller haben«. Gingrich, so beschrieb es die Webseite Electoral Vote, »hat mehr Gepäck als eine voll beladene Boeing 747-400«.[74] Aus Sicht der Demokraten war Gingrich der Traumgegner für Barack Obama. »When I come to Washington …«, leitete Gingrich gern seine Sätze im Gespräch mit Zuhörern ein. Doch die Wahlkampfformel war so inhaltsleer wie seine übrige Rhetorik.

Wie kein anderer Republikaner kanalisierte er die bestehende Wut in rhetorisch wohl dosierte, aggressive Attacken gegen Obama. Ihn nannte er den »größten Lebensmittelmarken«-Präsident, und den »radikalsten Präsidenten«, den die USA je gehabt habe, eine kaum unterschwellig rassistische Anspielung, die bei der republikanischen Parteibasis gut ankam. Je extremer und unsympathischer Gingrich auftrat, je mehr er das Verbot der Kinderarbeit als übertriebenen Eingriff des Staates in den Markt brandmarkte, sich selbst als »Führer der zivilisierenden Kräfte« oder den Umgang Obamas mit dem Iran als »Appeasement-Politik« bezeichnete, desto größer wurde der Kreis seiner Anhänger. Und die kamen vor allem aus dem Kreis der Tea Party. Gingrich und seine rhetorischen Angriffe gaben dem Hass Ausdruck, der sich im ganzen Land unter der Rechten aufgestaut hatte.

Wenn Gingrich tatsächlich ins Weiße Haus gewählt würde, könnte er seine Umzugskisten von seinem »kleinen Lobbyimperium« in der Washingtoner K-Street, der Adresse für zahlreiche Lobbyunternehmen, selbst dorthin tragen, scherzte die *New York Times* über die Worthülsen.[75] Gingrich war das Gegenteil von einem Anti-Establishment-Außenseiter. Er verbrachte ein Vierteljahrhundert im Kongress. Das Parteiestablishment versuchte alles, um eine Kandidatur Gingrichs zu verhindern. Kurz vor dem Vorwahltermin in Florida gingen sie »Saul salinskylike« – wie Sarah Palin es unter dem Eindruck der heftigen Angriffe bezeichnete – gegen Newt Gingrich los und verschossen ihre letzte verbliebene Munition. In dieser für Gingrich kritischen Phase seines Wahlkampfs formulierte Bob Dole, ehemaliger Präsidentschaftskandidat der Republikaner, die Haltung des Establishments folgendermaßen: »Ich habe Newt Gingrich bislang nicht kritisiert, aber jetzt ist es an der Zeit, Position zu beziehen, bevor es zu spät ist.« Sein Statement, in dem er auch noch einmal hervorhob, dass kaum jemand, der mit Newt im Kongress zusammengearbeitet habe, seine Kandidatur unterstütze, leitete das Romney-Team sofort an die konservative *National Review* weiter.[76] »Gingrich hatte jede Minute eine neue Idee, und jede war grotesk.« Und dann fügte er einen warnenden Hinweis aus seiner eigenen Erfahrung als Präsidentschaftskandidat an: »Als ich kandidierte, begrüßten mich die Demokraten mit einer Vielzahl negativer TV-Werbespots – und in jedem davon war Newt Gingrich zu sehen.« Eine Kandidatur Gingrichs, so Dole, werde sich für republikanische Kandidaten in Rennen auf Kommunal-, Bundesstaats- und Bundesebene »nachteilig« auswirken.

Die Partei schien die Kontrolle verloren zu haben. Während Karl Rove und andere Republikaner das Geschehene kaum zu begreifen vermochten, einigte sich die Tea Party ausgerechnet auf den Kandidaten, der wie kein anderer Politiker das alte, korrupte Washington repräsentierte. Kein anderer Kandidat war mehr »Insider« als Gingrich. Das blieb auch der Tea Party nicht verborgen. Von Rechtsaußen wurden sogar Rassismusvorwürfe laut, die bezeichnend waren für die allgemeine Konfusion. Glenn Beck wetterte ebenfalls gegen Gingrich, der nicht besser sei als

Obama. »Wenn die Tea Party gegen Obama ist«, erklärte er im Gespräch mit Fox News, »und sie dann für diesen Kerl stimmt, dann muss es um seine Rasse gehen. Ich meine, was ist sonst der Unterschied zwischen den beiden?«[77] Das Pendant zum republikanischen Fernsehsender Fox News ist im Internet die Seite Drudge-Report. Diese bezog ebenfalls klar Position gegen Gingrich. Während Romney im positiven Licht erschien, waren Berichte über Gingrich mit Titeln wie »Insider: Gingrich beleidigte Reagan wiederholt«, »Gingrich öffnet Tür für Illegale« oder »Gingrich gesteht ein, dass seine ABC-Behauptungen in der Debatte falsch waren« überschrieben.

Die Gegner sparten nicht mit giftigen Kommentaren. »Unser Bill Clinton«, titelte der *American Spectator* und schrieb dazu: »Er hat diese Angewohnheit, von Frau zu Frau zu hopsen.« Das konservative Magazin *National Review* kommentierte: »Er ist inspirierend. Was er am meisten zu inspirieren scheint, ist die Opposition.« Gingrich sei »erratisch« und »kein echter Konservativer«, postulierte Tom DeLay, und Glenn Beck erklärte noch einmal: Eher könne er für den gesichtslosen Romney stimmen als für Newt Gingrich. Und viele stimmten ihm zu. Auch der ehemalige Stabsschef von George W. Bush, John Sununu, hatte kein gutes Wort für Gingrich übrig: »Von praktisch jedem, der mit Gingrich gearbeitet hat, wird man hören, dass er unbeständig, unberechenbar, nicht vertrauenswürdig und gewissenlos ist.« Ein interessanter Kandidat, nachdem die Tea Party jahrelang für einen puristischen, prinzipientreuen Kandidaten gekämpft hat.

Bob Dole hatte seine Wahl nicht zuletzt wegen der Blockadehaltung des von Gingrich geführten Repräsentantenhauses krachend gegen Bill Clinton verloren. Durch die Kompromisslosigkeit der Republikaner im Kongress erlebte die USA 1996 ihren letzten »Shutdown«, die Einstellung ihrer Regierungsgeschäfte, weil der von den Konservativen beherrschte Kongress ihr den Geldhahn zudrehte. Es war ein Szenario, das 2011 erneut und dieses Mal unter dem Druck der Tea Party real wurde. Der Kandidat Gingrich wäre ein gefundenes Fressen für die Wahlkampfmaschine der Demokraten, lautete Doles Botschaft, und die Wiederwahl Obamas im Falle seiner Kandidatur so gut wie sicher. Dies musste das Establishment in jedem Fall verhindern.

Eugene Robinson von der *Washington Post* sprach im Zusammenhang mit dem Versuch, die Gingrich-Rebellion in Florida im Keim zu ersticken sogar von einem »Blitzkrieg«. Die Angst des Parteiestablishments war begründet. Der extreme Kandidat minderte die Siegeschancen deutlich. Nach einer Umfrage von *USA Today* und Gallup lag Mitt Romney Ende Januar gleichauf mit Barack Obama, Newt Gingrich landete dagegen mit einem Abstand von 14 Prozentpunkten abgeschlagen hinter dem US-Präsidenten.[78] Daraufhin versuchte er sein Glück bei der Tea Party. »Ich trete nicht an, um die Wall-Street- und Washington-Elite glücklich zu machen«, rief er Anhängern der Bewegung bei einer Wahlkampfveranstaltung in Florida zu.[79] »Ich trete an, um beide Gruppen im Namen des amerikanischen Volkes zu ändern!« Doch die Vorwahlen in Florida machten deutlich, dass die bis dahin bestehende Ungewissheit mangels eines gemeinsamen Kandidaten der extremen Rechten auch für einen Populisten wie Gingrich Unsicherheit bedeutete.

»Bei dieser Wahl geht es nicht nur darum, Präsident Obama abzulösen«, schwor Sarah Palin ihre Anhänger ein. »Die wirkliche Herausforderung ist, durch wen und was wir ihn ersetzen. Es reicht nicht, nur die Uniform zu wechseln. Wenn wir nicht das Team und die Spielregeln ändern, werden wir unser Land nicht retten.« Aber auch mit Palins Unterstützung gelang es Gingrich nicht, die Ultrakonservativen hinter sich zu vereinen.

Stattdessen sprach sich die Mehrheit der Tea-Party-Anhänger in Florida ausgerechnet für Mitt Romney aus. Das lag weniger an der Schwäche der Tea Party. Vielmehr waren ihre Inhalte längst im Establishment angekommen. Selbst der moderate Romney sparte nicht mit stramm rechten Tönen. Seine Haltung gegenüber Einwanderern in dem von Lateinamerikanern bevölkerten Bundesstaat war ein beredtes Beispiel dafür. Obwohl diese 2008 für Obamas Sieg in Florida ausschlaggebend waren, war Romney bereit, diese Wählergruppe mit einwanderungsfeindlichen Tönen zu verschrecken. Die ansonsten naheliegende Unterstützung politischer Schwergewichte der Partei blieb ihm deshalb verwehrt. So hielten sich Jeb Bush, der ehemalige Gouverneur von Florida und Bruder von George W. Bush, und der kubanischstämmige Hoffnungsträger der Konservativen, Marco Rubio, bis zum Vorwahltermin mit einer Empfehlung für Romney zurück. Bei der rechten Basis kam diese Rhetorik dagegen gut an. Mitt Romney deklassierte Newt Gingrich. Mit 46 Prozent der Stimmen hatte er am Ende einen Vorsprung von 14 Prozentpunkten gegenüber dem Sieger von South Carolina. Als immer deutlicher wurde, dass Gingrich keine Chance auf einen Sieg haben würde, stellte er seine Wahlkampfaktivitäten ein, beteuerte aber, bis zum Nominierungsparteitag in Tampa, Florida, im Rennen zu bleiben. Seinen Wahlkampf hatte er ohnehin immer wieder für den Verkauf seiner Bücher sowie für Lesereisen unterbrochen. Gemeinsam mit seiner Frau Callista warb er für ihr Kinderbuch *Sweet Land of Liberty*, in dem sich ein Elefant namens Ellis auf eine Zeitreise durch die »einzigartige Geschichte« der Vereinigten Staaten begibt. Journalisten erwischten Mitarbeiter seines Wahlkampfteams, die bei solchen Lesungen im Elefantenkostüm auftreten mussten.

RON PAUL

Noch im Dezember 2011 lag Newt Gingrich in den Umfragen klar vorn, dann kam sein Absturz und der vollkommen aussichtslose Kandidat Ron Paul stieg in der Gunst der Republikaner auf den ersten Platz, noch vor Mitt Romney. Dieses peinliche Chaos um die Kandidatenwahl machte viele Rechte wütend. Die Republikaner seien »verrückt« geworden, wütete der bei Konservativen einflussreiche Blogger Erick Erickson auf der Webseite Red State über die Spitzenreiter Romney und Gingrich: »Den Großteil der vergangenen drei Jahre hat sich die Republikanische Partei damit heiß gemacht, Obamacare aufzuheben.« Die individuelle Versicherungspflicht und das Bailout-Programm für Banken, das Troubled Assets Relief Program (TARP), errege bis heute den Zorn der republikanischen Basis und habe Massen gegen die Sozialisierung des Gesundheitssystems auf die Straßen gebracht. »Und unsere beiden Spitzenreiter fürs Präsidentenamt? Beide unterstützen eine allgemeine Versicherungspflicht und beide unterstützten TARP.«[80]

Die Reaktion erklärt, wie unzufrieden viele Republikaner mit der Auswahl der Kandidaten waren. Dass das Rennen noch Monate ohne einen klaren Spitzenreiter weitergehen könnte, machte Ericksons Schlusswort klar: »Wollen wir das wirklich? Ich will nur sicherstellen, dass keiner vergessen hat, dass auch Perry, Bachmann, Huntsman, und ja, auch Rick Santorum noch im Rennen sind.«

Im Gegensatz zu einigen anderen Kandidaten konnte man Ron Paul jedenfalls keine mangelnde Konsistenz vorwerfen. Aussichten auf eine Nominierung zum Präsidentschaftskandidaten hatte er nie wirklich gehabt. Dennoch nutzte der ehemalige Chirurg in der Air Force den Wahlkampf, um für seine libertären Positionen zu werben, angefangen von der Abschaffung der Notenbank Federal Reserve bis hin zur Wiedereinführung des Goldstandards. Und damit war er sehr erfolgreich. Ein deutliches Zeichen für den Rechtsruck innerhalb der Republikanischen Partei ist sein Aufstieg von einer isolierten Randfigur zum gefürchteten Konkurrenten. Bei der einflussreichen Conservative Political Action Conference (CPAC), einem jährlichen Treffen der Konservativen, kann er sich auf eine große Anhängerschaft verlassen. Bei der traditionellen Umfrage unter den Besuchern erreichte er 2010 und 2011 jeweils den Spitzenplatz, beim zweiten Mal sogar mit einem komfortablen Abstand zu Mitt Romney und den anderen Kandidaten. Außerdem erhielt er in mehr als 20 Fernsehdebatten die Gelegenheit, seine Positionen einer nationalen Öffentlichkeit näher zu bringen. Von seinen Gegnern als »plappernder, alter Mann« karikiert, erfreut er sich unter Tea-Party-Anhängern, allen voran Studenten und Armeeangehörigen, großer Beliebtheit. Seit 1976 vertritt der Radikallibertäre als Kongressabgeordneter den texanischen Wahlbezirk der Stadt Galveston am Golf von Mexiko.

Als er Ende 2011, wie viele seiner Widersacher vor ihm, für kurze Zeit auf der Anti-Romney-Welle in Umfragen einen Spitzenplatz belegen konnte, holte ihn seine Vergangenheit ein. Ältere Berichte über die unter seinem Namen herausgegebenen Rundschreiben rückten wieder in das Zentrum der Öffentlichkeit.[81] Sie enthielten rassistische Bemerkungen, antisemitische Verschwörungstheorien und sympathisierten offen mit rechtsextremen Milizen. Die Rassenunruhen in Los Angeles »endeten, als die Schwarzen ihre Sozialhilfeschecks abholen gingen«, hieß es in einem der Schreiben. Andere griffen die »industriell-politische Bänker-Elite« an. Immer wieder finden sich Referenzen auf die Bilderberg-Gruppe, die Trilateral Commission und den Council on Foreign Relations, allesamt Organisationen, in denen aus Sicht von Verschwörungstheoretikern vor allem Juden nach der Weltherrschaft strebten. Ein Rundbrief aus dem Jahr 1978 warf David Rockefeller, der Trilateral Commission und den »faschistisch-orientierten Bank- und Geschäftsinteressen« die Rückgabe des Panamakanals vor, »eines der traurigsten Ereignisse in der Geschichte der Vereinigten Staaten«. Zehn Jahre später wurde die Theorie verbreitet, dass Aids von der Weltgesundheitsorganisation in einem Labor in Fort Detrick, Maryland, entwickelt worden sei. In einem von Ron Paul & Associates verkauften Video geht es um die bewaffnete Auseinandersetzung der Bundespolizei FBI gegen Sektenmitglieder in Waco, Texas. Ziel der Aktion seien nicht die Sektenmitglieder gewesen. Vielmehr sei es der Regierung darum gegangen, Agenten der Behörde für Alkohol, Tabakwaren und Schusswaffen (das sogenannte Bureau of Alcohol, Tobacco and Firearms oder kurz ATF) zu liquidieren, die zuvor Bill Clinton als Bodyguards gedient hätten.

Andere Rundschreiben schienen einen bewaffneten Angriff gegen die Regierung zu rechtfertigen. Die 1500 Milizengruppen der USA, die für die »Verteidigung der Freiheit« trainierten, seien »eine der ermutigendsten Entwicklungen in Amerika«, konnte man unter anderem lesen. Die Paranoia gegen den Staat und die »tyrannische Regierung« war weit verbreitet unter rechtsextremen Milizen der 1980er- und 1990er-Jahre und mündete in der Bombardierung des Murrah Federal Building von Oklahoma City 1995 durch Rechtsextremisten, bei der 168 Menschen ums Leben kamen. In einem anderen Schreiben wurden die »Zehn Milizen-Gebote« aufgelistet. Milizenangehörige sollten sich bewusst machen, dass sie möglicherweise von ATF-Agenten sowie anderen Bundesbehörden beobachtet werden könnten. Der Text enthielt auch einige Ratschläge der Sons of Liberty, einer regierungsfeindlichen Miliz aus Alabama. »Du kannst eine Hydra nicht töten, indem du ihr den Kopf abschneidest«, lautete einer davon. »Halte die Mitgliederzahl niedrig. Sei leise, dann bist du schwerer zu finden. Hinterlasse keine Spuren. Vermeide das Telefon so oft wie möglich. Schieße nicht, außer man schießt auf dich, aber wenn sie einen Krieg wollen, dann sollen sie ihn kriegen.«

Außerdem wurden Paul seine regelmäßigen Kontakte zu extremistischen Organisationen zum Verhängnis. Noch 2008 hielt er die Hauptrede zum 50-jährigen Jubiläum der John Birch Society. Veranstaltungsort war die Kleinstadt Appleton im Bundesstaat Wisconsin, Geburtsort des verstorbenen Senators und Kommunistenjägers Joseph McCarthy. Der John Birch Society stand er regelmäßig für ausführliche Interviews zu Verfügung und war ein gern gesehener Gast des berühmtesten Verschwörungstheoretikers der USA, Alex Jones. In der Dokumentation *Endgame: Blueprint for Global Enslavement* schildert Alex Jones wie der Republikaner und ehemalige New Yorker Gouverneur George Pataki, der Bankier David Rockefeller und Königin Beatrix der Niederlande planten, den Großteil der Menschheit auszulöschen und sich selbst in »übermenschliche« Computer-Mischlinge zu verwandeln, die durch den Kosmos reisen können. Es waren nicht gelegentliche Besuche. Ron Paul war bislang rund 40 Mal zu Gast in Jones' Radiosendung.

Auch wenn Paul aufgrund seiner libertären Ansichten immer wieder als Großvater der Tea-Party-Bewegung bezeichnet wird, hatten Radikallibertäre wie er nur wenig Einfluss auf diese. Wie wenig anziehend das libertäre Programm für die Tea Party ist, verdeutlichte nicht zuletzt eine Umfrage der Tea Party Nation im Dezember 2011.[82] Nur drei Prozent der 23 000 Teilnehmer einer Telefonkonferenz votierten nach einer zehnminütigen Befragung jedes Kandidaten für Paul. Sein kurzer Höhenflug in den Umfragen Ende 2011 endete mit dem Beginn der Vorwahlen. Ron Paul gewann keinen einzigen Staat, blieb jedoch im Rennen, um weiterhin für seine Agenda zu werben.

... UND JA, AUCH RICK SANTORUM

»Offensichtlich will das amerikanische Volk jemanden, der ihre Botschaft der Angst und Wut bis in den November hinein trägt.« Das sagte der rechtsextreme Radiomoderator Rush Limbaugh im März 2012 und sprach sich damit als erster für den Außenseiter Rick Santorum aus. Der sozialkonservative Kandidat kenne Mitt Romneys Gesundheitsreform gut und müsse sich nun auf die zwei Kernthemen konzentrieren: »Freiheit und Obamacare. Und das funktioniert.« Bis dahin hatte sich Santorum vor allem durch seine religiösen Positionen bei der erzkonservativen Basis angebiedert.

Doch im Gegensatz zu den Überzeugungen des vermeintlich »unvermeidbaren« Kandidaten Mitt Romney waren die Standpunkte des ehemaligen Senators aus Pennsylvania im Laufe seiner Karriere konsistent rechts und betont sozialkonservativ. Im Wahlkampf präsentierte er sich damit als die Stimme der Tea Party und der Parteirechten. Der Favorit der Republikaner, Mitt Romney, vertrete grundsätzlich dieselben Positionen wie »der Demokrat im Weißen Haus«, kritisierte Santorum nach seinen Siegen in den Vorwahlstaaten Minnesota, Missouri und Colorado. Mit den Niederlagen in den drei Bundesstaaten hatte die Favoritenrolle des Ex-Gouverneurs von Massachusetts deutliche

Kratzer erhalten. »Der Konservativismus ist lebendig und wohlauf«, sagte Santorum.[83] »Ich stehe hier als die konservative Alternative zu Obama.«

Ehebruch, Polygamie und homosexuelle Sexualpraktiken hatte Santorum stets als »Taten« bezeichnet oder mit Sex mit Tieren verglichen. Diese unterminierten die »Grundfeste unserer Gesellschaft und der Familie«. Schwule Aktivisten reagierten auf Santorums Attacken mit einer ihm gewidmeten Wortschöpfung. Wer den Namen googelt, erhält nun als ersten Treffer die Definition für eine Begleiterscheinung beim Analsex, ein schaumiges Gemisch aus Gleitgel und Exkrementen. Santorum lehnt die gleichgeschlechtliche Ehe und alle anderen Formen der gleichgeschlechtlichen Partnerschaften ab. Einem schwulen Vater sei ein Vater im Gefängnis vorzuziehen, gab er einmal zu verstehen. Nach eigenen Worten unterstützt er den Irakkrieg, weil Moslems die »Feinde Amerikas« seien. Während Christen nie »regiert oder erobert« hätten, sei Mohammed ein Kämpfer gewesen und habe Menschen getötet.

Dass ausgerechnet Rick Santorum am Ende zum stärksten Herausforderer Mitt Romneys wurde, war überraschend. Noch vor Beginn der Vorwahlen im Januar 2012 schien er kaum mehr als ein Statist in der Riege republikanischer Präsidentschaftsbewerber zu sein. Dass er dennoch so lange durchhielt, lag vor allem an den großzügigen Zuwendungen des Milliardärs Foster Friess. Während sein Wahlkampfteam gerade einmal 22.000 Dollar für Werbespots ausgab, stand Friess als größter Einzelspender hinter dem Red White and Blue Fund. Das Santorum nahestehende Super-PAC investierte allein in dem Bundesstaat 537.000 Dollar in Werbespots.[84] Fairerweise muss gesagt werden, dass Romney, wie das Beispiel Iowa zeigte, sehr viel mehr Geld für TV-Spots ausgab, aber Santorum war wohl der einzige Kandidat, der so viel Wert darauf legte, möglichst viele Menschen bei sogenannten Town Hall Meetings vor Ort zu treffen. Es ist keinesfalls gesagt, dass Santorum es nicht auch ohne das Geld von Friess mit auf die vorderen Plätze geschafft hätte. Es ist allerdings kaum gewagt, davon auszugehen, dass die Hunderttausende von Dollar wohl den Ausschlag bei dem extrem knappen Ausgang gegeben haben. Nach der Korrektur des Endergebnisses – zunächst war der Sieg Romneys verkündet worden – belief sich Santorums Vorsprung nach erneuter Auszählung auf lediglich 34 Stimmen. Es ist also naheliegend, dass der Einsatz der Friess'schen Wahlkampfspenden von über einer halben Million Dollar Santorum mindestens 34 Stimmen beschert hat. Denn bei knappen Wahlausgängen ist der finanzielle Einsatz in der Regel ausschlaggebend. Dennoch reichte es nicht. Nach Monaten des Vorwahlkampfes war klar, dass Santorum Romney nicht mehr einholen würde. Am Ende, im April 2012, gab auch er auf. Eine Niederlage in seinem Heimatstaat Pennsylvania, die zweite seiner Karriere, hätte seine politische Laufbahn für immer beendet. Ein vorheriger Rückzug erschien da klüger. Damit hatte Romney auch seinen letzten Widersacher aus dem Rennen gedrängt.

DER »UNVERMEIDBARE« KANDIDAT

Schon bei seiner Ankündigung, als Präsidentschaftsbewerber 2012 anzutreten, stahl ihm Sarah Palin die Schau. Auch wenn sie darauf bestand, dass ihre Bustour rein »zufällig« zur gleichen Zeit in New Hampshire mit einem Grillfest halt machte, vernahmen viele den Warnschuss der Tea-Party-Bewegung.[85] Für das Parteiestablishment war Mitt Romney mangels Alternativen schon früh der Favorit. Auch Romney war stets bemüht, sich als der unvermeidliche Kandidat zu präsentieren.

Doch die Vorwahlen liefen so schlecht, wie sie für einen unvermeidbaren Kandidaten nur laufen konnten. Die Tea Party wollte Romney um jeden Preis verhindern. Gegenüber dem Favoriten des Parteiestablishments, erklärte Chris Littleton[86], empfänden sie Gefühle von Skepsis bis hin zu Verachtung. »Nicht-Romney« sei der populärste Kandidat bei den Erzkonservativen, sagte der Mitgründer des Ohio Liberty Council, einem Netzwerk der Tea-Party-Gruppen des Bundesstaates.

Neben seinem Opportunismus warf ihm die Parteirechte die von ihm 2006 in Massachusetts verabschiedete Gesundheitsreform vor, die praktisch als Vorlage für Obamas Großprojekt diente. Für sie personifizierte er den typischen RINO. Dieses Misstrauen war begründet. Oft hatte er seine Überzeugungen gewechselt. Zu wenig standfest, zu moderat erschien er der erzkonservativen Bewegung. Und das obwohl Mitt Romney noch im Präsidentschaftswahlkampf von 2008 als konservative Alternative zum moderaten John McCain gehandelt wurde.

Wie schon beim Warmlaufen im Jahr 2011 stiegen bei den Abstimmungen in den Bundesstaaten ab Januar 2012 immer wieder neue Kandidaten an die Spitze. Romney wirkte keineswegs unvermeidbar. In South Carolina war es Gingrich, der mit seiner Selbstdarstellung als einziger, »unvermeidbarer Widersacher« Romneys den Sieg davontrug. In Missouri, Minnesota und Colorado war es dann plötzlich der Überraschungssieger von Iowa, Rick Santorum, der – in Missouri wahrscheinlich auch von der Abwesenheit Gingrichs profitierend – die Stimmungstests allesamt für sich entschied. Da es sich etwa in Missouri um einen »Caucus« und keinen »Primary« beziehungsweise »State Convention« gehandelt hatte, waren die Abstimmungen eher symbolischer Natur. Doch auch wenn diese Abstimmungen aufgrund der Regeln des Vorwahlrennens in diesem Fall für die Sieger keine Delegiertengewinne bedeuteten, war Santorums Sieg ein deutliches Warnzeichen an Romneys Team. In Missouri war Gingrich, sein bis dahin stärkster Widersacher, nicht angetreten – und dennoch verlor Romney. Den Bundesstaat Colorado hatte Romney bei seinem ersten Versuch im Jahr 2008 noch mit einem Erdrutschsieg mit 60 Prozent der Stimmen gewonnen. 2012 hatte sich sein Stimmenanteil mit 34 Prozent fast halbiert. Noch schlimmer lief es in Minnesota. Nachdem er 2008 noch 41 Prozent geholt hatte, waren es vier Jahre später nur noch 17 Prozent. Romney gewann keinen einzigen Wahlbezirk und selbst der zweite Platz blieb ihm versagt. Er schaffte es lediglich auf den dritten Platz – hinter Santorum und dem chancenlosen Ron Paul.

Noch als Gouverneur von Massachusetts hatte sich Romney als moderaten Politiker beschrieben. Damals betonte er seine Distanz zu Ronald Reagan, den er nicht gewählt habe, sprach sich für die Arbeit der Familienplanungsorganisation Planned Parenthood aus, die auch Abtreibungen durchführt, und sprach sich für das Recht der Frauen aus, über diese Möglichkeit selbst zu entscheiden. Darüber hinaus pries er seine Gesundheitsreform als Modell für eine Reform Obamas auf nationaler Ebene an.

Um den Widerstand der Tea Party zu brechen, tat Mitt Romney schließlich alles, um sich von dieser Vergangenheit zu lösen, und versuchte, sich der Basis als »sehr konservativer« Kandidat zu präsentieren. Gegenüber Bürgern in Pittsburgh erklärte er: »Wir wissen nicht, woher der Klimawandel kommt.« Mit seiner Anbiederung an eine ignorante Öffentlichkeit widersprach Romney – nicht zum ersten Mal – sich selbst. Nur wenige Monate zuvor hatte er die Sache, wenn auch sehr seicht, anders dargestellt. »Auf der Grundlage dessen, was ich gelesen habe, erwärmt sich die Welt. Und ich glaube zweitens, dass die Menschen dazu beitragen.« Er sprach sich dagegen aus, religiösen Einrichtungen vorzuschreiben, dass sie ihren weiblichen Angestellten über Versicherungspolicen auch Zugang zu Verhütungsmitteln bieten müssten. Eine solche Regelung sei ein unzulässiger Eingriff in die Religionsfreiheit, betonte er. Wie bei zahlreichen anderen Positionen, vom Abtreibungs- und Waffenrecht bis hin zur gleichgeschlechtlichen Ehe vollführte er damit das Kunststück, genau die Regelung von Obamas Regierung zu attackieren, die er in seiner Zeit als Gouverneur des Bundesstaates Massachusetts im Rahmen seiner Gesundheitsreform selbst eingeführt hatte. Damit auch ja kein Zweifel an seiner konservativ-religiösen Grundhaltung aufkommen konnte, spickte er seine Wahlkampfauftritte regelmäßig mit Episoden seiner religiösen Prinzipien. Eine interessante Wende, wenn man bedenkt, dass der Mormone zu Beginn seines Wahlkampfes jeden Verweis auf seine Religion als unbedeutend zurückgewiesen hatte und das Thema so gut wie möglich zu vermeiden suchte. Ohne seine Zugehörigkeit zur Kirche Jesu Christi der Heiligen der Letzten Tage zu erwähnen, die für evangelikale Christen eine Sekte darstellt, warb Romney bei einer Rede im Mai 2012 an der Liberty-University für die Unterstützung der Evangelikalen. Aufgrund ihres Einflusses in der Republikanischen Partei ist die fundamentalistisch-christliche Universität inzwischen für jeden republikanischen Präsidentschaftskandidaten eine Pflichtadresse im Wahlkampf. Er teile dieselben Glaubenssätze und Werte wie konservative Christen, betonte auch Romney in seiner Rede.[87] Als Beispiele dafür nannte er seine Ablehnung von Abtreibung und der Pflicht religiöser Einrichtungen, in ihren Versicherungspolicen Mittel zur Empfängnisverhütung anbieten zu müssen.

Als sich immer deutlicher abzeichnete, dass jeder der Tea-Party-Kandidaten für ein Rennen gegen Obama ungeeignet war, beschäftigten sich Tea-Party-Organisationen mit der einzig verbliebenen Option: Mitt Romney. Auf die Frage, ob seine Nominierung als Niederlage der Tea Party interpretiert werden könnte, hatte der FreedomWorks-Vorsitzender Matt Kibbe schon im September 2011 geantwortet, dass es darauf ankomme, auf welcher Basis er die Nominierung gewinnen würde.[88] Lege Romney beispielsweise einen »mutigen Plan« für eine Steuerreform und eine »Reform« der Sozialprogramme vor, habe auch er noch die Gelegenheit, sich zu »rehabilitieren«. Der Favorit des Establishments sei nicht von vornherein ungeeignet, gab Kibbe zu verstehen. »Die Tea Party will nicht nur jemanden, der für etwas steht, sondern auch jemanden, der gewinnen kann. Es reicht nicht, im Recht zu sein und zu verlieren. Unser Ziel ist es, die Präsidentschaft zu gewinnen.«

Mitt Romney bezog fortan so rechte Positionen, dass selbst seine sozialkonservativen Widersacher Mühe hatten, mit ihm mitzuhalten. Für ihn bestand die Herausforderung darin, diese Positionen glaubhaft zu verkaufen. Und das war keine ganz leichte Aufgabe angesichts der mitunter heftigen Auseinandersetzungen mit seinen parteiinternen Widersachern, die keine Mühe gescheut hatten, Romney als Moderaten und »Flip-Flopper« zu präsentieren. »Wie ein Tänzer der in Arthur Murray's Dance Studios tanzen gelernt hat«, verhalte sich Romney, sagte der Journalist Jeff Greenfield. »Im Gegensatz zu jemandem, der gern tanzt und die Bewegungen natürlich beherrscht, wirkt Romney, als ob er jeden Schritt zählt. Dies ist meine Position zum Waffenrecht, hier muss ich stehen, wenn es um Schwule geht und so weiter.« Es mangele ihm an einem »kohärenten, organischen« Leitmotiv.

Mitt Romney scheute sich jedoch nicht, den radikalen Wirtschaftsplan des Vorsitzenden des Haushaltsausschusses im Repräsentantenhaus, Paul Ryan, zu unterstützen. Dessen »Road to Prosperity« sieht eine starke Vereinfachung des Steuersystems vor, von der vor allem die höchsten Einkommen massiv profitieren würden. Anstatt sechs Steuerklassen soll es nach dem Kongressabgeordneten aus Wisconsin nur noch zwei geben. Der Spitzensteuersatz würde von 35 auf 25 Prozent sinken. Geringere Einkommen hätten einen Satz von 15 Prozent. Auch für die Privatisierung der staatlichen Krankenversicherung für Senioren sprach er sich trotz der überwiegend negativen Reaktionen auch in der republikanischen Basis aus. Nach Ryans Plan soll Rentnern der Einkauf auf dem privaten Markt durch staatliche Subventionen erleichtert werden. Später modifizierte Romney den Vorschlag und sicherte Senioren ein Wahlrecht zwischen beiden Optionen zu.

Um verbleibende Zweifel an seiner konservativen Überzeugung aus dem Weg zu räumen, verbreitete sein Team auch eine alte Aufnahme Rick Santorums von 2008, in der er zur Unterstützung von Mitt Romney aufgerufen hatte. »Wenn Sie einen Konservativen als Kandidaten dieser Partei wollen, dann müssen Sie für Mitt Romney stimmen«, sagte Santorum damals.[89]

ROMNEYS KRIEGSKASSE

Organisation und Ressourcen waren die entscheidenden Indikatoren für die Erfolgsaussichten eines Kandidaten in diesem Rennen. Und Romney war bei beiden deutlich im Vorteil. Seit seinem ersten Versuch 2007 hatte er seinen Wahlkampf nie wirklich unterbrochen. Über fünf Jahre investierte er Zeit und Geld, um Allianzen im Parteiapparat und Strukturen in allen bedeutenden Bundesstaaten aufzubauen. Die ausführliche Vorbereitung zahlte sich aus. 2011 sammelte seine Wahlkampforganisation mehr Geld als all die seiner parteiinternen Widersacher zusammen. Und in einem der kritischsten Momente des Wahlkampfes, in dem von vielen Medien als »parteiinternen Krieg« bezeichneten Auseinandersetzungen Romneys mit seinen hartnäckigen republikanischen Widersachern Gingrich und Santorum, investierte er dieses Geld gezielt für einen gnadenlosen »präsidentiellen Luftkrieg«, wie das Wesleyan Media Project die Werbeauseinandersetzungen aufgrund der im Vergleich zu 2008 stark zugenommenen negativen Wahlwerbung nannte.[90]

Doch dieser Luftkrieg schadete auch Romney, der nach der blutigen Schlacht von Florida mit seinen verbalen Attacken gegen Newt Gingrich viele Wähler verschreckt hatte. »Was wir in den vergangenen Wochen in Florida erlebt haben, ist nicht etwas, das uns bei der Wahl im November zum Sieg verhelfen wird«, fasste Rick Santorum die Lehren aus Florida zusammen.[91] Unter dem Eindruck von Werbespots mit Titeln wie »Blutgeld«, »Heuschrecke« oder »Turbo-Kapitalist Mitt Romney« ergaben nationale Umfragen, dass die Mehrheit der Amerikaner ihn zunehmend in negativem Licht sah.[92] Nach einer Umfrage der *Washington Post* und ABC News empfanden ihn 49 Prozent der Befragten negativ, nur 31 Prozent hatten einen positiven Eindruck von ihm. Besonders stark und ebenso bedeutend war der Absturz bei Wählern, die sich als unabhängig bezeichnen. Nur noch 23 Prozent hatten ein positives Bild des ehemaligen Gouverneurs von Massachusetts.

Diese heftigen Auseinandersetzungen bedeuteten auch, dass Mitt Romney im Vorwahlkampf deutlich mehr Geld ausgab. Während sich seine Widersacher Rick Santorum, Newt Gingrich und Ron Paul bis dahin vor allem auf zahlreiche Kleinspenden verlassen konnten, hatte Mitt Romney seinen Wahlkampf bis

Ende Februar 2012 vor allem auf Großspenden gestützt. Rund 40 Prozent seiner Förderer hatte er, wie es in einer Untersuchung des Campaign Finance Institute heißt, bereits im Januar um das für den Vorwahlkampf gesetzlich zulässige Maximum von 2.500 Dollar für direkte Zuwendungen an einen Präsidentschaftskandidaten angezapft. Kein Präsidentschaftskandidat seit 2000 hatte so schnell einen so hohen Anteil ausgeschöpft.

Dies hatte zur Folge, dass diese Spender ihm jedenfalls für den Rest des Vorwahlkampfes nichts mehr geben durften und ihm angesichts der teuren Attacken, die er auf seine Gegner niederregnen ließ, das Geld knapp wurde. Im gleichen Zeitraum erreichte Rick Santorum die maximal zulässige Obergrenze mit nur neun Prozent seiner Spender, bei Newt Gingrich waren es acht Prozent. Und da Mitt Romney auch zum »Superdienstag«, dem Tag, an dem besonders viele Staaten abstimmen, keine Vorentscheidung herbeiführen konnte und den bedeutenden Wechselstaat Ohio nur knapp gewann, zog sich der parteiinterne Wahlkampf in die Länge. Ebenfalls auffällig war der geringe Anteil von Kleinspendern für Mitt Romney. Auch im Zeitalter millionenschwerer Super-PACs sind Kleinspenden ein wichtiger Indikator für die Begeisterung und Mobilisierungsfähigkeit der Basis. Viele Republikaner empfanden offenbar keine Dringlichkeit, den Multimillionär Romney finanziell zu unterstützen. Sie wolle Barack Obama weg haben, sagte die pensionierte Lehrerin Dulce Garcia aus Snellville, Giorgia, der *New York Times*. Mitt Romney aber habe sie dennoch kein Geld gespendet: »Er ist so reich, dass er meine Unterstützung nicht braucht.«[93]

REAKTIONEN DER TRADITIONELLEN RECHTEN

Das rechte Establishment reagierte zunehmend besorgt über den chaotischen Verlauf des Vorwahlkampfs. Einen Warnschuss feuerte Rupert Murdochs *Wall Street Journal* ab. »Obamas ungezügelte Expansion des Staates bedeutet, dass diese Wahl den Wählern die größten Gegensätze seit 1980 bietet«, kommentierte die

Zeitung. Entweder »mehr Staat und höhere Steuern« oder die »Modernisierung« des Staates.[94] Im letzten Satz platzierte die Zeitung eine Warnung an den radikalen Flügel: »Republikaner wollen 2012 nicht aufwachen und feststellen, dass sie jemanden nominiert haben, der unvorbereitet und vielleicht unwillig ist, die Reform des Staates, die Amerika braucht, anzuführen.«

Wie extrem diese neue Grand Old Party geworden war, zeigten auch die schockierten Reaktionen traditioneller Rechtskonservativer und selbst religiöser Fundamentalisten. »Sie zwingen die Favoriten in Positionen, die zur Folge haben werden, dass sie die allgemeinen Wahlen verlieren«, warnte der prominente Fernsehprediger Pat Robertson in seiner Sendung. Diese Strategie sei »ein Spiel für Verlierer«. Dass damit ein christlicher Fundamentalist die Partei zur Ordnung rief, der einst die Anschläge vom 11. September 2001 als Strafe Gottes für Homosexualität und Pornographie bezeichnet hatte, war bezeichnend für den Zustand der Partei.

»Sie bewerben sich um die Präsidentschaft. Der Vereinigten Staaten. Von Amerika«, schrieb der konservative *New York Post*-Kolumnist Podhoretz.[95] »Hören Sie auf, blödsinnige Steuerkonzepte zu präsentieren, die nicht funktionieren werden. Hören Sie auf, lächerliche, Aufmerksamkeit haschende Wahlwerbung zu machen, die für Kreisratswahlen in Oklahoma gerade noch akzeptabel sein würden. Hören Sie auf, zu sagen, dass Sie einen Zaun entlang der mexikanischen Grenze bauen werden, obwohl Sie genau wissen, dass Sie diesen nicht bauen werden.« Die Wähler forderten Lösungen. »Sie bieten Comedy.« Wütend schließt er: »Genug mit dieser Dummheit. Stoppen Sie es. Stoppen Sie es jetzt.«

ROMNEY GEWINNT

Noch bei einer Pressekonferenz im Dezember 2011 hatte er sein Ziel klar vorgegeben.[96] »Viele Tea-Party-Anhänger werden feststellen, dass ich der ideale Kandidat bin«, sagte er. »Das hoffe ich jedenfalls.« Er hoffte zu Recht. Trotz seiner Schweizer Bankkonten und der fast einhelligen Unterstützung des Parteiestablishments übernahm Romney die Inhalte der Bewegung etwa gegen illegale Einwanderung, die Gesundheitsreform Obamas und für radikal niedrige Steuern und drastische Haushaltskürzungen. Dabei vermied er es allerdings auch aufgrund seines Images als Moderater, ihr »Label« aufgedruckt zu bekommen.

Auf die Frage eines Journalisten, ob er »Mitglied der Tea Party« sei, reagierte Romney deshalb ausweichend. »Ich glaube nicht, dass die Tea Party Mitgliedskarten ausstellt.«[97] Er glaube an vieles, an das auch die Tea Party glaube, fügte er vorsichtig hinzu. Als Beispiel führte er die gängigen Klischees des zu großen Staates und zu hoher Steuern an. Deutlich polarisierendere, sozialkonservative Positionen der Bewegung wie die Forderung nach einer größeren Rolle der Religion in der Öffentlichkeit erwähnte er dagegen nicht.

Was zunächst sein Problem zu sein schien, erwies sich bald als sein Vorteil. Er war für eine breitere Öffentlichkeit der einzige wählbare Kandidat der Republikaner. Die Harvard-Professorin und Autorin Theda Skocpol bezeichnete ihn deshalb als »Stealth Tea Party Candidate«, also als »verdeckten Tea-Party-Kandidaten«.[98] Ein offener Tea-Party-Kandidat hätte keine Chancen gegen Obama gehabt. Genau aus diesem Grund könnte sich Mitt Romney für die Parteirechte als der ideale Gegner Obamas herausstellen. Und nach den destruktiven Haushaltsdebatten und der erfolgreichen Gegenoffensive der Occupy-Bewegung war für die erzkonservative Bewegung auch nicht mehr herauszuholen.

Diese Einsicht setzte sich auch bei den Rechtskonservativen durch. »Sie erwärmen sich für Romney«, sagte der Evangelikale und Präsident des religiösen Family Research Council Tony Perkins.[99] Evangelikale stellen einen kritischen Wählerblock für die Republikanische Partei. Die Unterstützung für den ehemaligen Gouverneur aus Massachusetts nehme Schritt für Schritt zu, sagte Perkins. Im ersten Vorwahlstaat Iowa gewann der ehemalige Senator aus Pennsylvania, Rick Santorum. In South Carolina war es der ehemalige Sprecher des Repräsentantenhauses Newt Gingrich. Und in Florida siegte Mitt Romney. All diesen Wahlen war gemeinsam, dass ein Gutteil der Tea-Party-Anhänger hinter dem jeweiligen Sieger stand. Danach legte Romney insbesondere bei der Parteirechten zu. In Nevada, wo sich fast die Hälfte der Vorwahl-Wähler als »sehr konservativ« bezeichnen, waren es genau sie, die Romney schon im Februar für sich gewinnen konnte. Neben seinen Glaubensbrüdern, den Mormonen, stimmten in dem Bundesstaat im Südwesten der USA auch die Mehrzahl der Tea-Party-Anhänger und Evangelikalen für ihn.[100] Es war weniger ein Zeichen seiner Stärke als ein Hinweis darauf, wie wichtig der erzkonservativen Bewegung ein Sieg gegen Obama war. Romney war für sie der einzige aussichtsreiche Kandidat.

Mit Begeisterung hatte diese Entscheidung nichts zu tun. Schon im Vorwahlkampf war die mangelnde Euphorie der republikanischen Basis eine Tatsache, die dem Parteiestablishment Sorgen bereitete. Die Tea Party sah Romney kritisch und als Mormone stieß er auch beim christlich-fundamentalistischen Flügel der Partei auf wenig Begeisterung. Nach einer Umfrage von Gallup lag der Anteil von Republikanern, die Romney enthusiastisch unterstützen würden, Anfang März 2012 bei gerade einmal 35 Prozent – der gleiche Anteil wie im Februar 2008, bevor Romney gegen John McCain aus dem Rennen schied. Das ist allerdings nicht nur ein Problem von Romney. Auch keiner der anderen Kandidaten vermochte es, die Basis hinter sich zu vereinen. Im Gegensatz dazu unterstützte vier Jahre zuvor die demokratische Basis in dieser Phase des Wahlkampfes mit 54 beziehungsweise 55 Prozent »enthusiastisch« ihre jeweiligen Favoriten Barack Obama beziehungsweise Hillary Clinton. Über John McCain sagten immerhin 47 Prozent der Republikaner, dass sie ihren Kandidaten mit Begeisterung unterstützten. Obwohl die Aussicht auf die Ablösung eines ungeliebten, demokratischen Amtsinhabers ein zusätzlicher Anreiz für die Teilnahme an der Wahl sein müsste, zeigen die Befragungen ein umgekehrtes Bild, von Begeisterung keine Spur. Auf dem Höhepunkt des Widerstands gegen die

Bush-Regierung sagten beispielsweise 79 Prozent der Demokraten, dass sie mit mehr Begeisterung als gewöhnlich wählen gehen würden.[101] Trotz des »Sozialisten im Weißen Haus« äußerten sich im März 2012 nur 53 Prozent der befragten Republikaner entsprechend. Der Trost der Konservativen bleibt, dass der Enthusiasmus bei Demokraten 2012 mit nur 45 Prozent noch niedriger war. Und es sind nicht nur die Befragungen.

Die mangelnde Begeisterung hatte Folgen und kam beispielsweise auch bei den parteiinternen Vorwahlen in den Bundesstaaten zum Ausdruck. Dort war die Wahlbeteiligung mitunter dramatisch niedrig. In Virginia gingen etwa 45,7 Prozent weniger Republikaner zur Wahl als vor vier Jahren, in Idaho sank ihre Zahl um 64,3 Prozent und in Washington gab es sogar einen Einbruch von 90,4 Prozent. Aber auch in Florida gingen immerhin 275 000 Menschen weniger an die Wahlurne, ein Minus von rund 15 Prozent im Vergleich zu 2008. In Nevada sank die Zahl der Abstimmenden von über 90 000 auf rund 44 000 Wähler. Während einige Staaten wie Iowa einen leichten und South Carolina sogar einen beträchtlichen Anstieg der Wahlbeteiligung verzeichnen konnten, nahm sie jedoch nach einer Zählung aller bis zum März gelaufenen Vorwahlen in 34 Bundesstaaten im Schnitt um 10,5 Prozent ab. Beachtlich ist, dass Romney ausgerechnet in den Staaten gewonnen hatte, die einen deutlich größeren Verlust an Wählern zu verzeichnen hatten.

Erst nach Vorwahlen in 34 Bundesstaaten und Siegen in seinem Heimatstaat Michigan sowie den Bundesstaaten Ohio und Illinois war klar, dass er es geschafft hatte. Der lange Nominierungskampf müsse zu Ende gehen, mahnte Ex-Gouverneur Jeb Bush. »Jetzt ist die Zeit für die Republikaner gekommen, sich hinter Gouverneur Romney zu stellen und unsere Botschaft des fiskalischen Konservativismus und der Arbeitsplätze im Herbst allen Wählern zu vermitteln.« Doch auch er ließ sich anlässlich seiner Unterstützungserklärung weder mit Romney blicken, noch erläuterte er in Interviews seine Entscheidung. Als wollte sich Bush gegen jede Eventualität absichern, hielt seine lauwarme

Solidaritätserklärung ausreichend Distanz zu einem Kandidaten, der die schon sicher geglaubte Wahl gegen Obama auch gut verlieren könnte.

Ähnlich äußerten sich die führenden Organisationen der Tea Party. Ihre Anhänger sollten »aufhören«, Romney zu widerstehen, forderte etwa FreedomWorks kurz nach Bushs Erklärung im März 2012. Die Zahlen sprächen für ihn, ließ ihr Vorsitzender Dick Armey verlauten. Es war nicht gerade eine enthusiastische Unterstützung für Romney, aber immerhin. Als kurz darauf auch der Königsmacher der Tea Party im Kongress, Senator Jim DeMint, Romney seine Unterstützung aussprach, war der Widerstand gebrochen. Nun stand Romney als Herausforderer von Barack Obama fest.

Noch im März hatten einige Beobachter gehofft, dass ein Außenseiter wie Rick Santorum die Nominierung schaffen würde. »Ein Alkoholiker hört nicht mit dem Trinken auf, bis er ganz am Ende ist«, schrieb der Kolumnist Joe Nocera in der New York Times.[102] »Die Republikanische Partei wird sich nicht ändern, bis sie ganz unten ist. Nur Santorum bietet diese Möglichkeit.«

Die Republikanische Partei ganz unten. So weit müsste es kommen, um die Partei vor sich selbst zu retten. Mit Santorum hätten die Republikaner wohl schon so gut wie verloren. Das Gleiche gilt für andere, extreme Tea-Party-Favoriten wie Michele Bachmann. Ihre Niederlage hätte möglicherweise eine deutliche Kurskorrektur der Republikanischen Partei zur Folge gehabt und den Weg für eine Trennung der Partei von Tea-Party-Dogmatikern und christlichen Rechten frei gemacht. Mit Mitt Romney wird es eine solche Kurskorrektur nicht geben.

4. DIE ROLLE DER MEDIEN

TALKRADIO, FOX NEWS
UND DAS WALL STREET JOURNAL

Zuerst sind es merkwürdige Explosionen auf dem Mars. Dann landet ein Meteorit in Grover's Mill, New Jersey, der sich als Raumschiff entpuppt. Ein Radioreporter vor Ort kann darin gerade noch die pulsierenden Tentakel eines Marsmenschen erkennen. Er schreit ins Mikrofon, berichtet von Hitzestrahlen und Flammen, die die Umstehenden töten. Mitten im Satz bricht die Übertragung ab. Das reguläre Radioprogramm bricht zusammen, immer wieder kommen neue Meldungen über die Zahl der Toten, Angriffe der Marsianer auf Kraftwerke, Brücken und Eisenbahnen. Das Radio kann schließlich eine Live-Übertragung zu einer Infanterie-Einheit an der Front herstellen. Ein Soldat berichtet von schwarzem Rauch, der aus einer angeschossenen Maschine steigt. Dann fängt er an zu husten und stirbt durch das Gas. Schließlich berichtet ein Reporter vom Dach des CBS-Gebäudes in New Yorks Madison Avenue von fünf »riesigen Maschinen«, die den Hudson-Fluss überschreiten. Auch er erliegt dem Giftgas. »Ist niemand auf Sendung?«, fragt eine Stimme immer wieder.

Das 1938 ausgestrahlte Dokudrama »Der Krieg der Welten« von Orson Welles spielte gekonnt mit den Gewohnheiten von Radiohörern. Die anfängliche Wettervorhersage und Orchestermusik werden zunehmend von den eintreffenden Eilmeldungen über die Invasion der Außerirdischen unterbrochen. Obwohl das zu Halloween gesendete und von der Hindenburg-Katastrophe inspirierte Hörspiel von regelmäßigen Hinweisen auf die Fiktionalität des Stückes begleitet wurde, kam es in vielen Orten im

Nordwesten der USA und in Kanada zu panikartigen Reaktionen. Menschen flohen aus ihren Häusern, Hunderte riefen die Polizei und berichteten von grellen Blitzen und Gasgeruch. Eine der größten Paniken entstand in der Kleinstadt Concrete, Washington, weil es dort in einem Umspannwerk zufälligerweise zur gleichen Zeit der Ausstrahlung eine Explosion gab, die zu einem Stromausfall führte und die Telefonverbindungen unterbrach. Der Sendung folgte eine heftige Kontroverse über die Irreführung der Öffentlichkeit. Selbst Adolf Hitler äußerte sich über die Reaktionen, die die »Dekadenz und den korrupten Zustand der Demokratie« bewiesen. Einige der interessantesten Reaktionen kamen allerdings aus Cleveland, wo der DJ Jack Parr verängstigten Anrufern erklärte, dass die CBS-Sendung von Anfang bis zum Ende erfunden sei. »Glauben Sie mir«, sagte er, »die Welt kommt nicht zu einem Ende.« Zahlreiche Anrufer beschuldigten ihn daraufhin, die »Wahrheit zu verdecken«.

Als Glenn Beck acht Jahre alt wurde, schenkte ihm seine Mutter zwei Langspielplatten mit historischen Radioaufnahmen. Eine davon war der »Krieg der Welten«, ein Hörspiel, das Glenn Beck schwer beeindruckte. »Ich war begeistert von der Magie des Radios, wie es Bilder in meinem Kopf erzeugen konnte«, schrieb Beck in seiner Autobiographie. Nach zahlreichen Jobs bei Radiostationen im ganzen Land, ausgiebigen Erfahrungen mit Alkohol und Kokain und seiner Konversion zum Mormonentum kam Beck schließlich zu CNN. Von CNN wechselte der Nachfahre deutscher Einwanderer zu Fox News und fand seine Bestimmung. Er war zur richtigen Zeit am richtigen Ort. Seine Warnungen vor der drohenden Apokalypse kamen bei konservativen Zuschauern an, die ihre schlimmsten Befürchtungen in einem Amerika mit dem ersten schwarzen Präsidenten bestätigt sahen. 32 Millionen Dollar pro Jahr ließ sich Fox News Beck kosten. Um seine Autorität zu untermauern, bediente er sich in seinen Sendungen gern einer Schultafel, auf der er mit Hilfe von Schaubildern große kommunistische Verschwörungen heraufbeschwor. Obama, Demokraten, Sozialisten, Anarchisten, Gewerkschaften,

Bill Clinton, Muslime, Hisbollah, der jüdische Investor, George Soros, Michael Moore, Hugo Chávez, Charlie Sheen, Abtreibungsbefürworter – hinter alles und jedem sah er eine potentielle Gefahr für sein geliebtes Amerika. Sein großer Moment kam am 13. März 2009. An vielen Orten der USA hatten sich Amerikaner für diesen Tag vor dem Fernseher versammelt, um die Sendung gemeinsam zu verfolgen. Überall schienen Kameras zu sein. »Manchmal«, sagte Beck, »hat man das Gefühl, dass sie uns umzingeln. Aber das ist falsch, wir umzingeln sie!« Die Sendung fand ihren Höhepunkt, als Beck mit tränenerstickte Stimme in die Kamera sagte: »Entschuldigt, bitte, es ist nur, dass mir dieses Land sehr wichtig ist.« Und dramatisch fügte er hinzu: »Und ich habe Angst um mein Land.« Um den Geist der großen Nation wieder wachzurufen, rief er seine Zuschauer auf, sogenannte 9-12-Gruppen zu gründen. In seiner von vielen Zuschauern mit Spannung erwarteten Sendung legte er den Grundstein für die neue Bewegung.

Im ganzen Land bildeten sich daraufhin Gruppen, die die Ziffern 9–12 in ihren Namen aufnahmen. Ausgerechnet zum Jahrestag der »I Have a Dream«-Rede Martin Luther Kings im August 2010 rief er seine Aktivisten und Tea Partier zu einer Kundgebung auf der Mall in Washington D.C. auf. Unter dem Motto »Restoring Honor« zogen Zehntausende vor das Lincoln-Memorial und forderten eine Rückbesinnung auf die Religion und die amerikanischen Werte.

Als Teil von Rupert Murdochs erzkonservativem Medienimperium war Fox News einer der Hauptinitiatoren von Tea-Party-Protesten. Die ersten Versammlungen der Tea Party nahmen einen breiten Raum in der Berichterstattung des Senders ein. Allen voran natürlich Glenn Beck. »Wir machen uns bereit für die Tax Day Tea Parties in der nächsten Woche«, sagte Beck. Überall im Lande kämen Menschen zusammen, um gegen die Staatsausgaben zu protestieren. »Das wollt ihr nicht verpassen!« Marktschreierisch hieß es zur Hauptsendezeit bei Sean Hannity: »Jeder kann zu den Protesten kommen, die Teilnahme ist kostenlos«.[103] Fox »orchestrierte« die Proteste, schrieben die Autorinnen Theda Skocpol and Vanessa Williamson.[104] »Fox wies den Weg« der noch jungen Bewegung »und jubelte«.

Jede Distanz vermissen lassend, verlieh Fox News den Protesten sogar seinen Namen. Um für ihre Berichterstattung anlässlich der Tax Day-Proteste zu werben, strahlte der Sender beispielsweise in zehn Tagen insgesamt 107 Werbespots zur »Fox News Tax Day Tea Party« aus.[105] Überall im Lande sollte die Flamme des Widerstandes zu sehen sein. Die Prime-Time-Moderatoren Neil Cavuto, Sean Hannity und Greta van Susteren berichteten live von den Protesten.

Die Tea Party machte sich gut im Fernsehen. Dass sich an einem Ort manchmal nur drei Personen für den Protest einfanden, war für Fox News kein Grund, die Berichterstattung abzusagen. Vielmehr wurde das »Ereignis« als Teil des Proteststurms medial aufgeputscht. Die drei wurden als »Helden« tituliert und erhielten Live-Sendezeit. Der Sender feierte auch den Verkauf der ersten 1000 »Tea-Party-T-Shirts« mit der Aufschrift »Rest in Peace Constitution« (dt.: Ruhe in Frieden US-Verfassung). Bei den Protesten gegen die Gesundheitsreform berichtete Fox News ausführlich über eine Bustour der Organisation Tea Party Express und strahlte zu diesem Anlass auch Werbespots der Organisation aus. Praktisch jeder hochkarätige Moderator des Senders interviewte Vertreter der nationalen Organisationen, die sich hinter die Tea Party stellten.

Einer davon war der rechtsextreme Radiomoderator Mark Williams, zu dieser Zeit noch Vorsitzender des Tea Party Express. Zu den besten Sendezeiten sprach er mit Moderatoren wie Van Susteren, Hannity, O'Reilly und Cavuto. Williams behauptete, dass Obama keine gültige Geburtsurkunde besitze, beleidigte den Präsidenten als »zum Sozialhilfebetrüger gewandelten indonesischen Muslim« und verglich dessen Gesundheitsreform angesichts der vermeintlichen »Todesausschüsse« mit der Politik der Nazis. Erst 2010 musste Williams zurücktreten, nachdem er in seinem Blog einen rassistischen Text veröffentlicht hatte. In einem satirischen »Brief« an Präsident Abraham Lincoln pries er die Sklaverei aus Sicht der Schwarzen an.[106] Diese wollten keine Steuersenkungen, hieß es darin, »denn wie sollen wir Schwarze einen Breitbild-Fernseher in jedes Zimmer bekommen, wenn Weiße keine Steuern zahlen?« Daraufhin flogen er und seine Organisation Tea Party Express aus der Dachorganisation von über 80 Tea-Party-Gruppen, der National Tea Party Federation. Solche extremistischen Ausfälle schadeten dem Image der Tea Party jedenfalls bei Fox News nicht. Ihr Agitator war Glenn Beck. Seine Anhänger verehrten ihn für seine vermeintliche Verteidigung der US-Verfassung und der verlorengeglaubten »amerikanischen Werte«. Sie hingen an seiner Sendung, die an der Ostküste um fünf Uhr nachmittags und an der Westküste drei Stunden früher ausgestrahlt wurde. Obwohl die meisten Amerikaner zu diesen Zeiten entweder noch arbeiten oder auf dem Weg nach Hause sind, erreichte Beck täglich rund drei Millionen Zuschauer.

Regelmäßig wetterte er gegen die Demokraten, die Linke und Obama. Die Demokraten seien Vampire, die den Unternehmen das Blut aussaugten.[107] Das Ende sei nah, die Gesundheitsreform »guter alter Sozialismus« und die Verfassung bedroht. Eine Krise des Gesundheitssystems sah er nicht. Auf übergewichtige Amerikaner angesprochen, winkte er ab: »Lasst sie sterben.«

Immer wieder bezog sich Beck in seinen Sendungen auf das Buch *The 5 000 Year Leap* von W. Cleon Skousen. Es sei »göttlich inspiriert« und viel intelligenter als er. Durch seine regelmäßigen Empfehlungen erklomm das Buch, das eine revisionistische und rassistische Weltsicht bietet, schnell die Bestsellerlisten. Für eine Sonderausgabe schrieb er sogar ein Vorwort. Die Gründungsväter seien, heißt es bei Skousen, keineswegs säkular, sondern religiös inspiriert gewesen und hätten niemals beabsichtigt, dass Steuern von einer »Gruppe« erhoben würden, um Sozialprogramme für eine andere »Gruppe« zu finanzieren. Vielmehr seien sie von »28 Prinzipien« geleitet gewesen, die sichergestellt hätten, dass die Vereinigten Staaten innerhalb von weniger als 200 Jahren eine Entwicklung vollzogen hätten, für die vorangegangene Zivilisationen 5 000 Jahre gebraucht hätten. Die Trennung von Kirche und Staat, über die etwa Thomas Jefferson geschrieben hatte, habe sich lediglich auf die Bundesregierung bezogen, keineswegs jedoch auf die Bundesstaaten, argumentierte Skousen. Im Gegenteil: Die Gründungsväter hätten sich gewünscht, dass die Bibel in den Schulen gelehrt würde, religiöse Gruppen sollten sich öffentlich treffen. Obwohl die US-Verfassung relativ wenig über die ökonomische Organisation der USA sagt, hat Skousen eine klare Position: »Unter keinen Umständen« sollte sich die Bundesregierung in der Wohlfahrt engagieren, dies korrumpiere die Regierung – und die Armen. Diese sollten im Bedarfsfall vielmehr durch die »Freundlichkeit und Wohltätigkeit unserer Landsleute«, versorgt werden, lautete sein Ratschlag. Die USA seien eine Republik, keine Demokratie, betonte Skousen. Das populäre Verständnis der USA als Demokratie sei das Werk von Sozialisten der 1920er-Jahre, die die Produktionsmittel zu nationalisieren beabsichtigten.

Schon in den 1960er-Jahren hatte Skousen über die »rote Gefahr« geschrieben und die John Birch Society gegen vermeintlich »kommunistische Angriffe« verteidigt. »Bänker« und das Council on Foreign Relations arbeiteten an einer »One World Order«, lautete einer seiner Vorwürfe. Die Nachfrage nach Verfassungs-Seminaren von Skousens Center for Constitutional Studies habe sich mit dem Aufstieg der Tea-Party-Bewegung verdreifacht, berichtete das Magazin *Motherjones*.[108]

Beck war nicht nur ein erfolgreicher Unterhalter. Auch die Angst erwies sich als ein gutes Geschäft. Seine Endzeitvisionen verband er mit Werbung für Produkte, die das Überleben im Fall von Katastrophen sicherstellen sollten. Besonders aggressiv bewarb der Radio- und Fernsehtalker Goldmünzen des Unternehmens Goldline International, die im Fall des wirtschaftlichen Zusammenbruchs die einzige »krisensichere« Investition gegen Inflation seien. Experten zufolge sei jedoch der Goldpreis des Unternehmens mit Sitz in Santa Monica so hoch, dass der Kurs des Edelmetalls trotz Jahren des Anstiegs weiter massiv steigen müsste, damit Investoren hier überhaupt mit einem Ertrag rechnen können. Der Demokrat Anthony Weiner war einer derjenigen, die Fox News konsequent und effektiv für diese auf Angst basierende Geschäftspraxis kritisierte. Es war kein Zufall, dass ausgerechnet der kritische und schlagkräftige Kongressabgeordnete später durch einen von rechten Bloggern publizierten Skandal aus dem Amt gedrängt werden sollte. Angst, schrieb der Autor Will Bunch über Becks erfolgreiche Strategie, sei nach neuen Erkenntnissen von »Neuro-Marketing«-Experten ein noch besseres Verkaufsargument als Sex, da es mit seiner starken Stimulation des Mandelkerns, dem Teil des Gehirns, der an der Entstehung von Angst beteiligt ist, einen Urinstinkt aktiviere. Neben Gold gehören auch gefriergetrocknete Essensrationen und apokalyptische Erzählungen zu Becks Krisenindustrie. Seine Sendungen, die sich immer wieder mit Verschwörungen gegen Amerika und drohenden Katastrophen beschäftigen, sind der perfekte Werbeplatz für solche Produkte. Dass Beck selbst für sie wirbt, macht seine Sendungen zu perfekten, in sich geschlossenen »Infomercials«. Seine Show ist sowohl Unterhaltung als auch Verkauf. Die schockierenden Verschwörungen und Weltuntergangsszenarien, die Beck regelmäßig propagiert, werden begleitet von Werbung für Vorkehrungen gegen ebensolche. Die Firma Solutions from Sience wirbt beispielsweise mit dem Slogan »Wie man die kommende Lebensmittelknappheit überlebt« und beschwört damit schon einmal ähnliche Zustände in den USA herauf. Und wenn es so weit ist, suggeriert die Werbung, werde man weder von den Medien noch von der Regierung Hilfe erwarten können. Um dennoch vorbereitet zu sein, könnten sich Zuschauer jedoch eine DVD zu den »Geheimnissen der Vorratshaltung« bestellen.[109] Das ganze koste lediglich 39,95 Dollar plus 5 Dollar für den Versand. Zuletzt folgt noch der Hinweis: »Mit der zunehmenden Lebensmittelknappheit kann dieses DVD-Set wertvoller werden als Gold.« Ein weiterer Werbespot preist einen Solargenerator an, der zu einem »geheimen Kraftwerk versteckt zu Hause« werde.[110]

»Sind sie vorbereitet, wenn es zu sozialen Unruhen kommt?«, heißt es in dem Video. Wer bereit sein will, sollte 1.797 Dollar auf der Seite haben. Bei diesem Angebot ist zumindest der Versand inklusive. Ob Samen für den eigenen »Krisengarten« oder überteuerte Goldmünzen als »sichere Anlage gegen den wirtschaftlichen Zusammenbruch«, in der Show von Glenn Beck wird jede Art von Angst bedient.

Für Food Insurance produzierte er sogar ein eigenes Video. Das Unternehmen aus Utah vermarktet gefriergetrocknete Nahrungsmittel in einem schwarz-roten Rucksack. Im Video spricht Beck vom 11. September 2001, davon, wie er von seinem Büro aus, die Flugzeuge in die beiden Türme des World Trade Centers stürzen sah. »Wir leben in einer verrückten Welt, wo alles passieren kann, nicht nur Naturkatastrophen, sondern auch menschlich verursachte Katastrophen – man braucht einfach ein ruhiges Gemüt.« Der Food-Insurance-Rucksack ab 199,99 Dollar sei da genau das richtige. Er beinhalte Wasser und Nahrungsmittel, »alles, was du brauchst, wenn die Welt den Bach runtergeht«, sagt Beck in die Kamera – zumindest »für einige Wochen«. Für den Katastrophenfall listet die Webseite des Unternehmens verschiedene »Gourmet Meal Plans« im Rucksack auf, von »Beef Stroganoff« bis zur »Lasagne mit Fleischsoße«.[111]

»Amerika, wie wir es kennen, mag untergehen«, scherzte der Comedian Stephen Colbert über das Video, aber »Amerikaner, wie wir sie kennen, werden auch danach noch fett sein«.[112]

DER LANGSAME TOD DER TEA PARTY AUF FOX NEWS

Das mediale Dahinsiechen der Tea Party kam langsam. Die »stille Kurskorrektur«[113] leitete Fox News-Programmchef Roger Ailes 2011 ein. Das lag nicht zuletzt an den zunehmend extremen Äußerungen Becks, die Fox News nicht mehr ins Geschäftskonzept passten. Die Gespräche mit John Birch Society-Gründer Robert Welch hatten offenbar ihre Wirkung bei Beck hinterlassen. Obama warf er vor, einen »tiefsitzenden Hass auf Weiße« zu hegen.

Wie Charles Krauthammer und andere konservative Intellektuelle kritisierte der Verschwörungstheoretiker die Revolutionen in arabischen Ländern nicht nur aufgrund der vermeintlichen Risiken für Israel und die USA. Er sprach von Plänen der »Überlinken«, Kommunisten, Sozialisten und Anarchisten, und den radikalen Islamisten, die Welt in einem »Kalifat« untereinander aufzuteilen. Mit diesen Bemerkungen brachte er auch einen Teil der Konservativen gegen sich auf. Seine an die John Birch Society erinnernden Tiraden nannte der Neokonservative William Kristol vom *Weekly Standard* »Hysterie«. Kristol erinnerte an die amerikanische Revolution. Es sei kein »Zeichen von Gesundheit«, wenn sich Konservative »auf die Seite von Diktatoren schlagen gegen die Demokraten«.[114]

Seine Quote fiel, Werbekunden sprangen ab. Mit seinen Hassreden habe sich Beck »wie schon seine Vorgänger in den 1960er-Jahren« endlich ins Abseits manövriert, kommentierte Kristol dessen Abstieg. Becks hetzerische Rhetorik und Beschimpfung Obamas als Rassisten habe dem Sender ein »gewisses Imageproblem« bereitet, gestand der Programmdirektor gegenüber dem Magazin *Newsweek* ein. Nicht zuletzt waren es die stark gesunkenen Zuschauerzahlen, die Ailes zum Handeln zwangen. Als Beck schließlich den Demokraten Eric Massa eingeladen hatte, um diesen vor laufenden Kameras lächerlich zu machen, begann sein Abstieg. Nicht er war es, der Massa auseinandernahm, sondern Massa nahm ihn auseinander. Ultrakonservative wie die Bloggerin Michelle Malkin hatten Beck noch davor gewarnt, dem ehemaligen demokratischen Kongressabgeordneten Sendezeit zu geben, der nach Vorwürfen der sexuellen Belästigung seiner Kongressmitarbeiter zurückgetreten war. Massa hatte gegen die Gesundheitsreform Obamas gestimmt, weil sie ihm nicht weit genug ging. Rhetorisch parierte er alle Versuche Becks, seine Sendung in gewohnte Fahrwasser zu bringen. Erstmals entglitt Beck in seiner eigenen Sendung die Kontrolle. Immer wieder blieb er gegen Massa sprachlos. »Ich glaube, ich habe ihre Zeit vergeudet«, sagte er schließlich an seine Zuschauer gerichtet. Er hätte auf

Malkin hören sollen. In den Wochen darauf begann der Abwärtstrend. Nach drei Monaten hatte er ein Drittel seiner Zuschauer
verloren.[115] Ein Jahr darauf sahen weniger als zwei Millionen
Menschen seine Show. Dann kam das Ende. Im April 2011 hatte
er seine letzte Sendung. Viele Konservative, berichtete die Webseite *Media Matters*, reagierten erleichtert auf seinen Abgang.[116]
Mit dem Sieg der Repubikaner bei den Zwischenwahlen 2010 sei
der Markt für entfremdete Konservative geschrumpft, erklärte
James Antle vom konservativen Magazin *American Spectator*.
Das Interesse Becks an »Personen, ihren Beziehungen und weit-
schweifigen Verschwörungstheorien ist einfach nicht, was Konservative heute suchen«. Beck hatte seine eigene Sicht der Dinge.
Im gewohnten Jargon verabschiedete er sich von seinen Zuschauern mit einem Vergleich mit Paul Revere. Der Held des amerikanischen Unabhängigkeitskriegs hatte 1775 mit einem nächtlichen
Ritt von Boston nach Lexington und Concord die Einwohner vor
den anrückenden britischen Truppen gewarnt. Paul Revere sei
nicht mit der Absicht auf sein Pferd gestiegen, das für den Rest
seines Lebens zu tun, sagte Beck in seiner letzten Sendung vom
April 2011. »Das tat er nicht. Er stieg vom Pferd und kämpfte in
der Revolution.« Danach begann er sein eigenes Fernseh- und
Radioprogramm im Internet. 9,95 Dollar kostet die Beck-Revo-
lution im Monatsabo oder 99,95 Dollar pro Jahr. Im Preis inbe-
griffen ist die kommende Apokalypse – zumindest solange Über-
linke gemeinsame Sache mit radikalen Islamisten machen. Also
praktisch garantiert.

Instrumental für den Erfolg von Fox News war Roger Ailes. Unter Clinton verabschiedete der Kongress 1996 den Telecommuni-
cations Act, der monopolartige Medienimperien zuließ. Daraufhin bildete Rupert Murdoch Fox News und holte den ehemaligen
Medienberater von Richard Nixon als Gründungsgeschäftsführer
zu Fox News. In sechs Monaten baute er den Sender auf, der im
Oktober desselben Jahres auf Sendung ging. Er trägt stets eine
Schusswaffe mit sich, ist umgeben von Sicherheitsleuten und re-

sidiert in seinem Eckbüro im Fox News-Turm gegenüber vom Rockefeller Center. Er glaubt, Schwule und Al Qaida hätten es auf ihn abgesehen. Übergewichtig und mit Glatze nennen ihn seine Anhänger den »Großen Vorsitzenden« in Anlehnung an Mao Zedong. Doch es scheint mehr die Angst vor dem Überzeugungstäter zu sein. Er hat einmal gesagt, dass es für ihn »nur Freunde oder verbrannte Erde« gebe. Unter seiner Kontrolle, berichteten ehemalige Mitarbeiter, herrsche eine Kultur der Einschüchterung. »Wie in der Sowjetunion oder China, die Leute gucken immer über ihre Schulter.« Davon einmal abgesehen ist der Kabelsender extrem erfolgreich. 2010 machte Fox News einen Profit von 816 Millionen Dollar, ein Fünftel von Murdochs weltweiten Einnahmen. Es ist das profitabelste Unternehmen der News Corporation. Durch Vereinbarungen mit Kabelanbietern erreicht der Sender 100 Millionen Haushalte, so viele wie alle anderen Kabelnachrichtensender zusammen. Auch bei Zuschauerzahlen ist Fox News klar vorn.[117] In der Hauptsendezeit sahen 2010 im Schnitt 1,9 Millionen Menschen den Sender. Damit hat Fox News mehr Zuschauer als seine Hauptkonkurrenten CNN und MSNBC zusammen. Zugleich fährt das Medienunternehmen eine Discount-Strategie, denn im Vergleich zu CNN beschäftigt Fox News einen um 60 Prozent kleineren Mitarbeiterstab. Dieser enorme Erfolg hat dazu geführt, dass Ailes inzwischen völlig freie Hand hat. Er ist der unbestrittene Alleinherrscher bei Fox News und auch sein Einfluss nach außen ist immens. Seine Vorliebe für die Politik der Angst, die er mit Kommentatoren wie Glenn Beck füttert, ist sein Produkt. »Weißt du, Roger ist verrückt«, sagte Rupert Murdoch einmal im Gespräch mit einem Kollegen kopfschüttelnd. »Er glaubt dieses Zeug wirklich.«

Ailes beriet den wenig telegenen Nixon bei der Öffentlichkeitsarbeit. Reagan präparierte er, damit die Öffentlichkeit nicht seine fortschreitende Alzheimer-Erkrankung wahrnahm. Auch George Bush sen. half er im Wahlkampf 1988. Im Auftrag der Tabakindustrie betrieb er 1993 eine geheime Kampagne gegen die Gesundheitsreform von Bill Clinton. Mit dieser Zeit der »dreckigen

Politik« habe er gebrochen, sagte Ailes einmal. Aber in Wirklichkeit ist Fox News die Fortsetzung davon. Schon unter Nixon kursierte die Idee eines Senders, der die Republikaner in die TV Nachrichten bringen könnte.

Der *Rolling Stone* nannte Fox News daher die »Fabrik der Angst«.[118] Seine Moderatoren vertreten unterschiedliche Flügel der Republikanischen Partei, von den Ultrakonservativen und Isolationisten bis hin zu den Radikallibertären. Für die Tea Party gab es vor allem die zweistündigen Tiraden von Glenn Beck.

Gern beansprucht Fox News den Titel des Nachrichtensenders für sich. Tatsächlich ist ein großer Teil des Programms unverhüllt rechtslastige Meinungsmache. Immer wieder kam der Sender mit seiner Riege an konservativen Kommentatoren in den Verdacht, Kandidaten gezielt zu fördern. Als der Nachrichtenmoderator John Kasich 2010 für das Amt des Gouverneurs von Ohio kandidierte, erhielt er großzügige Zuwendungen von News Corporation.

FOX NEWS ALS KAMPAGNENFERNSEHEN

Fox News ist längst nicht mehr nur ein Sprachrohr der Republikaner. Es ist vielmehr so, dass der Sender eine eigene konservative Agenda verfolgt und inzwischen auch die Republikaner vor sich hertreibt.

Mitt Romney musste anfangs um die Gunst des Senders kämpfen und kam bei einigen Interviews deutlich in Bedrängnis. Trotzdem setzte er sich durch und stand dem Sender regelmäßig zur Verfügung. Aber auch dem ging eine Entscheidung von Fox News voraus. Der Sender war instrumental bei der Entstehung der Tea Party und hätte ohne Probleme einen seiner Gegner nach oben katapultieren lassen können. Einer der immer wieder als Kommentator zu Rate gezogen wird, Karl Rove, sprach sich zwar nicht eindeutig für Mitt Romney aus, kritisierte jedoch regelmäßig seine Kontrahenten wie Rick Perry oder Herman Cain. Der Sender war wichtiger als die Partei.

Mit Sarah Palin, Rick Santorum, Newt Gingrich und Mike Huckabee hatte Fox News eine Reihe von möglichen Präsidentschaftsbewerbern als bezahlte Kommentatoren im Programm.

Sollten ihre bezahlten Nachrichtenkommentatoren bei der Wahl antreten, äußerte sich Fox News zu etwaigen Interessenkonflikten, würde dies umgehend zur Kündigung der Exklusivverträge führen. Doch der Mutterkonzern News Corporation ist selbst involviert. 2010 änderte der Konzern seine Strategie und schlug sich unzweideutig auf die Seite der Republikaner. Mit 1,25 Millionen Dollar führte News Corporation die Spendenliste der Republican Governor's Association, die größte Einzelsumme der Organisation, die Geld für die 13 Gouverneurswahlen 2010 sammelte.[119] Die konservative U.S. Chamber of Commerce erhielt immerhin eine Million Dollar.[120] Und auch ihr ehemaliger Moderator John Kasich bekam für seinen Wahlkampf für den Gouverneursposten in Ohio eine Million Dollar von Rupert Murdoch.[121] Kasich sei sein Freund, sagte Murdoch über die Zuwendung. Sein Freund nahm den Gewerkschaften der 350 000 Angestellten des Öffentlichen Dienstes in dem Bundesstaat das kollektive Verhandlungsrecht. Auch den Plan für ein mit Bundesmitteln gefördertes Schienennetz für Hochgeschwindigkeitszüge kassierte er aus ideologischen Gründen.

Für die möglichen Kandidaten handelte es sich hierbei aber nicht nur um ein äußerst lukratives Geschäft, der Sender bot ihnen zudem praktisch freie Werbezeit. Deshalb war es in ihrem Interesse, eine entsprechende Ankündigung erst so spät wie möglich zu machen. Mit Gingrich und Santorum entschieden sich letzten Endes zwei von ihnen für eine Kandidatur und verließen den Sender. Sarah Palin dagegen ließ sich Zeit, heizte die Spekulationen über eine eigene Kandidatur immer wieder an und warb damit vor allem für sich als Marke. »Ich würde es probieren«, sagte sie zweieinhalb Jahre vor der Wahl[122] und im Juli 2011 erklärte sie dem Magazin *Newsweek*[123]: »Ich kann gewinnen.« Erst im Oktober 2011 schloss sie eine Teilnahme an dem parteiinternen Vorwahlkampf definitiv aus – oder wie die Webseite Fox

Nation berichtete: »Palin verzichtet auf Präsidentschaft«.[124] Die »beste Propaganda-Maschine außerhalb des kommunistischen Blocks«, wie sie der *Rolling Stone* nannte, zog mit dem Amtsantritt Obamas scharf nach rechts, und mit ihr die ganze Republikanische Partei.

Mit Glenn Beck verlor die Tea Party einen ihrer wichtigsten Propagandisten bei dem größten Kabelnachrichtensender Amerikas. Das heißt allerdings nicht, dass das politische Chaos, das rechte Medien wie Fox News über das amerikanische Volk brachten, damit ebenfalls der Vergangenheit angehört. Der Sender ist bis heute das Sprachrohr der extremen Rechten. Sarah Palin verdient weiterhin Millionen als Fox News-Kommentatorin. Nach ihrem Rücktritt als Gouverneurin verdiente sie zudem Millionen als Rednerin und Reality-Show-Star. Dennoch verlor die Tea Party nach Becks Rauswurf an Fahrt. Zu zentralen Demonstrationen in Washington D.C., etwa anlässlich der Haushalts- und Schuldendebatte, erschienen nach großzügigen Schätzungen kaum mehr als 200 Personen. Daran zeigt sich, wie groß der Einfluss von Fox News ist.

»Wir Republikaner gingen ursprünglich davon aus, dass Fox für uns arbeite und jetzt stellen wir fest, dass wir für Fox arbeiten«, sagte David Frum im März 2010 in einem Gespräch mit dem Fernsehsender ABC News.[125] Das Gleichgewicht sei komplett umgedreht, kritisierte Frum diese Entwicklung. Was einen starken Sender wie Fox News aufrechterhalte, »untergräbt eine starke Republikanische Partei«. Dass ausgerechnet der ehemalige Redenschreiber von George W. Bush und Erfinder der »Axis of Evil«-Formulierung als Propagandawerkzeug für einen Irakfeldzug vor einem weiteren Abgleiten der Republikaner warnte, machte den Ernst der Lage deutlich. Die Totalverweigerung seiner Partei bei der Gesundheitsreform bedeute eine Kapitulation vor den »Know-Nothings« des Kabelsenders. Wie von Frum befürchtet, hatten sich die Republikaner bereits ins Abseits befördert. Obama setzte die Gesundheitsreform gegen sie durch – und er erlebte kein Waterloo.

Daraufhin interpretierten Republikaner die Frage von Sieg und Niederlage schlicht neu. Nicht die Verhinderung des Gesetzes sei der Sieg der Konservativen, sondern die Verabschiedung durch die Demokraten. Denn diese würden dafür bei den kommenden Wahlen abgestraft. »Nun, es ist möglich, dass sie plötzlich ihre Meinung geändert haben und tief besorgt sind über ihre demokratischen Freunde«, scherzte Obama vor demokratischen Kongressabgeordneten über diese neue Rhetorik.[126] »Sie geben Ihnen die bestmöglichen Ratschläge, damit [die Demokraten] Nancy Pelosi und Harry Reid in ihren Führungspositionen bleiben und Sie alle Ihre Sitze behalten.« David Frum hatte recht behalten. Die Gesundheitsreform sei ein großer Gewinn für die konservative Medienindustrie gewesen, für die Republikaner sei die Reform dagegen selbst zu einem Waterloo geworden.

Das American Enterprise Institute feuerte Frum daraufhin, was den linksliberalen Kommentator Eric Alterman zu dem Kommentar veranlasste, dass die konservative Bewegung Abweichler in diesem Medienzirkus nach einem Prinzip Josef Stalins behandle: »Kein Mensch, kein Problem.«[127]

Der kometenhafte Aufstieg der Tea Party in den amerikanischen Mainstream ist ohne die helfende Hand der Medien nicht zu erklären. Fox News spielte bei der Förderung der Bewegung eine zentrale Rolle. Daniel Patrick Moynihan sagte einst: »Jeder hat das Recht auf eine eigene Meinung. Niemand hat das Recht auf eigene Fakten.« Doch im Zeitalter von Fox News, der sozialen Netzwerke und rechter Blogger scheint diese Regel nicht mehr zu gelten. Stattdessen scheint jeder, wie es der republikanische Stratege Steve Schmitt zusammenfasste[128], »in seiner eigenen Realität zu leben«. Als Beispiel fügte er die Selbstdarstellung Gingrichs im diametralen Gegensatz zum tatsächlichen Lebenslauf des langjährigen Politikers an. Dieselbe Regel gelte für seine Politik. Gingrich spiele sich zum einzigen verbliebenen Verteidiger der Freiheit auf und betreibt gleichzeitig eine ununterbrochene Demagogie gegen den Feind, die Regierung und den Staat.

Dabei ist Fox News nichts anderes als die Propagandamaschine der Rechten. Fox News war von Anfang an dabei, als es darum ging, der Tea Party die griffigen Schlagworte zu liefern und die Basis der Republikaner für die Zwischenwahlen 2010 heiß zu machen. Das Kampagnenfernsehen erreichte zudem traumhafte Einschaltquoten. Neben Glenn Beck war Sean Hannity einer der Scharfmacher. »Der Sozialist im Weißen Haus hat die Finanzen unserer Nation zerstört«, sagte er ein Jahr nach Obamas Amtseinführung, »und jetzt erstickt er den privaten Sektor. Wir brauchen eine effektive Strategie, um Obama und die amerikanische Linke zu besiegen, bevor sie uns alles rauben, was zu schützen unsere Vorfahren, wofür unsere mutigen Männer und Frauen im Militär gekämpft, geblutet haben und gestorben sind.«[129]

Mit Fakten hat das nichts zu tun. Dass diese Art der »Nachrichten« Konsequenzen hat, zeigen mehrere Studien. Fox News hat es geschafft, dass seine Zuschauer weniger über aktuelle Ereignisse informiert sind, als Amerikaner, die überhaupt keine Nachrichten sehen, was eine beachtliche Leistung für einen Sender ist, der sich selbst gerne als »Nachrichtenkanal« bezeichnet. Dieses Ergebnis einer Studie der Fairleigh-Dickinson-Universität in New Jersey ist keine Überraschung.[130] Sie bestätigt eine andere Untersuchung, die ein Jahr zuvor von der University of Maryland durchgeführt wurde, die eindeutig zu dem Schluss kam, dass Fox News-Konsumenten deutlich empfänglicher waren für falsche Informationen.[131] Danach lag der Anteil von Zuschauern, die daran glaubten, dass eine Mehrheit von Wissenschaftlern die globale Erderwärmung bestritten, bei Fox News um 30 Prozentpunkte über dem Schnitt der anderen Fernsehsender. Der Anteil der Zuschauer, die der Überzeugung waren, dass Muslime in den USA die Scharia-Gesetzgebung etablieren wollten, lag im Schnitt um 17 Prozentpunkte höher und bei ihnen überwogen mit einem Abstand von 31 Prozentpunkten auch deutlich die Zweifel an Obamas amerikanischer Staatsbürgerschaft. Und je länger die Sendungen konsumiert werden, desto falscher die Wahrnehmung. Der Journalist Eric Alterman brachte die Mission Rupert

Murdochs deshalb folgendermaßen auf den Punkt: »Fox News ist Senator Joseph McCarthy mit einem eigenen Fernsehsender.«

Im Sommer 2009 reagierte das Weiße Haus auf die Propaganda des Fernsehsenders mit einer klaren Ansage. Aufgrund des Krieges, den der Sender gegen Barack Obama und das Weiße Haus führe, solle man nicht so tun, als sei dies normal für eine legitime Nachrichtenorganisation. Daher werde das Weiße Haus »Fox behandeln, wie wir einen politischen Gegner behandeln würden«, erklärte die Kommunikationschefin Anita Dunn. Fox News sei Teil der Republikanischen Partei und operiere häufig als »Recherche- und Kommunikationswerkzeug« der Rechten. Doch die Kritik ging nach hinten los. Anstatt sich von dem als Journalismus getarnten Propaganda-Sender zu distanzieren, eilten Vertreter anderer großen Medien Fox News zur Hilfe. »Es ist uns nicht entgangen, dass das Weiße Haus in den vergangenen Wochen eine unserer Schwesterorganisationen als ›keine Nachrichtenorganisation‹ deklariert hat und dem Rest des Landes gesagt hat, diese nicht als Nachrichtenorganisation zu behandeln. Können Sie uns erklären, warum es angebracht ist, dass das Weiße Haus bestimmt, dass eine Nachrichtenorganisation keine ist?«, fragte ABC-Journalist Jake Tapper den Sprecher des Weißen Hauses, Robert Gibbs, der mit einem schwachen »Das ist unsere Meinung« parierte.

Später erklärte Obamas Berater David Axelrod in der ABC-Sendung »This Week«, der Fernsehsender sei »wirklich kein Nachrichtensender – er vertrete einen Standpunkt. Und andere Nachrichtenorganisationen sollten ihn nicht als einen solchen betrachten.« Aber die Kritik des Weißen Hauses stieß auf taube Ohren. Abgesehen von der berechtigten Befürchtung, dass sich das Weiße Haus zu viel herausnehme und sozusagen nach Gefälligkeit über die Akkreditierung entscheide, machte der Konflikt aber vor allem deutlich, wie groß bereits der konservative Einfluss auf die Medien im Allgemeinen war. Denn auch die anderen, anspruchsvolleren Nachrichtenorganisationen waren deutlich nach rechts abgedriftet. Die rechtsextreme Journalistin Ann

Coulter ist ein Dauergast bei CNN. Bei praktisch allen dominieren konservative Kommentatoren die Meinungsspalten. George Will, Charles Krauthammer, Robert Novak sind nur die bekanntesten Namen in Publikationen wie dem *Wall Street Journal*, dem *Time Magazine*, *Newsweek* oder der als liberal geltenden *Washington Post*. Selbst linksliberale Medien von dem Magazin *The Nation* bis hin zur *New York Times* haben ihr Kontingent rechter Meinungsmacher. Die Webseite Salon bietet McCarthy-Fans Andrew Sullivan und David Horrowitz Platz. Der reaktionäre P. J. O'Rourke schreibt auch für *Vanity Fair* und den *Rolling Stone*.

Es ist ein Bereich, in dem die jahrzehntelangen Bemühungen konservativer Organisationen und Thinktanks Früchte getragen haben. Dass rechtsextreme Meinungsmacher wie Glenn Beck, Lou Dobbs oder der rechtsextreme Blogger Erick Erickson bei einem Nachrichtensender wie CNN Sendeplätze und ihre eigenen Shows erhielten, bestätigt diesen Trend. Seine rassistischen Ansichten über Obama verbreitete Dinesh D'Souza nicht in irgendeinem Blog sondern in Form einer Titelgeschichte für das renommierte *Forbes*-Magazin.

»Es ist unglaublich, dass die USA im Einklang mit den Träumen eines Stammesangehörigen der Luo der 1950er-Jahre regiert wird«, heißt es in dem Artikel über Obamas Vater. »Dieser notorisch untreue, betrunkene afrikanische Sozialist, der gegen die Welt wütete, weil sie ihm seine antikolonialen Ambitionen verweigerte, bestimmt nun die Agenda der Nation durch die Reinkarnation seiner Träume in seinem Sohn.« Dass solch ein Artikel im *Forbes*-Magazin veröffentlicht werde, sei »allzu repräsentativ für die Hysterie, die einen bedeutenden Teil des rechtsextremen Medienestablishments beherrscht«, kommentierte die konservative *Washington Post*-Kolumnistin Heather MacDonald.

Ein Jahr später bekräftigte Obama noch einmal seine Ansicht über Fox News. Im Interview mit dem *Rolling Stone* erklärte er, der Sender sei »destruktiv« für Amerika.

CNN UND ANDERE »LAMESTREAM«-MEDIEN

Mindestens ebenso problematisch wie die Rolle von Fox News ist die Transformation der sogenannten »seriösen« Medienorganisationen, wie das am Beispiel CNN deutlich wird. Die Ignoranz der rechten Medien wäre nicht weiter schlimm, wenn nicht auch respektierte und vermeintlich seriöse Medienorganisationen auf den populistischen Zug aufspringen würden. Wie Statistiken belegen, berichtete CNN um ein Vielfaches mehr über die Tax Day Rallies am 15. April 2009 als Fox News, und das war angesichts der Menge der Berichte und Live-Schaltungen nicht gerade einfach. Die Rechte hat viele Namen für diese Art des traditionellen Journalismus. Mainstream- oder Lamestream-Media sind Begriffe, die man immer wieder hört, Ailes beispielsweise nennt CBS gern das »Communist Broadcasting Network«. Das Gegenteil ist der Fall. Im Namen der Ausgewogenheit und geradezu zwanghaften Neutralität gewähren die Massenmedien auch extremsten rechten Positionen einen Platz in ihrer Berichterstattung. Um jede Kritik einer »einseitigen« Darstellung zu vermeiden, sind sie offenbar um jeden Preis gewillt, die Vernunft über Bord zu werfen.

Eine Diskussion über den Klimawandel wird deshalb mit einem Wissenschaftler bestückt, der die Gefahren menschlichen und in der Regel profit-orientierten Handelns für seine natürliche Umgebung beschreibt. Um die »Neutralität« zu wahren, sitzt ihm ein »Experte« – in der Regel ein Produkt eines rechten Thinktanks – gegenüber, der die wissenschaftlichen Grundsätze und Ursachen und Erscheinung des Klimawandels tatsachenwidrig als »umstritten« relativiert.

Jede noch so absurde Position ist sendefähig. »Würde jemand behaupten, die Erde sei flach, würde der Titel lauten: ›Ansichten über Form des Planeten differieren‹«, echauffierte sich der *New York Times*-Kolumnist Paul Krugman und bezeichnete diese Form der Informationsverbreitung als »Centrist Cop-out«, die Flucht des Drückebergers in die vermeintliche Mitte, die in diesem Prozess unweigerlich nach rechts rückt. Diese Art der Berichterstattung hat reale Konsequenzen. Nach einer Gallup-Umfrage aus dem Jahr 2011 äußerten sich nur noch 51 Prozent der Amerikaner besorgt über die globale Erderwärmung, der niedrigste Wert seit 1997.[132] 2011 ging CNN sogar so weit, eine der ersten Debatten der republikanischen Präsidentschaftsbewerber gemeinsam mit dem rechtskonservativen Tea Party Express und Hunderten von Tea-Party-Gruppen aus dem ganzen Land zu organisieren.[133]

DAS KONSERVATIVE TALKRADIO, ZEITUNGEN UND DAS INTERNET

Aber nicht nur das Fernsehen spielte eine entscheidende Rolle für den Aufstieg der Tea Party. Zahlreiche rechtsextreme und fundamentalistische Radiotalker senden tagtäglich ihre Botschaft des Hasses aus. Dass einer von ihnen schon zu Beginn von Obamas Präsidentschaft zur Stimme der Republikanischen Partei wurde, war kein Zufall. Durch ihn dauerte die Zeit der Selbstzweifel bei den Republikanern nicht lange an. Den Chor der am Boden liegenden Partei stimmte Rush Limbaugh ein. Täglich folgten Millionen Zuhörer den dreistündigen Tiraden des Evangelikalen, in denen er auch seiner Enttäuschung über die Konservativen Luft machte. Noch bevor das Republikanische Establishment einen Weg aus der Niederlage formulieren konnte, gab Limbaugh wenige Tage vor Obamas Amtseinführung den Kurs der Partei für die kommenden Jahre vor.

In seiner Sendung berichtete er, wie er von einer Zeitung gebeten wurde, seine Erwartungen an Obamas Präsidentschaft mit 400 Worten in einem Kommentar zu formulieren. »Ich dachte darüber nach. Dann sagte ich, das bedeutet mehr Liberalismus, mehr Sozialismus. Ich will das nicht. Ich will nicht mehr Liberalismus. Ich will, dass das nicht funktioniert. Ich will, dass es scheitert.« Er brauche keine 400 Worte, habe er schließlich gesagt, nur vier. »Ich hoffe, er scheitert.«[134]

Damit sprach er vielen Konservativen aus der Seele. Als Obama später die Worte Limbaughs aufgriff und diese als Grund für die seit Jahren verfahrene Situation in Washington nannte, reagierte Limbaugh mit einer Warnung an die Republikaner, insbesondere an das Führungspersonal im Senat und Repräsentantenhaus. Obama »hat offensichtlich mehr Angst vor mir als vor Mitch McConnell. Er hat mehr Angst vor mir als vor John Boehner, was nichts Gutes über unsere Partei verheißt.« Angesichts des Machtvakuums an der Spitze der Republikanischen Partei nach der Niederlage John McCains galt er manchen, wie Chris Cillizza in der *Washington Post* berichtete[135], bald schon als »neues Gesicht der Republikaner«. In der Tat war es Limbaugh, der die Partei in der Öffentlichkeit in die Stellung brachte, die sie in den kommenden Jahren einnehmen sollte. Seine Rhetorik war kein Störfeuer für die republikanische Strategie. Im Gegenteil, sie wurde zum Programm der neuen Republikanischen Partei.

Auch das Internet mit einem Netz von rechten »Nachrichten«-Seiten und aktivistischen Bloggern bietet der rechten Basis reichlich Nahrung. Die Entwicklung der elektronischen Medien und die zunehmend wachsende Kommunikation innerhalb von sozialen Netzwerken bieten jeder Gruppe ein Forum mit nahezu unbeschränktem Potential. Der Einfluss von Bloggern mit unklaren Standards und ethischen Standpunkten gewinnt an Einfluss, die Tore für allerlei Fehlinformationen sind weit geöffnet. Das alles hilft allerlei Parallelkulturen, von den 9/11-Verschwörungstheoretikern bis zur Milliardenindustrie der Birther, die bis heute Barack Obamas Geburtsurkunde in Frage stellen.

Die Geschichte des Aufstiegs der Tea Party ist in gewissem Maße auch die Geschichte des Falls der traditionellen Massenmedien. Viele in der Rechten betrachten die traditionellen Medien als Instrumente der liberalen Elite. Für die Tea-Party-Anhänger sind diese Ausdruck der Definitionsmacht der amerikanischen Linken (nichts ist ferner von der Wahrheit, außer man nennt einen moderaten Konservativismus »links«).

Das Internet genießt in Umfragen inzwischen ein deutlich größeres Vertrauen als jedes andere Medium. Und dort haben Blogger wie Keli Carender und Michelle Malkin ebenso viel Einfluss wie eine traditionelle und dem Qualitätsjournalismus verpflichtete Zeitung. Auch der Wutausbruch von Rick Santelli, der der Tea Party schließlich ihren Namen gab, entfaltete seine größte Wirkung in den neuen sozialen Medien. Seine lautstarke Kritik beim Wirtschaftssender CNBC sahen zunächst Zuschauer, die vornehmlich der Business-Elite oder der Wall Street angehören. Mit dem Internet-Videoportal Youtube erreichte das Video Millionen von Menschen und wurde zum Massenphänomen, das sich in kürzester Zeit verbreitete.

Ohne einen fundamentalen Wandel der Medienlandschaft und die starken Interessenvertretungen wäre die Tea Party wahrscheinlich nie so stark gewachsen. Denn während die traditionellen Medien in der Regel mit Befremden über die überzogenen Verunglimpfungen der Obama-Regierung – vom vermeintlichen Versuch einer sozialistischen Weltrevolution bis hin zur Vorbereitung einer faschistischen Dikatur – berichteten, gab es einen ganzen Zweig rechter Medien, der diese Argumente aktiv förderte. Dazu gehörten Online-Portale wie NewsMax, Townhall und Free Republic. Auch Drudge Report, InstaPundit und PowerLine waren Teil dieses rechten Informationsnetzes, das sich zu den klassischen Medien wie *National Review*, *The Weekly Standard*, *The American Spectator* und *Commentary* gesellte.

Schützenhilfe bekamen die Ultrarechten aber vor allem von konservativen Medien, die seit der Präsidentschaft Bill Clintons deutlich stärker geworden sind. Einen Kommentar der Journalistin Dorothy Rabinowitz betitelte das konservative *Wall Street Journal* beispielsweise mit »Der Fremde im Weißen Haus«.[136] Darin kritisiert sie Obamas Unwillen, den Islam als Gefahr beim Namen zu nennen und dessen »Entschuldigungstour« in Europa und den muslimischen Ländern. All dies weise auf die »distanzierte Beziehung« des Präsidenten zu seinem Land, schließt Rabinowitz.

Und auch die Koch-Brüder haben einen guten Draht zu den Medien. Phil Kerpen, Vizepräsident von Americans for Prosperity schreibt regelmäßig für die Webseite des Fernsehsenders Fox News. Ein weiterer Mitarbeiter der Organisation, Walter Williams, ist ein regelmäßiger Gast des Fernsehsenders. Bei einer Konferenz von Americans for Prosperity trat der einflussreiche konservative Red-State-Blogger Erick Erickson auf und versprach David Koch, »zusammenzustehen und zu kämpfen ... gegen die Armeen der Linken!«.

RECHTE ZEITUNGEN – VON DER NEW YORK POST BIS ZUM WALL STREET JOURNAL

Ebenfalls zum Imperium von Rupert Murdoch gehören das *Wall Street Journal* und die *New York Post*. Journalisten beider Zeitungen stehen Fox News als Kommentatoren zur Verfügung. Dabei tut sich der *Weekly Standard* vor allem mit rechten Intellektuellen wie Fred Barnes und William Kristol hervor und das *Wall Street Journal* scheint sich mit seinen Meinungsseiten und Leitartikeln stark an Fox News zu orientieren. Der Einfluss von Rupert Murdochs News Corporation ist unverkennbar.

Die *Washington Times* dagegen gehört der ultrakonservativen Moon-Sekte, hat aber deutlich weniger Einfluss. Zu den gemäßigten konservativen Intellektuellen gehören David Brooks, Kolumnist der *New York Times*, und der Neokonservative David Frum. Aber auch Ben Stein und Dinesh D'Souza und David Horowitz können dazu gezählt werden. Als Kommentatoren treten immer wieder Bill O'Reilly, Rush Limbaugh, Pat Buchanan, Cal Thomas und George Will in Erscheinung.

In den vergangenen drei Jahrzehnten entwickelte die Rechte ein Informationssystem, das eigene konservative Medienorganisationen und andere Nachrichtensender gezielt und regelmäßig mit Informationen versorgt. Ultrakonservative Stiftungen, Konzerne und reiche Förderer finanzieren Thinktanks wie die Heritage Foundation, das Cato Institute oder das American Enterprise Institute, aber auch kleinere Initiativen, wie die Swift Boat Veterans for Truth, religiöse und sozialkonservative Gruppen sowie Konzernlobbyisten, die den Medien die Schlagworte liefern. Das geht zum einen direkt über Presseerklärungen und Interviews sowie indirekt, indem sie sich an Blogger, Radiotalker oder Kommentatoren wenden.

Diese konservative Propagandamaschine soll ein konzernfreundliches Klima schaffen und den Informationskreislauf mit konservativen wirtschafts- und sozialpolitischen Ideen füttern. Beispiele dafür lieferte die Diskussion um die Gesundheitsreform. Was den Vorschlag einer staatlichen Krankenversicherungsvariante betraf, wies Fox News seine Mitarbeiter an, nicht wie die Obama-Regierung und die restlichen Medien von der »Public Option« zu sprechen. »Bitte«, schrieb Bill Sammon, der Top-Politkommissar und Vollstrecker Ailes' bei Fox News, »benutzt den Begriff ›government-run health insurance‹« (dt.: von der Regierung betriebene Krankenversicherung). Der Begriff kam nicht von Ailes. Die größte Lobbyorganisation der Versicherungsindustrie, America's Health Insurance Plans (AHIP), hatte ihn gewählt, weil diese Formulierung die »negativste Charakterisierung zur Beschreibung einer öffentlichen Option« biete. Mit Beginn des Morgenprogramms waren es die drei Moderatoren der Sendung »Fox & Friends«, denen es nach einer ausgiebigen Konferenz oblag, diese sorgfältig ausgewählten und vorbereiteten Schlagworte ab fünf Uhr früh in lockerer Atmosphäre auf dem Sofa zu präsentieren und damit den Kurs für die Berichterstattung für den Rest des Tages vorzugeben.

DIE ROLLE RECHTER BLOGGER

Der Cowboyhut saß. Das hautenge Kleid seiner Begleiterin bedeckte nur einen kleinen Teil ihres Körpers. Ausgestattet mit einer versteckten Kamera und Mikrofonen betraten James O'Keefe und Hannah Giles das Büro von Association of Community Organizations for Reform Now (ACORN). ACORN war ein Zusammenschluss von lokalen Gemeindeorganisationen, die Menschen mit einem niedrigen Einkommen Rat boten, sich für bezahlbaren Wohnraum einsetzte und Wählerregistrierungen durchführte.

Für die Rechte war die Organisation der Inbegriff der von ihr verhassten linken Initiativen auf lokaler Ebene, dem sogenannten Community Organizing.

Schon das Video selbst hätte starkes Misstrauen wecken müssen. Seine Fragen hatte O'Keefe im Nachhinein eingebaut, nur die Antworten beließ er, wenn auch stark geschnitten, im O-Ton. Der Streifen wurde so amateurhaft zusammengebastelt, dass man kaum glauben kann, dass er so heftige Reaktionen auslösen konnte.

Ermittlungen der Staatsanwaltschaft ergaben später, dass den gefilmten Mitarbeitern kein Fehlverhalten vorzuwerfen sei und ACORN Bundesmittel ordnungsgemäß verwendet habe. Das Video führe den Betrachter gezielt in die Irre. Aber ACORN war noch aus einem anderen Grund ein beliebtes Angriffsziel der Rechten. Die Parallelen zu Obamas Zeit als Community Organizer in Chicagos schwarzer South Side waren offensichtlich. Es ging nicht nur darum, die Bemühungen der Linken zur Selbstorganisation armer Stadtteile zu diskreditieren. Ein Schlag gegen ACORN war auch ein Angriff auf die Obama Administration. Neue Medien und soziale Netzwerke ermächtigten jeden Bürger, an der Debatte teilzunehmen.

Abgesehen von der Rufschädigung für die Betroffenen und den politischen Flurschaden ist diese Art der Berichterstattung eine Strategie zur Schwächung der Linken. Mit Journalismus hat diese Arbeit nichts zu tun.

Und es sind auch keine »Fehler«, wenn rechte Filmemacher und Blogger wie O'Keefe oder Andrew Breitbart mit diesen Methoden auf ihren Webseiten über die »internationale anarchistische Verschwörung zur Organisation der Occupy-Bewegung« und die »Lügen« des Klimawandels berichten oder ein kompromittierendes Foto des demokratischen Kongressabgeordneten Anthony Weiner veröffentlichen. Diese digitalen Lynchmorde gehören zur Medienstrategie der neuen Rechten. Es geht nicht darum, eine im Gegensatz zum »Mainstream« tatsächlich »ausgewogene« Medienberichterstattung zu initiieren. Im Gegenteil, Informationen sind Waffen gegen politische Gegner. Dass das ACORN-Video genau einen Tag nach einer zentralen Rede Obamas zur Gesundheitsreform vor dem Kongress, am 10. September 2009, in Umlauf gebracht wurde, war Teil dieser Strategie. Der Zeitpunkt, bestätigte Breitbart dem *Wall Street Journal* voller Stolz, sei für ihn zentral gewesen.[137] Sein Ziel sei es gewesen, führte er aus, Obama »die Luft zu entziehen« und den »demokratischen Medienkomplex« anzugreifen. Und es funktionierte. Anstatt über die Leitlinien der Gesundheitsreform des Präsidenten zu berichten, stürzte sich nahezu die gesamte Medienaufmerksamkeit auf die vermeintlich »illegalen« Tätigkeiten einzelner ACORN-Mitarbeiter. Dass eine Organisation zerstört wurde, die es in den vergangenen Jahren geschafft hatte, unter anderem knapp zwei Millionen Schwarze und Angehörige anderer Minderheiten als neue Wähler zu registrieren und ihnen damit im politischen System der USA eine Stimme gab, spielte keine Rolle mehr.

Diesen Sieg feierte die Rechte. Im September 2009 lobte Richard W. Rahn, Senior Fellow am konservativen Cato Institute, O'Keefe und Giles als »sensationell« und »smarte Amateure«, die »mit Mut und guter Urteilskraft erfolgreiche investigative Journalisten« würden.[138] Der Thinktank mit Sitz in Washington D.C. ist eine der einflussreichsten libertären Denkfabriken der USA und hieß bei seiner Gründung im Jahr 1974 noch Charles Koch Foundation. Der Milliardär war eines der drei Gründungsmitglieder und sitzt bis heute im Vorstand. Wie »smart« sie wirklich waren, stellte O'Keefe schon kurze Zeit später unter Beweis. In Blaumännern machten sich vier Männer am Telefonsystem im Büro der demokratischen Senatorin Mary Landrieu in New Orleans zu schaffen. Einer von ihnen war James O'Keefe.[139] Während seine drei Partner an den Leitungen herummanipulierten, filmte er die Aktion offenbar mit seinem Handy. Allerdings stellten sie sich alle so dermaßen ungeschickt an, dass sie noch am

Tatort verhaftet wurden. Alle vier waren Gründer oder Leiter von konservativen Universitätszeitungen, die allesamt vom Conservative Collegiate Network unterstützt wurden. Offiziell unterstützt diese Stiftung »unabhängige Studentenzeitungen«, aber in Wirklichkeit koordiniert sie die Verbreitung von konservativen Inhalten.

Andrew Breitbart, der O'Keefe für seine Aktion gelobt hatte, sollte bald selbst für seinen konservativ inspirierten aktivistischen Journalismus zu nationaler Prominenz aufsteigen. Vom Assistenten beim Drudge Report entwickelte er sich schnell zu einem der einflussreichsten Blogger der Rechten und seine Medienseiten Breitbart, Big Journalism und Big Hollywood, avancierten in kürzester Zeit zu einflussreichen Informationsplattformen der Rechten. Politisch betont unkorrekt bezeichnete Big Journalism Obama als »Suicide-Bomber-in-Chief«. Wie O'Keefe machte sich Breitbart zunächst einen Namen durch die Manipulation von Videoaufnahmen, die er gezielt lancierte.

Einer dieser Streifen war ein Video, das Andrew Breitbart Fox News zuspielte. Das stark geschnittene Video zeigte eine afroamerikanische Mitarbeiterin des Landwirtschaftsministeriums, Shirley Sherrod, die in einer Rede eine vermeintlich rassistische Äußerung über verarmte, weiße Farmer machte. Am Ende stellte sich heraus, dass sie in ihrer Rede gerade gegen Rassismus argumentiert hatte. Das Video wurde so stark gekürzt und geschnitten, dass es den Eindruck vermittelte, es handele sich bei Sherrods Äußerungen um das von der Rechten gern genährte Klischee der »wütenden Schwarzen«, die sich rassistisch über Weiße äußerten. Wenig später kam heraus, dass es sich bei dem Videoausschnitt lediglich um die Einleitung ihrer Rede handelte, in der sie ihre eigene Entwicklung mit anfänglichen Vorurteilen gegen Weiße geschildert hatte und anschließend über ihren Lernprozess berichtete. Es gehe »nicht um schwarz oder weiß« sondern um »oben oder unten«, erläuterte sie diesen Erkenntnisprozess. Das habe sie gerade im Umgang mit diesem verarmten, weißen Bauern gelernt, dem sie schließlich genau deshalb mit Rat und

Tat zur Seite gestanden habe. Es war eine schlichte, noch nicht einmal besonders geschickte Manipulation. Doch sie hatte den gewünschten Effekt. Sie brachte die Demokraten ein weiteres Mal in die Defensive. Angesichts des großen Medienechos reagierte das Weiße Haus panisch und entließ Shirley Sherrod, offenbar ohne eine Prüfung der Umstände des Falles.

Tea-Party-Anhänger nutzten diese Vorlage umgehend, um die NAACP des Rassismus zu bezichtigen. Es handelte sich hierbei um eine billige Retourkutsche. Die schwarze Bürgerrechtsorganisation hatte zuvor »Teile« der erzkonservativen Bewegung als rassistisch bezeichnet, welche Obama mit einem Affen verglichen oder ihn als einen Ausländer beschimpft hatten. Berichte, wonach diese Vorwürfe »aus dem Zusammenhang gerissen waren« gibt es übrigens bis heute nicht. Die Tea Party wehrt sich in solchen Fällen gegen »pauschale« Verurteilungen, von denen allerdings in der Erklärung der NAACP keine Rede ist. Vielmehr sprach die Organisation von »Elementen« der Bewegung.

Diese Episoden demonstrieren, dass Beck und Palin nur die Spitze des Eisberges waren. Sowohl konservative Blogger wie Ann Coulter, Michelle Malkin und Andrew Breitbart als auch Medienunternehmer wie Matt Drudge erreichten einen Einfluss, der selbst traditionelle Medien dazu brachte, von ihnen aufgedeckte, vermeintliche Skandale zu publizieren – und das, obwohl sie meilenweit vom traditionellen Qualitätsjournalismus entfernt waren. Und das ist noch diplomatisch ausgedrückt.

Mit der zunehmenden Verbreitung des Internets gewannen Webseiten wie Big Hollywood und Pajamas Media einen großen Einfluss in rechten Zirkeln. Nicht mehr ausschließlich angewiesen auf die »Mainstream«-Medien entwickelten sich diese schnell zu populären Informationsquellen für Konservative, die mit den klassischen Medien unzufrieden waren. Soziologen bezeichnen diesen parteiischen Konsum von Informationen als »Echo Chamber« (dt.: Hallraum). Die Aufgabe dieser »neuen« Medien ist die Bestätigung und Verstärkung der eigenen Ansichten. Es sind »Nachrichten« und Meinungen, die ihre Konsumenten hören wollen. Breitbart bezeichnete diese neue Medienkultur als Angriff auf den »Medienkomplex der Demokraten«. Aus seiner Sicht propagierten die »Mainstream-Medien« unter dem Deckmantel der politischen Neutralität »eine pro-demokratische Agenda links vom Zentrum«.

Das Internetzeitalter hatte eine ganze Reihe neuer Informationswege eröffnet. Die Nischen besetzten Webseiten wie World Net Daily mit der Millionenindustrie der Birther. Mit drei Millionen Klicks pro Tag ist der Drudge Report eine der 100 meistbesuchten Seiten im Internet und eine der wichtigsten Plattformen der konservativen Medien. Das vom konservativen Aktivisten Matt Drudge aus Miami, Florida, betriebene und grafisch sehr einfach gehaltene Nachrichtenportal stürmte den Mainstream mit dem ersten Bericht über die Monica-Lewinsky-Affäre von Bill Clinton, nachdem das anerkannte Magazin *Newsweek* die Enthüllungsgeschichte abgelehnt hatte. Der Drudge Report verlinkt im Wesentlichen Beiträge aller Art. Gelegentlich schreibt Drudge eigene Beiträge. Mit der Zeit kamen weitere prominente Rechte dazu, darunter Joseph Curl von der konservativen *Washington Times* und Charles Hurt, Leiter des Washington-Büros von Rupert Murdochs *New York Post*. Als Drudge neben seiner Webseite auch noch eine Fernsehsendung bei Fox News bekam, bezeichnete der linke Nachrichtenmoderator Keith Olberman Drudge als »Idioten mit einem Modem«, der nun auch noch ein »Idiot mit Modem und einer Fernsehshow« sei, und das bei »einem der unverantwortlichsten Fernsehsender Amerikas«.[140]

Die Segmentierung der Wohnorte spiegelt sich damit auch im Konsum von Informationen wider. In den USA ist seit längerem ein Trend zu beobachten: Menschen ziehen in Umgebungen, in denen am wahrscheinlichsten Menschen mit den gleichen Überzeugungen leben. Soziologen nennen diesen Trend »Clustering«. Diskussionen mit Vertretern anderer Auffassungen gibt es nicht mehr, andere Meinungen werden als verletzend empfunden. Dies führt auch zu einer anderen Medienkultur. Denn woher Menschen ihre Informationen beziehen, ist in Zeiten der elektronischen Medien und dem Internet längst nicht mehr nur den seriösen Medien überlassen. Ihre Abscheu der Mainstream-(oder wie Sarah Palin sie gern nannte: Lamestream-)Medien, machte die Bewegung immun gegen jede Form der kritischen Berichterstattung. Während die rechten Medien die Tea Party hofierten, attackierte die erzkonservative Bewegung immer wieder die vermeintliche übermächtige, liberale Medienwelt. Dies brachte beispielsweise der letzte Favorit der Bewegung im Vorwahlrennen, Rick Santorum, zum Ausdruck. Als er einen Journalisten der *New York Times* verbal brüsk angriff, weil dieser ihn, wie er meinte, falsch zitiert habe, verteidigte Palin den »Mut« Santorums.[141] »Genug ist genug«, sagte sie. Die liberalen Medien drehten »die Worte der Konservativen«. Der langjährige Reporter der Zeitung, Jeff Zeleny, sei ein »linker Liberaler«, der »im Panzer für Obama« mitfahre. Santorum selbst begründete seinen Angriff später mit seinen konservativen Überzeugungen. »Ein Konservativer, der sich noch nie mit einem Journalisten der *New York Times* angelegt hat, ist sein Geld nicht wert.«

DIE ECHO CHAMBER

Fakten spielen keine Rolle mehr. Das machte auch eine Umfrage der *New York Times* deutlich, in der die befragten Tea-Party-Sympathisanten und Aktivisten bekundeten, dass für sie die wichtigste Informationsquelle neben Fox News und dem Radio vor allem Freunde und Bekannte seien. Auch das ist eine typische Ausprägung der Echo Chamber, der ganz auf die eigenen Ansichten abgestimmten Informationsselektion.

Der Segmentierung im physischen Raum entspricht das Verhalten beim Konsum von Nachrichten. Zentral bei der Auswahl der Medien ist nicht die Seriösität, sondern die politische Positionierung. Der Diskurs in den Medien wird zunehmend faktenfrei, der Einfluss von anonymen Bloggern auf den Leser größer als der von seriösen Journalisten.

Diese Medienkultur mit ihrer vor allem vom Geld der Industriellen und Öl-Milliardäre finanzierten Propaganda-Infrastruktur spielte für den Aufstieg der Tea Party eine wichtige Rolle, besteht aber schon seit den 1970er-Jahren. Einem Netz aus rechtskonservativen Thinktanks, Interessengruppen und Medien kommt dabei die Aufgabe zu, parteiische Informationen gezielt in die Diskussion zu bringen und »in der Mitte der Gesellschaft« als anerkannte Tatsachen zu etablieren.

Thinktanks arbeiten an Positionspapieren, die sie an eine Armee von Publizisten weiterleiten. Diese wiederum werben für diese Ideen in den Medien, wiederholen die darin aufgeführten Schlagworte. Konservative Politiker – ebenfalls finanziert von den Koch-Brüdern und anderen konservativen Organisationen – tragen sie vor, als handele es sich um Fakten. Und Massenmedien erwähnen diese Positionen, als ob es sich dabei um längst etablierte Tatsachen handelte. Das passierte zum Beispiel 2003 bei der Irak-Kriegsvorbereitung George W. Bushs, als diese mediale Echokammer immer wieder eine Verbindung von Saddam Hussein und der Terrororganisation Al Qaida suggerierte. Um ihn als Lügner zu disqualifizieren, hielten sich schon bei der Präsidentschaftswahl 2000 hartnäckig falsche Vorwürfe, nach denen der demokratische Präsidentschaftskandidat Al Gore von sich selbst behauptet hätte, das Internet erfunden zu haben oder gemeinsam mit seiner Frau Vorbild für die Charaktere des Film-Melodramas »Love Story« gewesen zu sein.

Dieser Kreislauf schafft eine Herrschaft der Begriffe, eine Dominanz von Informationen und eine eigene Realität, die schließlich als unzweifelhafte Tatsache wahrgenommen wird. Neben Thinktanks können entsprechende Informationen auch ihren Ursprung in einem einzigen Blog-Beitrag haben, etwa wenn es sich um eine Anschuldigung gegen eine Organisation oder eine Gruppe von Politikern handelt. Diesen Beitrag greifen dann Kommentatoren in den konservativen Medien auf, der daraufhin Einzug bei Mainstream-Medien wie der *New York Times* erhält. Dann hat sich der Blog als Tatsache etabliert. Eine parteiische

Position kann auf diesem Weg in eine »allgemein akzeptierte Tatsache« umgewandelt werden. Und ein weiterer Aspekt ist charakteristisch für die Echo Chamber: Durch das Nachplappern der immer gleichen Positionen, bestätigt sie den Konsumenten, der genau diese Informationen gesucht hat. Dieser Krieg der Worte wird ganz besonders im Hinblick auf die großen Sozialprogramme ausgetragen, die die Republikaner und zunehmend auch die Demokraten negativ klingend als »Entitlement« (dt.: Anspruch) bezeichnen, als würden diese Programme von Menschen mit einer gewissen Erwartungshaltung genutzt werden, die diese staatliche Unterstützung eigentlich nicht verdient haben. Vielmehr haben diese Menschen ihr Leben lang in das System eingezahlt und für diese Programme gearbeitet. Demokraten gehen in die Defensive und akzeptieren diese Sprachregelung anstatt mit einer eigenen Variante wie zum Beispiel »verdiente Leistungen« gegenzusteuern. Eine Steuer auf den Eigentumsübergang von Immobilien im Todesfall nennen sie nicht wie sie heißt (»Estate Tax«), sondern »Death Tax« (dt.: Todessteuer). Die Republikaner halten sich gnadenlos an ihre Schlagworte und alle wiederholen diese unbeeindruckt von Argumenten, so lange bis es jeder glaubt.

5. HASSOBJEKT BARACK OBAMA

NATIONALITÄT, RELIGION UND POLITIK

Die Dame in Rot hat eine Frage. Mit einer Handbewegung erteilt der republikanische Kongressabgeordnete Michael Castle in seiner Bürgerfragestunde der Besucherin das Wort.[142] »Ich habe meine Geburtsurkunde hier«, sagt die Frau, während sie ein in Schutzfolie gehülltes Dokument in die Höhe hält. »Unterzeichnet von einem Arzt, mit den Namen meiner Eltern, dem Datum und der Zeit meiner Geburt ...« Dann beginnt sie ihre Tirade. »Ich will zurückgehen zum 20. Januar«, sagt sie und meint damit die Amtseinführung Obamas, »und würde gern wissen, warum Sie seine Geburtsurkunde nicht erwähnen.« Er sei kein amerikanischer Staatsbürger, sagt sie während allgemeiner Applaus losbricht. »Er ist ein Bürger Kenias.« Dann sagt sie etwas über die »größte Generation«, den US-Soldaten im Zweiten Weltkrieg. Sie fängt an zu schreien. Sie wolle nicht, dass die Fahne der USA geändert werde. »Ich will mein Land zurück!«, ruft sie hysterisch, während begeisterter Beifall im Saal losbricht. Unterdessen steht Castle bewegungslos am Rednerpult auf dem Podium. »Nun, ich weiß nicht, was man auf so etwas antworten soll. Wenn Sie den Präsidenten der USA meinen, er ist ein amerikanischer Staatsbürger«, antwortet der Republikaner trocken. Dennoch merkt man ihm seine Unsicherheit an, wie er mit diesen konfusen Vorwürfen umgehen soll. Sofort wird er von Buhrufen unterbrochen. »Sie können mich ruhig ausbuhen«, kontert dieser, »aber Obama ist ein amerikanischer Staatsbürger.« Während Castle versucht, seine Veranstaltung fortzusetzen, und damit beginnt, weitere Be-

sucher anzuhören, ruft die Frau in Rot die Anwesenden auf, auf-
zustehen und umgehend ihre Loyalität gegenüber der amerikanischen Flagge zu bekunden. Einer nach dem anderen steht auf.
Schließlich wendet sich auch Castle der Fahne zu und spricht, die
Hand aufs Herz gelegt, den Treueschwur ins Mikrofon: »Ich
schwöre Treue auf die Fahne der Vereinigten Staaten von Amerika und die Republik, für die sie steht, eine Nation unter Gott,
unteilbar, mit Freiheit und Gerechtigkeit für jeden.«

Was im Juli 2009 für Aufsehen sorgte, war eine neue Bewegung,
die die Republikanische Partei in Beschlag genommen hatte. Wer
auf diese Bewegung mit ihren abstrusen Theorien nicht einging,
hatte keine Zukunft in der Partei. Das musste auch Michael Castle lernen. In einem Bundesstaat, der 2008 mit 62 Prozent der
Stimmen für Obama votierte, hatten sich die Konservativen neu
formiert und waren weit nach rechts abgedriftet. Die Versammlung Mike Castles lieferte der US-Öffentlichkeit einen Vorge-
schmack dessen, was in der konservativen Basis vorging. Und
auch wenn dies zu diesem Zeitpunkt nicht abzusehen war, bedeutete diese neue Stimmung für den langjährigen Politiker und
Juristen Castle ebenso wie für zahlreiche andere Moderate in
seiner Partei das Ende ihrer Karrieren. Für die Republikanische
Partei dagegen begann mit diesem Tag eine neue Ära.

Was Castle noch im Sommer 2009 mit einem trockenen Kommentar abzutun versuchte, kostete ihn nur einige Monate später
die Nominierung als Senatskandidat für die Republikaner. Bei
den parteiinternen Vorwahlen für die Zwischenwahlen 2010 verlor der allseits beliebte ehemalige Senator, Repräsentantenhausabgeordnete und Gouverneur von Delaware überraschend gegen
eine unbekannte Außenseiterin, Christine O'Donnell. Die junge
Frau war eine der extremsten unter den von der Tea Party unterstützten Herausforderern. Und wie vom Parteiestablishment des
Bundesstaates befürchtet, erwies sie sich als politische Selbstmordattentäterin. Während die Republikaner mit einer Rückeroberung der Mehrheit im Repräsentantenhaus rechnen konnten,
standen die Chancen auf eine Machtübernahme im Senat, der

zweiten Kongresskammer, auf der Kippe. Mit der überraschenden Nominierung von O'Donnell verloren die Republikaner einen sicher geglaubten Sitz. Außer sich vor Wut nahm der republikanische Stratege und ehemalige Berater von Präsident George W. Bush, Karl Rove, kein Blatt vor den Mund. O'Donnells Bemerkungen nannte er kurz nach ihrer Nominierung »durchgedreht«, er habe sie getroffen und sei »offen gesagt nicht beeindruckt« gewesen.[143] Kurz: Er prophezeite die kommende Niederlage. »Wir hatten Aussichten auf acht bis neun Sitze im Senat. Jetzt sind es sieben bis acht.« Die Republikanische Partei des Bundesstaates sowie die nationale Parteiführung kündigten an, keinerlei finanzielle Ressourcen für O'Donnells Wahlkampf zur Verfügung zu stellen. Sollte das Parteiestablishment sie nicht unterstützten, gäbe es »genügend Konservative im ganzen Land«, auf die sie sich verlassen könne, hielt O'Donnell selbstbewusst dagegen. Schon ihren knappen Sieg in den Vorwahlen hatte sie der landesweiten Unterstützung von konservativen Tea-Party-Gruppen außerhalb von Delaware zu verdanken. Im ganzen Land schafften es radikale Ideologen auf die Spitzenplätze der Partei. So konnte beispielsweise Carl Paladino, der sich gern mit einem Baseballschläger präsentierte, die Vorwahlen in New York für sich entscheiden.

IT'S THE ECONOMY, STUPID?

»Es ist die Wirtschaft, Dummkopf.« So lautet eine der populären Weisheiten für den Wahlkampf in den USA. Den Satz prägte der demokratische Wahlkampfstratege James Carville. Er machte ihn zu Bill Clintons zentraler Botschaft im Kampf gegen den Amtsinhaber George H. W. Bush bei den Präsidentschaftwahlen 1992. Aufgrund seiner Führung während des Zusammenbruchs der Sowjetunion und des erfolgreichen Golfkrieges wurde Bush von vielen Beobachtern bereits als Sieger gehandelt. Bush, so die allgemeine These, war aufgrund seiner außenpolitischen Errungenschaften und als Kriegspräsident unschlagbar.

Carville hielt dagegen. Der Wähler interessiere sich in erster Linie für Jobs und die wirtschaftliche Entwicklung. Und er behielt recht. Mit dem Golfkrieg stieg der Preis von Öl, die Inflation nahm an Fahrt auf und die wirtschaftliche Erholung von der Rezession von 1987 entpuppte sich als Illusion. Plötzlich verblassten alle anderen Themen. Und wie von Carville vorausgesagt, drehte sich die politische Stimmung. Während noch 1991 im Anschluss an den ersten Irakkrieg 92 Prozent der Amerikaner Bush unterstützten, sahen ihn nur ein Jahr später fast zwei Drittel der Befragten kritisch.

Wenige Monate vor der Wahl rückte auch 2008 die Wirtschaft mit dem Zusammenbruch der Investmentbank Lehman Brothers in das Zentrum der Diskussion. Wo Obamas Wahlkampfteam richtig lag, machte John McCain alles falsch. Der bestand trotz eines in sich zusammenkrachenden Immobilienmarktes und der wachsenden Massenarbeitslosigkeit darauf, dass »das Fundament der amerikanischen Wirtschaft gesund« sei. Doch gerade in dieser Endphase des Wahlkampfs gab es eine andere Stimmung, die sich immer wieder bei Veranstaltungen der Konservativen Luft machte. »Ich bin sauer«, sagte der Besucher einer Town-Hall-Versammlung von John McCain 2008 vor Tausenden Teilnehmern. »Ich bin richtig sauer.« Schon bei diesen Sätzen brach Applaus aus. Der Mann im schwarz-weiß gestreiften Hemd, die eine Hand am Mikrofon und die andere Hand locker in die Hüfte gelehnt, artikulierte seinen Standpunkt ohne zu zögern. »Und was Sie überraschen wird, es ist nicht die Wirtschaft«, sagte er inmitten der größten Wirschaftskrise seit der Großen Depression. Im Saal wurde es kurz still. »Es ist ein Sozialist, der uns unser Land wegnimmt.« Dann brach tosender Applaus los. Der Mann war nicht allein mit seiner Meinung.

Obama selbst hatte die Vorboten dieser Entwicklung kommen sehen. Schon früh versuchte die Rechte den charismatischen Kandidaten der Demokraten aufgrund seiner vermeintlichen Herkunft aus »Kenia oder Indonesien«, seinem vermeintlich »muslimischen Glauben«, seiner vermeintlich »terroristischen

Freunde« und seines vermeintlich »antiamerikanischen Pfarrers« zu diskreditieren. »Niemand glaubt, dass Bush oder McCain eine wirkliche Antwort auf die Herausforderungen haben, vor denen wir stehen«, sagte Barack Obama in einer Rede im Juli 2008 über die Strategie der Republikaner.[144] »Sie werden also versuchen, Angst vor mir zu verbreiten: ›Weißt du, er ist nicht patriotisch genug‹, ›Er hat einen komischen Namen‹, ›Er sieht nicht wie all die anderen Präsidenten auf den Dollar-Scheinen aus‹.« An Beispielen für entsprechende Ängste mangelte es jedenfalls nicht. Bei einer Wahlveranstaltung von John McCain meldete sich eine Frau aus dem Publikum zu Wort. Sie habe über Obama gelesen und könne ihm nicht trauen. »Er ist ein Araber.« – »Nein Ma'am«, wurde sie von McCain unterbrochen. »Er ist ein anständiger Familienmensch, Bürger, mit dem ich lediglich politisch nicht übereinstimme.« Niemand müsse vor Barack Obama Angst haben. Als er ein anderes Mal seine Rede mit der harmlosen rhetorischen Frage »Wer ist der wirkliche Barack Obama?« einleitete, kamen aus der Menge sofort Rufe: »Ein Terrorist!« Der gequälte Blick des republikanischen Präsidentschaftskandidaten sagte in diesem Moment alles. Selbst er war überrascht über die heftigen Reaktionen gegen seinen Widersacher.

Während die Partei diese Stimmung anfangs eher gequält duldete, begann sie in der Endphase des Wahlkampfs unter dem Druck immer schlechterer Umfragewerte, die rechtsextreme Rhetorik aufzugreifen. Diese Rolle fiel Vizepräsidentschaftskandidatin Sarah Palin zu. Knapp zwei Wochen vor der Wahl nutzte sie dazu eine Begegnung Obamas bei einer Wahlkampfveranstaltung mit dem Klempner Joe Wurzelbacher, die auf Video festgehalten wurde und sich bei den Rechten wie ein Lauffeuer verbreitete. Im Gespräch mit dem Kleinunternehmer erklärte Obama, dass es Sinn mache, dass Vermögende auch einen größeren Teil der Lasten tragen sollten, um diese umzuverteilen. »Wenn jemand mehr von einem kleinen Unternehmen nimmt, um dieses Geld dann nach den Prioritäten eines Politikers umzuverteilen«, sagte Palin, »dann ist darin auch ein Hauch von Sozialismus zu erkennen.« Obama zu unterstellen, dass er ein Sozialist sei, war kein Angriff aus der Nische der Partei mehr.

Carville behielt natürlich recht. Die Wirtschaft war das alles entscheidende Thema der Wahlen 2008 und drängte auch andere Fragen – von den politischen Assoziationen ehemaliger Weggefährten Obamas bis hin zum Irakkrieg – in den Hintergrund. Eine große Mehrheit der Wähler setzte ihre Hoffnungen im Kampf gegen die Wirtschaftskrise auf Barack Obama und seinen Vizepräsidenten Joe Biden. Den Demokraten vertrauten sie mehr als dem republikanischen Team, das in diesen zentralen Fragen den Zug verpasst hatte. Mit der deutlichen Niederlage von John McCain und Sarah Palin blieb die Republikanische Partei ohne Führungsspitze zurück. In dieses Vakuum stieß allerdings eine neue Bewegung von Rechtskonservativen und christlichen Fundamentalisten, deren Aufstieg eng mit dem Sieg des ersten schwarzen Präsidenten in Zusammenhang stand. Eines der zentralen Elemente, das diese neue erzkonservative Bewegung einte, war ihr Hass auf Barack Obama.

Und die Birther erwiesen sich als eine der hartnäckigsten Gruppen innerhalb der Tea-Party-Bewegung, wenn es darum ging, diesen Hass durch vermeintlich verfassungsrechtliche und legale Fragen über die Echtheit seiner Geburtsurkunde massentauglich zu verpacken. Es ist kaum überraschend, dass die sogenannten Birther bei der republikanischen Basis starken Anklang fanden. Bis heute leugnen sie die Herkunft Barack Obamas und damit die Legalität seiner Präsidentschaft gemäß Artikel zwei der US-Verfassung. Nach dieser Regelung kann nur Präsident der USA werden, wer in den USA geboren wurde, seit mindestens 14 Jahren in den USA lebt und mindestens 35 Jahre alt ist. Die Birther sind fest davon überzeugt, dass Obama nicht in den USA geboren wurde. Darauf spielt auch der Name der Bewegung an. Die Frage, ob Obama tatsächlich in Hawaii geboren wurde, war schon früher aufgekommen. Mit dem Beginn seiner nationalen Karriere begleiteten ihn Gerüchte über seine Herkunft, seine Erziehung und seine wahre Religion. Immer wieder versuchten seine politischen Widersacher mit diesem Thema zu punkten. Ohne Erfolg. Beim politischen Establishment in Washington stießen Spekulationen dieser Art auf taube Ohren.

Das änderte sich jedoch, als Obama Präsident werden wollte. Bekanntermaßen sind dann die Anforderungen, als Kandidat eine »reine Weste« vorweisen zu können, am höchsten. Schließlich geht es um das mächtigste Amt der Welt. Kleinste Angriffspunkte werden von allen Seiten registriert und vor allem von den Gegnern genauestens unter die Lupe genommen. Und auch wenn es heute die Konservativen sind, die dieses Thema immer wieder anstoßen, waren es doch die Demokraten, von denen die Intitiative ausging.

Eine anonyme E-Mail von Anhängern von Obamas parteiinterner Widersacherin Hillary Clinton, katapultierte die Frage im April 2008 auf die nationale Bühne. »Barack Obamas Mutter lebte bis spät in ihre Schwangerschaft hinein gemeinsam mit seinem arabisch-afrikanischen Vater in Kenia«, hieß es darin.[145] »Da sie nicht mit dem Flugzeug reisen durfte, wurde Barack Obama dort geboren und anschließend von seiner Mutter nach Hawaii gebracht, um seine Geburt zu registrieren.« Kurz darauf reichte der bekannte Verschwörungstheoretiker und ehemalige stellvertretende Generalstaatsanwalt des Bundesstaates Pennsylvania, Phil Berg, Klage gegen Obamas Präsidentschaftskandidatur ein und berief sich dabei auf Gesetze gegen das Organisierte Verbrechen. Zuvor hatte er auf der gleichen Grundlage Ex-Präsident George W. Bush und »155 andere Parteien« wegen ihrer vermeintlichen Komplizenschaft bei den Anschlägen vom 11. September 2001 zu verklagten versucht. In der Klageschrift gegen Obama behauptete Berg, dass dieser in Mombasa, Kenia, geboren worden und seine amerikanische Geburtsurkunde eine Fälschung sei. Das Gericht wies die Klage ab. Auch sein Antrag auf Nihilierung der Wahl scheiterte vor dem Supreme Court.

Weil der Bundesstaat Hawaii nur eine gekürzte Fassung freigeben konnte, veröffentlichte Obama die vollständige Fassung im Internet.[146] Die Certification of Live Birth genannte Kurzversion reicht in den USA beispielsweise als Beweis der US-Herkunft für den Antrag auf Ausstellung eines Reisepasses. Doch weil es nicht das Original der ausführlichen Geburtsurkunde war, fühlten sich die Verschwörungstheoretiker bestätigt.

Daran änderten auch weitere Hinweise nichts. Reporterteams verschiedener Zeitungen und Fernsehsender fanden bei ihren Recherchen keine Hinweise auf Unregelmäßigkeiten. Die Leiterin des Gesundheitsamtes von Hawaii, Chiyome Fukino, bestätigte, dass Obama 1961 in Honolulu, Hawaii, geboren worden sei. Sie habe die Geburtsurkunde gesehen und es sei alles in Ordnung, sagte sie im Oktober 2008 merklich frustriert über die massenhaften Anfragen. Auch in den Geburtsverzeichnissen zweier Lokalzeitungen tauchte Obamas Name auf.

NACH DER WAHL IST VOR DER WAHL

Mit Obamas Wahlsieg verstummten die Birther zunächst. Viele glaubten, dass sich die Sache erledigt hatte. Tatsächlich verloren diese reaktionären Kräfte mit der Wahl Obamas nicht an Einfluss. Im Gegenteil, sie wurden stärker. Ihre Bewegung wuchs. Plumpe Fälschungen von vermeintlichen kenianischen Geburtsurkunden Obamas machten die Runde im Internet. Auftritte wie der der Dame in Rot häuften sich bei Town-Hall-Versammlungen. Es zeichnete sich immer mehr ab, dass dieser vermeintlich rechte Rand längst zum Zentrum der Republikanischen Partei avanciert war. Nach einer Public-Policy-Polling-Umfrage vom August 2009 gaben 45 Prozent der Republikaner an, eine übereinstimmende Haltung mit den Birthern zu haben. Nur 36 Prozent von ihnen gingen davon aus, dass Obama in den USA geboren war.

»Barack Obama hat eine Sache gemeinsam mit Gott. Wissen Sie, was es ist?«, fragte der evangelikale Radiotalker Rush Limbaugh seine Zuhörer.[147] »Auch Gott hat keine Geburtsurkunde.«

Auch im Kongress reagierten konservative Abgeordnete auf diese erzkonservative Bewegung in ihren Wahlkreisen. Schon im Sommer 2009 setzten sie sich für ein Gesetz ein, welches die Vorlage der Geburtsurkunde zu einer Voraussetzung für zukünftige Präsidenten machen sollte.

Bei einer Befragung des Public-Policy-Polling-Instituts (PPP) im Februar 2011 gaben mit 51 Prozent die Mehrheit wahrscheinlicher republikanischer Wähler in den Vorwahlen an, dass sie glaubten, dass Obama in einem anderen Land geboren worden sei.[148] Weitere 21 Prozent äußerten, in dieser Frage »nicht sicher« zu sein. Damit waren 72 Prozent der republikanischen Basis, die 2012 den nächsten Präsidentschaftskandidaten der Republikaner wählen würden, entweder überzeugte Birther oder flirteten mit der Verschwörungstheorie.

Auffällig war auch die Diskrepanz bezüglich ihrer Favoriten. Einig waren sie sich lediglich darin, dass es nicht Mitt Romney sein sollte. In der Befragung erreichte er nur den vierten Platz hinter möglichen Kandidaten wie dem Baptistenpfarrer und TV-Unterhalter Mike Huckabee, Sarah Palin und Newt Gingrich. »Ich denke, sie können riechen, dass seine Versuche wie ein durchgedrehter Rechtsextremer zu erscheinen, nicht authentisch sind«, kommentierte Jonathan Chait von dem neokonservativen Magazin *The New Republic* dieses niederschmetternde Ergebnis für den ehemaligen Gouverneur aus Massachusetts.

Welche Folgen diese peinliche Debatte um Obamas Geburtsurkunde für die einzig verbliebene Supermacht hat, lassen sich heute noch nicht abschätzen. »In 235 Jahren musste kein Präsident seine Papiere vorzeigen«,[149] schrieb die Pulitzerpreisträgerin und Kolumnistin Goldie Taylor empört, welche die Episode an die rassistische Behandlung ihres schwarzen Ururgroßvaters bei einer Ausweiskontrolle 1899 in St. Louis erinnerte. Erst danach wies lediglich einer der Präsidentschaftsbewerber, der moderate ehemalige Gouverneur aus Utah, Jon Huntsman, den Birther-Mythos als falsch zurück.

Die Birther arbeiteten dagegen schon an neuen Thesen. Nur Stunden nach der Veröffentlichung der Geburtsurkunde kursierten im Internet die ersten Berichte von Bloggern, wonach das

Dokument per Photoshop bearbeitet worden sein könnte. Diese Nachricht schaffte es noch am selben Tag als Titelgeschichte auf eine der meistbesuchtesten Seiten im Internet, den vom konservativen Aktivisten Matt Drudge betriebenen Drudge Report. »Die Geburtsurkunde: Ist sie echt?«, titelte das Nachrichtenportal, das Besucher auf einen Bericht weiterleitete, der mehrere Gründe auflistete, warum es weiterhin »Fragen« gebe.[150] Wenn Obama schon am 4. August 1961 geboren worden sei, heißt es da beispielsweise, warum hätte der Registerführer der Behörde das Dokument dann erst am 8. August unterschrieben? Als einen weiteren Beweis für eine Fälschung wird der Tod des »vermeintlichen Unterzeichners« bemüht, der im Alter von 81 Jahren verstorben sei. Dieser sei ja nun »in geeigneter Weise nicht mehr erreichbar«, heißt es verschwörerisch, und könne keine Fragen mehr beantworten.

Kurz nach der Veröffentlichung fiel die Unterstützung der Birther bei registrierten Republikanern um 19 Prozentpunkte. Jetzt waren es noch 32 Prozent, die glaubten, dass Obama in einem anderen Land geboren worden sei. Unter Amerikanern allgemein halbierte sich der Anteil.[151] Nur noch zehn Prozent der Befragten glaubten an eine Verschwörung. Dennoch blieb der harte Kern bei ihrem Standpunkt.

Noch im März 2012 verkündete der rechtsextreme Sheriff Joe Arpaio aus Maricopa County, Arizona, das Ergebnis seiner Untersuchung der Geburtsurkunde Obamas, zu der ihn Anhänger der Arizona Tea Party aufgefordert hatten. Um seine Wiederwahl fürchtend, berichtete Arpaio, dass es Anhaltspunkte dafür gebe, dass die Geburtsurkunde und weitere Dokumente Obamas »gefälscht worden sein könnten«.[152]

Obama hatte recht behalten. Auch die Veröffentlichung seiner ausführlichen Geburtsurkunde stellte die Birther-Debatte nicht ab. Viele Amerikaner reagierten empört auf die peinliche Debatte, die dazu führte, dass der erste schwarze Präsident wie ehedem Schwarze in den rassistischen Südstaaten im Amt seine Papiere zeigen musste. Es fehle nur noch die Offenbarung, dass seine

»wahren Eltern zu den Außerirdischen gehören, die – wie jeder weiß – von der Regierung in Area 51 versteckt werden«, kommentierte der *Los Angeles Times*-Kolumnist Tim Rutten ironisch und spielte damit auf einen Hangar in der geheimen Air Force-Testanlage in Nevada an, der immer wieder Gegenstand zahlreicher Verschwörungstheorien über mögliche Kontakte mit Außerirdischen ist.[153]

Aber letztlichendlich ging es nie um die Geburtsurkunde oder andere Dokumente. Schon aus Tradition wird jeder demokratische Präsident von der Rechten als Gefahr für die nationale Sicherheit betrachtet. Ein demokratischer Präsident, der dazu noch jahrelang im Ausland großgezogen wurde, dort zur Schule gegangen war und nicht weiß ist, passt einfach nicht in ihr Weltbild. Daran konnte auch eine Urkunde nichts ändern.

DER KOMMUNIST IM WEISSEN HAUS

Harold Clark Simmons hat eine Mission. Der Milliardär aus Texas will Obama aus dem Weißen Haus jagen. Zu Hause in Dallas hat er gerade einen Bericht über den Widersacher Mitt Romneys, Rick Santorum, im Fernsehen gesehen. Umgehend greift er zum Telefon und ruft seinen Vertrauten Karl Rove an. »Lohnt es sich, in seinen Super-PAC zu investieren?«, fragt er den Wahlkampfstrategen und ehemaligen Berater von Präsident George W. Bush. »Ich würde ihn nicht ausschließen«, antwortet Rove. Kurz nach dem Telefonat hat Simmons' Frau eine Million Dollar an den hinter Santorum stehenden Super-PAC überwiesen. Die Spende ist nur ein kleiner Teil seiner Zuwendungen an republikanische Kandidaten im Wahljahr 2012. Bis zum Frühjahr hatte der Chef des Chemie- und Metallkonglomerats Contran Corporation mit seiner Frau über 18 Millionen Dollar an konservative Gruppen gespendet, um Obama zu besiegen. Damit war er der bis dahin größte Einzelspender des Wahlkampfs und lag deutlich vor den Milliardären Sheldon Adelson, der Newt Gingrich förderte, und Foster Friess, der praktisch im Alleingang den Discount-Wahlkampf Rick Santorums finanzierte. 36 Millionen Dollar wolle er insgesamt in die Wahlen investieren, sagte Simmons der Zeitung. Welcher der republikanischen Kandidaten am Ende gegen Obama antrete, sei egal. »Jeder der Kandidaten würde ein besserer Präsident sein als dieser Sozialist«, gab er dem *Wall Street Journal* zu verstehen.[154] Sein Ziel sei es, Republikaner auf allen Ebenen zu unterstützen. Von ihnen erhoffe er sich einen Umbau des Steuer- und Regulierungssystems der USA in seinem Sinne. Obama dagegen, so der 80-jährige Texander, sei »der gefährlichste lebende Amerikaner«, da er den freien Markt abschaffen wolle.

Auch bei den ersten Demonstrationen der Tea-Party-Gruppen im ganzen Land formierte sich diese Stimmung unter harmlos klingenden Oberbegriffen, wie dem Kampf gegen höhere Steuern oder für einen »kleineren Staat«. Obama glaube nicht an Eigeninitiative und freie Marktwirtschaft, lautete ihr Vorwurf. Die von ihm durchgesetzten Konjunkturprogramme in den ersten Wochen seiner Amtszeit sahen sie nicht nur als unzulässige Eingriffe in den Markt, welche die Wirtschaftskrise vertieften, sondern auch als Beleg für seine »unamerikanischen« Überzeugungen.

Seine Politik führe die USA auf einen gefährlichen Pfad, der im glimpflichen Fall auf den »sozialistischen« Wohlfahrtsstaat nach europäischer Prägung zusteure und bald schon im »Faschismus« oder wahlweise der »sozialistischen Revolution« münden werde. Ein »neues sozialistisches Experiment« nannte das der ranghöchste Republikaner im Kongress, John Boehner. »Lenin und Stalin würden das lieben«, sagte der Baptistenpfarrer, ehemalige Präsidentschaftsbewerber und Fox News-Fernsehmoderator Mike Huckabee.

Für die Rechte war Obama das Sinnbild des Tyrannen. Seine Rhetorik der Hoffnung und des Wandels verstanden sie als Bedrohung ihres Weltbildes, ihres American Way of Life. Ihren vermeintlich ausschließlichen wirtschaftspolitischen Fokus hielt die Bewegung von Anfang an nicht durch, das verrieten schon die Plakate, die Obama als Affen oder Hitler verunglimpften. Dabei hofierte die Partei die Wut ihrer Anhänger. Wie weit Republikaner dabei gingen, zeigte sich während eines Interviews mit dem republikanischen Kongressabgeordneten aus Iowa, Steve King.[155] Seine Aufgabe sei es, die Regierung von Obama dazu zu zwingen, Gesetze etwa im Hinblick auf das Einwanderungsrecht zu vollstrecken, erklärte der Politiker. »Das wird er nicht tun, er ist ein Marxist«, mischte sich ein Zuhörer ein. »Ein muslimischer Marxist.« King erwiderte: »Er ist mindestens ein Marxist. Und er versteht mit Sicherheit die muslimische Kultur.« – »Das tut er mit Sicherheit«, antwortete sein Gegenüber. »Damit ist er aufgewachsen, es ist seine Kultur.« Wieder stimmte King zu: »Er hat keine amerikanische Erfahrung. Er hat keine amerikanische Erfahrung.« Und der andere bekräftigte: »Er wuchs nicht in Amerika auf.« King beendete den kurzen Schlagabtausch schließlich mit einem zustimmenden »Mmhmm«.

Als im März 2012 ein über zwanzig Jahre altes Video von Obama auftauchte, in dem er als Jurastudent an der Harvard University eine Rede zur Unterstützung des ersten schwarzen Professors mit Anstellung auf Lebenszeit, Derrick Bell, hielt, nutzte Fox News die Aufnahme wie zuvor bei anderen Anlässen, um über Obamas »radikale Wurzeln« zu spekulieren. Obama setzte sich in der Rede gemeinsam mit anderen Studenten für die Einstellung von Professoren mit Minderheitenhintergrund ein. Was ThinkProgress.org als die »biggest non-story of the week« bezeichnete, nutzte Sarah Palin im Gespräch mit Sean Hannity von Fox News, um zu suggerieren, der erste schwarze Präsident strebe Verhältnisse wie vor dem Amerikanischen Bürgerkrieg an.[156] »Was Barack Obama zu wollen scheint, ist zurück zu gehen in diese Zeit, als wir noch zu unterschiedlichen Klassen gehörten, abhängig vom Einkommen, abhängig von der Hautfarbe.« Abgesehen davon, dass sie damit andeuten wollte, dass es sich bei den USA heute um eine klassenlose Gesellschaft handele, meinte sie mit »unterschiedlichen Klassen« offenbar die Sklaverei. Ein absurder Vorwurf.

BARACK OBAMA, DER ANTI-CHRIST

In der Geschichte der konservativen Bewegung spielen auch zunehmend christliche Fundamentalisten eine wichtige Rolle. Die sogenannte Alte Christliche Rechte mobilisierte ihre Glaubensgenossen mit der drohenden Apokalypse oder dem Antichrist, personifiziert in der »roten Gefahr«. Vergleiche des politischen Gegners mit dem Antichrist nennt Robert Fuller eine »amerikanische Obsession« in bestimmten politischen Kreisen.[157] Auffällig war, dass auch die Sozialismus-Debatte im Zusammenhang mit Obama immer wieder einen starken religiösen Bezug erhielt. Denn die christliche Rechte diskutierte nach Obamas Amtseinführung ernsthaft, inwiefern der US-Präsident eine Art »sozialistischer« Satan sei. Kaum bemerkt von der Öffentlichkeit gab es einen solchen Moment schon im Wahlkampf 2008. Das Team John McCains veröffentlichte damals ein Video, das nach Ansicht vieler politischer Beobachter genau darauf anspielte.[158] Während das Video mit dem Titel »The One« am Anfang mit dem Bild Obamas als übertriebenen Heilsbringer zu spielen scheint, ändert sich die Botschaft subtil gegen Ende des 30-Sekunden-Clips. Auffällig war, dass die Macher nicht das offizielle Wahlkampflogo Obamas verwendeten, das in einem »O« das Symbol der aufsteigenden Sonne über weiß-rot gestreiften Feldern vor blauem Hintergrund zeigte. Dieses Symbol war im Wahlkampf allgegenwärtig, zierte praktisch jeden Autoaufkleber und hatte einen hohen Wiedererkennungswert. Stattdessen griff das McCain-Team auf ein quasi-präsidentielles Siegel zurück, das Obama nur für eine kurze Phase des Wahlkampfs verwendet und nach der Kritik über die »Pose« wieder zurückgenommen hatte. Das Siegel zeigte einen Adler mit ausgebreiteten Flügeln. Gegen Ende des Videos schnitten die Macher eine Filmszene mit dem Schauspieler Charleton Heston dazu, der als Moses spielend das Meer teilt. Obamas Siegel steigt am Ende dieser Szene aus dem gespaltenen Meer auf. Ein demokratischer Berater, verwundert über die Verwendung des Siegels anstelle des offiziellen Logos Obamas, erinnerte sich schließlich an eine entsprechende Stelle in der Bibel. Dort steigt der Antichrist als Kreatur mit Adler-ähnlichen Flügeln aus dem Meer. Die Anspielung ist kein Missgriff. »He may be the one but is he ready to lead?« (dt.: Er könnte derjenige sein, aber ist er bereit zu führen?), heißt es in dem Video am Ende. Obama als Antichrist war bei christlichen Fundamentalisten eine durchaus vertretbare Position. Das McCain-Team verteidigte das Video. Es habe lediglich dazu gedient, die messianische Verehrung des Kandidaten unter seinen Anhängern humoristisch in Frage zu stellen.[159] Doch die Andeutungen waren da und stießen auf einen fruchtbaren Boden. Und da vornehmlich die besonders konservativen Evangelikalen dem als moderat geltenden Kandidaten John McCain skeptisch gegenüberstanden und Umfragen vor der Wahl ergaben, dass sie die am wenigsten enthusiastische Wählergruppe der Republikaner seien, konnte ihm eine solche Bildersprache nur helfen. Wenn man mit der Wahl McCains den Aufstieg des Antichristen verhindern kann, war das für christliche Fundamentalisten ein guter Grund, um ihm doch noch ihre Stimme zu geben. Und die Botschaft kam an. Das Video erhielt im Wahlkampf sogar noch mehr Zuschauer als ein anderes, sehr erfolgreiches Video, das Obamas Popstar-Qualitäten hervorhob, seine politische Führungskraft allerdings in Frage stellte. Dazu verwendete das Video Szenen seines Berlin-Besuchs vor Hunderttausenden jubelnden Menschen und Ausschnitte mit Popstars wie Britney Spears und Paris Hilton.[160]

Führende Christen nährten diese Sichtweise von Obama. Einer davon war Tim LaHaye. Seine 1995 gemeinsam mit dem Autor Jerry B. Jenkins veröffentlichte Roman-Reihe unter dem Titel *Left Behind* über das Ende der Welt und die Machtübernahme des Antichristen verkaufte sich weltweit bislang mehr als 65 Millionen Mal. »Der Einfluss dieses Buches auf das Christentum ist wahrscheinlich größer als der jedes anderen Buches der Neuzeit, das jemals verkauft wurde, mit Ausnahme der Bibel«, erklärte der Fernsehprediger Jerry Falwell und hob damit die Bedeutung des Werkes hervor.

Ein Erfolg von Barack Obama würde bedeuten, »dass alles, für das Konservative seit Jahren standen, falsch war und die Dinge, die Amerika groß gemacht haben, durch Sozialismus ersetzt werden können«, sagte LaHaye im Gespräch mit der MSNBC. Da das nicht sein könne, beschrieb er Obamas Agenda als »clever verpackten und angenehm kommunizierten Sozialismus«.[161] Das »Modell« des Präsidenten sei unabdingbar für den Weg zu einer »sozialistischen Weltregierung unter Vorsitz des Antichristen«, sagte der Gründer der einflussreichen christlichen Organisation Moral Majority.

In seinen Romanen geht es um einen Senator namens Nicolae Carpathia. Er spricht mehrere Sprachen, ist weltweit beliebt und wird von den ihn begleitenden Journalisten verehrt. Niemand will seine teuflische Natur wahrhaben. Nach nur einer großen Rede macht er eine schwindelerregende Karriere, für Verschwörungstheoretiker nur eine der Parallelen zu Obama, dessen Aufstieg mit einer überaus erfolgreichen Rede beim Nominierungsparteitag der Demokraten 2004 begann.

Ausgerechnet seine Reise nach Deutschland und seine Berliner Rede im Wahlkampf 2008 führten zu einem Höhepunkt dieser Anschuldigungen. »Obama hat recht mit der Aussage, dass die Welt bereit ist für jemanden wie ihn, eine Messias-ähnliche Gestalt, charismatisch und wortgewandt«, schrieb der konservative christliche Autor Hal Lindsey in einem auf der Birther-Webseite World Net Daily veröffentlichten Aufsatz[162]: »Die Bibel nennt einen solchen Führer den Antichristen. Und die Welt ist offenbar bereit, seine Bekanntschaft zu machen.« Die konservative Webseite Red State bietet Tassen mit dem O-Logo Obamas mit Hörnern und der Aufschrift »Der Antichrist«.

Der Bischof des katholischen Bistums Peoria, Illinois, ging so weit, Obama mit Hitler und Stalin zu vergleichen. In seiner Predigt sagte Daniel Jenky: »In ihren besseren Momenten tolerierten Hitler und Stalin noch, dass Kirchen offen blieben, sie duldeten jedoch keine Konkurrenz mit dem Staat in den Bereichen Bildung, soziale Dienste und Gesundheitswesen. In klarem Widerspruch zu unseren Rechten im Ersten Zusatzartikel [Religions-freiheit] scheint Obama nun einen ähnlichen Pfad mit seiner radikalen pro-Abtreibungs- und extrem säkularen Agenda be-schreiten zu wollen.«[163]

Verschwörungstheoretiker bemühen Obamas Linkshändig-keit, seine rhetorischen Fähigkeiten und seine fotogene Erschei-nung als Belege dafür, dass Obama in Wahrheit der Antichrist sei oder seine Herrschaft einleite. Auch antiislamische Töne spielen in dieser Bewegung eine Rolle. Einem Bericht des *Time Maga-zine* zufolge, war in einer massenhaft versendeten E-Mail zu le-sen, dass der Antichrist »ein Mann in den 40ern und von musli-mischer Herkunft« sei. Und schon aufgrund seiner Kindheit in einer muslimischen Umgebung sei Obama ein Muslim. Seine Kirchenbesuche sollten dies nur verschleiern. Ziel seiner Zeit im Amt sei die Unterwanderung der USA.

Insgeheim wolle er die Scharia-Gesetzgebung einführen, mut-maßten Tea Partier. In einigen Teilen der USA komme sie bereits zur Anwendung, behauptete beispielsweise die Tea-Party-Kandi-datin Sharron Angle. Wie O'Donnell hatte sie in einem Überra-schungssieg den etablierten Kandidaten der Republikaner bei den Vorwahlen in Nevada aus dem Rennen gejagt und wurde zur Senatskandidatin der Partei des Bundesstaates. Später verlor al-lerdings auch sie dramatisch gegen Harry Reid, einen der promi-nentesten Verbündeten Obamas im Senat. »Wir sprechen hier von einer militanten terroristischen Situation, die, wie ich glaube, nicht weit verbreitet ist«, sagte Angle vor den Zwischenwahlen im Oktober 2010. Doch sie sei »wichtig genug, um sich damit zu befassen«. Orte wie Dearborn in Michigan oder Frankford in Texas, »sind auf amerikanischem Boden und fallen unter das amerikanische Verfassungsrecht. Nicht die Scharia-Gesetze. Und ich weiß nicht, wie es in den Vereinigten Staaten dazu kam. Ich denke, dass etwas grundlegend falsch ist, wenn eine ausländische Rechtsordnung zugelassen wird oder sich in Gemeinden oder der Regierung unserer Vereinigten Staaten festsetzt.« Keiner weiß so recht, worüber sie sprach. Aber das galt für viele ihrer Äußerungen, etwa der, nach der Abtreibungen Brustkrebs verursachten. Aber wer glaubt, dass diese Bemerkungen keine Auswirkungen auf die Realität hätten, irrt sich. Die Republikaner in Oklahoma etwa verabschiedeten ein Gesetz, das die Scharia-Gesetzgebung untersagt.

Bei dem Versuch Obamas, vor den beiden Kammern des US-Kongresses einen Entwurf seiner Gesundheitsreform vorzustellen, unterbrach ihn der langjährige Kongressabgeordnete Joe Wilson aus South Carolina. Obama sprach davon, dass illegale Einwanderer mit seiner Reform keinen Zugang zur Gesundheitsversorgung erhalten würden, als Wilson rief: »Sie lügen!«[164] Obama hielt kurz inne, sagte ganz ruhig »Das ist nicht wahr«, und setzte daraufhin seine Rede fort. Dieser Vorfall war es aber, der die Berichterstattung seiner Rede vollkommen überschattete. Noch nie war ein Präsident bei einer Rede vor beiden Kongresskammern so behandelt worden. Doch angesichts der Rhetorik und des Hasses, der ihm von rechts entgegenschlug, ist dies auch nicht weiter überraschend. Obama habe sich vom »indonesischen Muslim zum Wohlfahrtsbetrüger« gewandelt, sagte Mark Williams, der nationale Sprecher des Tea Party Express. Die Botschaft der extremen Rechten ist eindeutig: Obama ist nicht einer von uns, er nimmt uns unser Land weg.

Die rechte Rhetorik hatte reale Konsequenzen für Obama. Als hätten die Vorwürfe des Sozialismus oder der vermeintlich wirtschaftsfeindlichen Rhetorik irgendeinen Bezug zur Realität, verließen ihn vermögende Geldgeber in Massen. 2008 erhielt Präsidentschaftskandidat Obama noch zwei Drittel der Zuwendungen aus der Finanzindustrie. Nach einer Amtszeit hat sich das Blatt unmissvändlich gewendet. 2012 setzte Wall Street auf Mitt Romney. Bis März erhielt der Republikaner über 30 Millionen Dollar und damit über 92 Prozent aller Zuwendungen aus der Finanzindustrie.[165] Obama musste sich mit gerade einmal 2,6 Millionen Dollar zufrieden geben. Obwohl keine von Obamas Reformen ihre Geschäftspraktiken ernsthaft beschränkte, beschwerte sich der Finanzmarkt über die »klassenkämpferische« Rhetorik des US-Präsidenten. Besonders übel nahmen sie ihm, dass er Top-Manager der Wall Street in einem Fernsehinterview als »Fat Cats« bezeichnet hatte. Diese zeigten sich von Obamas Rhetorik zutiefst getroffen.

»Es ist Krieg. Es ist wie damals, als Hitler 1939 in Polen einfiel«, verglich Stephen Schwarzman, Vorsitzender der Blackstone Gruppe, die Vorschläge der Obama-Regierung zur höheren Besteuerung von Hedgefonds.[166]

Dabei war die Periode des unvergleichlichen Wachstums der Finanzindustrie zugleich eine Zeit, in der die Einkommensunterschiede extrem zunahmen. Nach einem Bericht der *Washington Post* wuchs unter Obama die Finanzindustrie stärker als zuvor.[167] Die größten Banken waren nach zweieinhalb Jahren unter Obama größer als sie es vor der Wirtschaftskrise und der Amtsübernahme Obamas waren. Für die Finanzindustrie waren auch die Jahre unter dem ersten schwarzen Präsidenten mit einer vermeintlich »linken« Agenda keineswegs verloren. Im Gegenteil. Allein in den ersten zweieinhalb Jahren unter Obama verdienten die Finanzunternehmen der Wall Street und die Wertpapierhandelsabteilungen der Großbanken mehr als in acht Jahren unter der Bush-Regierung. Die von der Regierung unabhängige US-Notenbank Federal Reserve stellte Banken im Zuge der Wirtschaftskrise beispielsweise Hunderte Milliarden Dollar zur Verfügung (das meiste davon noch Ende 2008 unter Bush). Damit erhielten diese billiges Geld. Doch weder Bush noch Obama schrieben den Banken vor, etwa einen Teil des Geldes in Kredite zu investieren. Da Kredite deutlich geringere Profite abwerfen, investierten die Banken die Mittel in viel profitablere Hochzinsertragsgeschäfte. Genau das Geschäftsgebaren war nun wieder an der Tagesordnung, das zur Verschärfung der Krise geführt hatte. Und wie damals machten die Banken wieder Riesenprofite, die bald schon an das Rekordniveau vor der Krise heranreichten. Selbst von der Zunahme der Arbeitslosigkeit profitierten die Banken. Da die Bundesstaaten dazu übergegangen waren, die

Zahlungen anstelle von Schecks über Prepaid-Karten der Banken abzuwickeln, flossen ihnen Millionen neuer Kunden zu, die mit der Nutzung der Karten allerlei Gebühren zahlen mussten.

Bundesstaaten ließen zudem die Angestellten des Öffentlichen Dienstes privat versichern, um Pensionsverpflichtungen loszuwerden. Da die Wall Street für Investitionen für private Rentenfonds pro Kopf abrechnet, profitierte sie von der höheren Zahl von Versicherten.

Doch so wenig wie Obamas Geburtsurkunde zählen Fakten. Dass der »Sozialist im Weißen Haus« ausgerechnet dem freien Markt solcherlei Geschenke bereiten würde, stieß den Konservativen nicht als Widerspruch auf. Die neue Rechte hing viel lieber ihren Verschwörungstheorien nach. Und ein großer Teil der Republikaner war für diese Botschaften empfänglich. Unter dem Druck der Rechten sah sich Obama im Frühjahr 2011 gezwungen, ein weiteres Mal seine – nunmehr ausführliche – Geburtsurkunde zu veröffentlichen. Auch seriöse Konservative waren schockiert. Doch gegen die konservative Propagandamaschinerie kamen Tatsachen nicht an.

Selbst im Wahlkampf 2012 bekräftigten konservative Politiker die Verschwörungstheorien. »Geboren in Kenia«, lautete die kurzweilige Schlagzeile einer Titelgeschichte des Drudge Report im Mai mit Bezug auf eine offensichtlich fehlerhafte Autorenbeschreibung in einer Buchankündigung Obamas als Präsident der renommierten Harvard Law Review aus dem Jahr 1991.[168] Kurz nach Erscheinen verschwand die von zahlreichen anderen rechten Medien aufgegriffene Falschmeldung wieder von der Webseite, als wäre sie nie dagewesen. »Ich weiß nicht, ob Barack Obama in den Vereinigten Staaten von Amerika geboren wurde«, sagte der republikanische Kongressabgeordnete Mike Coffman. »Ich weiß das nicht. Aber ich weiß mit Sicherheit, dass er tief in seinem Herzen kein Amerikaner ist. Er ist einfach kein Amerikaner.«[169]

Obama war und bleibt in den Augen der konservativen Basis fremd und »unamerikanisch«. Ähnliche Vorwürfe äußerte die Rechte bislang gegen jeden demokratischen Präsidenten. Unvergessen sind die Vorwürfe gegen Bill Clinton. Er sei ein Mörder und KGB-Agent. Doch bei Obama kam mit seiner Hautfarbe eine weitere Komponente hinzu. Als Newt Gingrich bei einer Fernsehdebatte in Florida forderte, Obama zurück nach Chicago zu schicken, antwortete das Publikum im Chor: »Kenia! Kenia!«

Es wäre bequem, diese Angriffe als abstruse Diffamierungen abzutun. Doch die Legenden um Obama und die Dämonisierung seiner Person haben inzwischen – auch durch die Gefolgschaft der Massenmedien – die Breite der Gesellschaft erreicht. Die paranoiden Spekulationen über Obamas Herkunft, Religion und geheime Pläne, des Marxisten aus der South Side in Chicago, der einen sozialistischen Putsch plant, all diese Bilder sind leider realer, als europäische Beobachter wahrnehmen wollen.

Auch Präsidentschaftsbewerber Newt Gingrich blies in das gleiche Horn, als er Obama dessen vermeintlich »kenianisches anti-koloniales Verhalten« vorhielt. »Was ist, wenn [Obama] so außerhalb unseres Verständnisses ist, dass Sie sein Verhalten nur dann begreifen können, wenn Sie kenianisch-, anti-koloniales Verhalten verstehen?«, fragte der ehemalige Anführer der Konservativen Revolution von 1994 und damalige Sprecher des Repräsentantenhauses, Newt Gingrich, im Gespräch mit dem konservativen Magazin *National Review*.[170] »Er ist eine Person, die nichts darüber weiß, wie unsere Welt funktioniert, die einen wunderbaren Schwindel durchgezogen hat und als Folge davon Präsident geworden ist.« Damit kein Missverständnis aufkommen konnte, präzisierte Gingrich seine »Kritik«: »Ich glaube, er hat sehr hart daran gearbeitet, eine Person zu werden, die normal, vernünftig, moderat, überparteilich, transparent und entgegenkommend wirkte – aber nichts davon war wahr.« Man könnte meinen, er rede über sich selbst, doch er meinte Obama: »Wenn man sich die ständige Verleugnung der Realität ansieht, muss es zu einem Punkt kommen, wo endlich jemand aufsteht und sagt, dass dies sachlich einfach nur noch verrückt ist.« Das Erschreckende ist, dass Gingrich mit diesen Bemerkungen nicht allein stand. Seinen Äußerungen ging eine Titelgeschichte des *Forbes*

Magazine voraus. Unter dem Titel »Wie Obama denkt«, wurde ausnahmsweise nicht der »Sozialismus«, sondern der auf den Einfluss seines Vaters zurückgehende »Antikolonialismus« für die Politik Obamas verantwortlich gemacht.[171] Obamas Vater habe in einem Artikel eine Besteuerung von bis zu 100 Prozent verteidigt, wenn der Staat dem Bürger das Geld in anderer Form zurückgebe, und habe sich zudem für die Verstaatlichung von Produktionsmitteln zur Entkolonialisierung afrikanischer Länder ausgesprochen. Diese vom Vater unter dem Eindruck der antikolonialistischen Bewegung gemachten Beobachtungen bemüht der Autor, um Obamas Politik von heute zu erklären. Während Obama die BP-Ölpest im Golf von Mexiko zum Anlass nimmt, auf den zu hohen Verbrauch von Energie in den USA hinzuweisen, fördere er mit Krediten die Ölproduktion in Brasilien. Er unterstütze eine »100-Millionen-Dollar-Moschee« nur wenige Blöcke von Ground Zero entfernt, »wo Terroristen im Namen des Islam« das World Trade Center zum Einsturz gebracht haben. Seine Weltraumpolitik nutze er, um Muslimen und ihrem Beitrag zur Wissenschaft zu schmeicheln. Die Banken zwinge er dazu, staatliche Kredite anzunehmen und nicht zurückzuzahlen. Obwohl diese »nur wenig bewirkt« hätten, dränge er weiter auf Konjunkturprogramme. Und so weiter. Demagogen sind endlos kreativ und von Tatsachen lassen sie sich nicht beeindrucken. Dass allerdings eine solche, auf schlichten Behauptungen basierende Geschichte an so prominenter Stelle in einem so angesehenen Wirtschaftsmagazin wie dem *Forbes Magazine* publiziert wird, ist selbst für amerikanische Verhältnisse beachtlich.

Obama sei eine »tödliche Bedrohung« für die amerikanische Seele, sagte auch Mitt Romney auf dem Höhepunkt seiner Anbiederung an die Tea Party. Einige schreckten nicht einmal davor zurück, eine gewalttätige Revolte in Betracht zu ziehen, sollten die Wahlen nicht den erhofften Wandel bringen. »Unsere Nation wurde auf Gewalt gegründet. Diese Option ist auf dem Tisch«, sagte der von der Tea Party unterstützte Kongresskandidat aus

Texas, Stephen Broden, im Oktober 2010. »Ich denke nicht, dass wir jemals eine Option vom Tisch nehmen sollten, wenn es um unsere Freiheiten und Unabhängigkeit geht.«

Der wegen rassistischer Äußerungen vom Vorsitz des Tea Party Express zurückgetretene Mark Williams rief in seinem Buch *Taking Back America: One Tea Party at a Time* sogar offen zu einem Putsch der Tea Party auf: »Es ist an der Zeit – und das gilt nicht nur für Republikaner, sondern für alle Amerikaner – sich zu sammeln und unseren eigenen Coup zu organisieren. Sie haben richtig verstanden: einen ›Coup‹.« Politiker wie Sharron Angle pflichteten dem bei. Bezug nehmend auf das Waffenrecht sagte sie: »Menschen blicken auf den Zweiten Zusatzartikel und sagen sich, mein Gott, was können wir machen, um das Land wieder auf Kurs zu bringen.«[172] Zuerst müsse der Mehrheitsführer der Demokraten im Senat, Harry Reid, »ausgeschaltet« werden. Michele Bachmann forderte ihre Landsleute auf »bewaffnet und gefährlich« bereitzustehen, um »zurückzuschlagen«. Glenn Beck hatte bei mehreren Gelegenheiten davon geredet, dass er hoffe, dass demokratische Kongressabgeordnete den Tod fänden. »Ich will Charlie Rangel mit einer Schaufel töten.« In Erinnerung bleibt in diesem Zusammenhang auch Sarah Palins Aufforderung: »Kein Rückzug, sondern nachladen«. Alan West, ein Mitarbeiter der Tea-Party-Republikaner, brachte die Stimmung auf den Punkt: »Wenn Wahlzettel den erhofften Wandel nicht bringen, dann werden Kugeln es tun.«

6. AUF DEM GIPFEL DER MACHT

DIE TEA PARTY UND DIE GESUNDHEITSREFORM

Kein anderes Thema mobilisierte die Tea-Party-Anhänger so nachhaltig wie Obamas Vorhaben, eine Krankenversicherung für alle Amerikaner einzuführen. Dies zu verhindern, war ihr zentrales Anliegen. Anfangs stemmten sie sich gegen die Wahl Obamas, die Konjunkturprogramme und die Milliarden für Banken. Aber schon wenige Monate später gab es nur noch ein Thema: In seinem Versuch einer nationalen Reform des Gesundheitswesens sahen sie eine neue Form der Tyrannei. Obama sei ein »Sozialist«, weil er versuche, ein Sechstel der US-Wirtschaft zu verstaatlichen, lautete ihr Vorwurf.

Der Affordable Care Act (ACA) oder schlicht Obamacare, wie die Rechte das Gesetz verächtlich nannte, sei der Versuch, Amerika fundamental zu verändern und die Bevölkerung einem Obrigkeitsstaat zu unterwerfen. Ihre Rhetorik unterschied sich nur unwesentlich von der Hetze der reaktionären Ärztevereinigung American Medical Assiciation, die schon gegen Franklin D. Roosevelts Reformen vor »Sozialismus« im Gesundheitswesen warnte. Hierbei handelte es sich um dieselbe Rhetorik, die die Rechte in den 1960er-Jahren gegen die Einführung der staatlichen Krankenversicherung für Senioren, Medicare, bemühte. Doch als Obama nach dem gescheiterten Versuch von Präsident Bill Clinton in den 1990er-Jahren einen erneuten Versuch unternahm, um die Gesundheitsversorgung auf 50 Millionen Unversicherte auszudehnen, war das der Kristallisationspunkt einer neuen Oppositionsbewegung. Denn im Gegensatz zu Clinton begegnete dem ersten schwarzen Präsidenten der USA neben den üblichen Verdächtigen wie rechte Organisationen, Interessenvereinigungen und Lobbyisten, zusätzlich eine erstaunlich gut organisierte erzkonservative Bewegung auf der Straße. Im Kampf gegen die Gesundheitsreform erlebte sie den Höhepunkt ihrer Macht. Die Anzeichen für den Zusammenstoß mehrten sich bereits wenige Monate nach Obamas Amtseinführung. Nachdem verschiedene Konjunkturprogramme verabschiedet waren, wollte er die Reform des Gesundheitssystems in Angriff nehmen. Es war nicht zuletzt auch eine wirtschaftliche Frage. Das amerikanische Gesundheitssystem ist eines der teuersten der Welt. Zugleich ist es so ineffektiv wie kein anderes in der westlichen Welt. Rund 50 Millionen Menschen lebten 2009 in den USA, ohne krankenversichert zu sein. Erkranken diese, erhalten sie bestenfalls eine ambulante Notversorgung, schlimmstenfalls bleibt ihnen jede medizinische Hilfe verwehrt und sie sterben mangels ärztlicher Kontrolle an eigentlich heilbaren Krankheiten. Laut einer Studie der *Harvard Medical School* sterben in den USA jährlich 45 000 Menschen, weil sie keinen Zugang zu medizinischer Versorgung haben.[173] Unversicherte haben nach dieser Studie aus dem Jahr 2009 ein um 40 Prozent höheres Sterberisiko als Versicherte. Wirtschaftlich starke Interessengruppen mobilisierten den Widerstand. Zu ihnen gesellte sich zum ersten Mal in der Geschichte der Reformversuche eine Bewegung aus dem Volk: die Tea Party.

DER PERFEKTE STURM

Obwohl diese Bewegung mit ihrem radikalen Widerstand gegen die Reform keine Mehrheit in der Bevölkerung hatte, erhielten ihre plakativen Forderungen trotz der klaren Stimmung für tiefgreifende Veränderungen im Gesundheitswesen einen verhältnismäßig großen Raum in der Berichterstattung. Bei einer Umfrage von CBS News und *New York Times* vom Juni 2009 erklärte eine klare Mehrheit der Amerikaner, dass sie für eine »fundamentale Umwälzung« des Gesundheitssystems sei.[174] Eine überwältigende Mehrheit erklärte zudem, dass sie bereit sei, mehr Steuern zu zahlen, »um alle Amerikaner« zu versichern. Insbesondere unterstützten 72 Prozent eine staatliche Krankenversicherung als Alternative zum privaten Markt.

Die Republikaner ignorierten diese Stimmung und stellten sich auf einen heißen Sommer ein. Den kommenden Sturm verkündete der Erzkonservative Jim DeMint im Juli 2009. Der Senator aus South Carolina mit seiner stramm rechten Haltung war, wie es der Vorsitzende der Demokratischen Partei seines Heimatstaates, Dick Harpootlian, ausdrückte, »Tea Party, noch lange bevor es die Tea Party gab«[175]. Und darauf war er stolz. DeMint warnte seine Amtskollegen vor der »Wut« der Wähler, die in den traditionell in der Sommerpause im August stattfindenden Town-Hall-Meetings ausbrechen werde. Senatoren und die Abgeordneten des Repräsentantenhauses würden nach der Sommerpause in den Kongress zurückkehren und Angst haben, »gegen das amerikanische Volk« zu stimmen, so DeMint. Dieser Sturm sollte nicht nur Obamas Versuch einer Gesundheitsreform vereiteln. »Wenn wir es schaffen, Obama hier zu stoppen, dann wird dies sein Waterloo«, sagte er feierlich.[176] »Es wird ihn brechen.«

Die Tea Party, in den ersten Monaten von den Medien entweder belächelt oder ignoriert, stand bereit. Und es schien der perfekte Sturm zu werden. Überall im Land häuften sich die Nachrichten von turbulenten Versammlungen und gezielten Störungen durch Anhänger der Tea Party, die die Vorwürfe des »Sozialismus«, den von Sarah Palin lancierten Mythos der »Todes-Gremien« und der kommenden »Tyrannei« wiederholten. Teile der Gesundheitsreform seien regelrecht »Umerziehungslager«, log der evangelikale Radiotalker Rush Limbaugh.[177] Sollten Übergewichtige bestimmte Anweisungen nicht befolgen, drohe ihnen die Einweisung.

Es ist schwer, sich all das auszudenken. Für die Republikaner waren solche Bilder nur Mittel zum Zweck. Solange es helfe, Obama an der Wahlurne zu besiegen, machte es Sinn. Bei Town-Hall-Veranstaltungen im Sommer 2009 häuften sich Angriffe von

Tea-Party-Aktivisten, die Obamas Gesundheitsreform mit der Euthanasie und dem Holocaust der Nazis gleichstellten. Die gut koordinierten, tumultartigen Störungen zeigten, dass die Bewegung es ernst meinte. Zahlreiche Youtube-Clips zeugen von der polarisierten Atmosphäre im August 2009. »Warum unterstützen Sie weiterhin die Nazi-Politik Obamas?«, fragte eine Teilnehmerin der Town-Hall-Versammlung den demokratischen Kongressabgeordneten Barney Frank und zielte damit auf die Gesundheitsreform ab.[178] In ihrer Hand hielt sie ein Bild Obamas mit Hitlerbart. »Auf welchem Planeten leben Sie?«, antwortete Frank. »Sie vergleichen den Versuch, die Gesundheitsversorgung auszudehnen mit den Nazis?!« Als sie weiter auf eine Antwort drängte, entgegnete er: »Ma'am, mit Ihnen zu reden, ist wie der Versuch, eine Diskussion mit einem Esstisch zu zu führen. Ich habe kein Interesse daran.« Ähnliche Szenen wiederholten sich im ganzen Land. Die rhetorischen Angriffe waren so haarsträubend, dass viele der demokratischen Abgeordneten im Unterschied zu Barney Frank schockiert verstummten. In Hagerstown, Maryland, erschien ein Mann zur Versammlung des demokratischen Senators Benjamin Cardin mit einem Schild, auf dem »Tod für Obama« geschrieben stand.[179] Auch die First Lady hatte er im Visier: »Tod für Michelle und ihre zwei dummen Kinder«. Vielerorts gab es tumultartige Szenen. Ziel der Angriffe waren in der Regel demokratische Kongressabgeordnete. In zahlreichen Wahlbezirken musste die Polizei sicherstellen, dass Demokraten nicht tätlich angegriffen wurden. Bei einer Versammlung in New York konnte Tim Bishop, der von einer Gruppe von Demonstranten bedrängt wurde, nur mit Hilfe der Polizei in sein Auto flüchten.[180]

Bei mehreren Town-Hall-Versammlungen, zu denen auch Präsident Obama gekommen war, erschienen Demonstranten mit schussbereiten Waffen. In Arizona führten Teilnehmer halbautomatische AR-15-Gewehre und 9-Millimeter-Berettas, die offizielle Dienstpistole der US-Streitkräfte, mit sich. Bei einem Protest in Portsmouth, New Hampshire, trug ein Demonstrant eine geladene Glock-Pistole im Halfter um die Hüfte. In seinen

Händen hielt er ein Schild mit der Aufschrift »Es ist Zeit, den Baum der Freiheit zu wässern«.[181] Damit spielte er auf einen der Gründungsväter der USA, Thomas Jefferson, an. Das Originalzitat lautet folgendermaßen: »Der Baum der Freiheit muss von Zeit zu Zeit mit dem Blut der Patrioten und Tyrannen gewässert werden.« Dieser Satz erfreut sich großer Beliebtheit unter den amerikanischen Rechtsextremen. Der Attentäter Timothy McVeigh etwa verübte 1995 einen Bombenanschlag auf ein Regierungsgebäude in Oklahoma City, bei dem 168 Menschen ums Leben kamen. Zum Zeitpunkt der Tat trug er ein T-Shirt, auf dem genau dieses Zitat Jeffersons prangte.

Er habe Menschen »an ihre Rechte erinnern« wollen, sagte der Demonstrant auf MSNBC, und »wie schnell wir sie verlieren in diesem Land«.[182] Man müsse kein Genie sein, »um zu erkennen, dass wir mit rasender Geschwindigkeit auf eine Tyrannei zusteuern«. Das Etablieren der allgemeinen Rentenversicherung Social Security unter Franklin Roosevelt sei der Anfang der Unterdrückung gewesen, man könne aber auch früher ansetzen. Bei der Einführung der Einkommenssteuer Anfang des 20. Jahrhundets oder bei der Gründung der Notenbank Federal Reserve im 19. Jahrhundert, sagte er. Damit wiederholte er die gängigen Schlagworte der radikal-libertären Rechten.

Es war keine Überraschung, dass die Emotionen hochkochten. Die populistische Rhetorik reicherte die erst kurz davor von ihrem Amt als Gouverneurin von Alaska zurückgetretene Sarah Palin mit Legenden über Obamas Plan für Todesausschüsse noch weiter an. So wolle er bestimmen, wer es Wert sei, eine Behandlung zu bekommen und wer nicht. Aufgrund ihres fortgeschrittenen Alters drohe Senioren die Ablehnung einer lebensrettenden Behandlung. Obama, so suggerierte sie, würde auch ihr Baby mit Down-Syndrom sterben lassen. »Das Amerika, das ich kenne und liebe, ist nicht eines, in dem meine Eltern oder mein Baby mit Down-Syndrom vor Obamas ›Todesausschuss‹ stehen, damit dieser darüber entscheidet, ob sie eine Behandlung wert sind oder nicht. Ein solches System ist einfach nur böse.«[183] Hierbei bezog sie sich auf den *National Review*-Kolumnisten und Öko-nomen im Dienst der konservativen Hoover Institution, Thomas Sowell. Ein vom Staat gesteuertes Gesundheitswesen reduziere nicht die Kosten, sondern zahle lediglich die Kosten nicht. Dem Statement auf ihrer Facebook-Seite fügte sie ein Video von Michele Bachmann hinzu, die darin die These Sowells untermauert, wonach Obamas Plan älteren Menschen und Behinderten angeblich eine angemessene Fürsorge verwehren würde. Sie sage nicht »No!« zu Obamas Reform, schrieb Palin, sondern »Hell No!«. Ihrem Einfallsreichtum war zu verdanken, dass die Tea-Party-Veranstaltungen im Sommer vom Mythos der mit der Reform kommenden Todesausschüsse dominiert wurden. Vergleiche mit dem Holocaust und der Euthanasie wurden ebenfalls zum Allgemeinplatz bei den Protesten. Bei einer von Bachmann organisierten Demonstration vor dem Kapitol zeigte ein Transparent das Bild eines Leichenberges in Dachau. »Nationalsozialistische Gesundheitsversorgung Dachau, Deutschland – 1945« stand darüber.

Fast überall erschienen Tea-Party-Anhänger mit vergleichbaren Schlagworten, die Fox News und andere rechte Medien für den perfekten Sturm vorbereitet und auf rechten Foren, im Fernsehen und Talkradio verbreitet hatten. Während Barack Obama und die Demokraten ihre aus dem Wahlkampf stammende und zu Beginn recht aktive Graswurzelorganisation Organizing for America zurückpfiffen, um Kompromisse zu ermöglichen, rüstete die Rechte auf der Straße weiter auf.

Um das Bild einer Massenbewegung zu vermitteln, hatten rechte Organisationen wie die von den Koch-Brüdern finanzierte Frontgruppe Americans for Prosperity Aktionspläne erarbeitet, die sie an Tea-Party-Gruppen im ganzen Land verteilten. Der Aktivist Bob MacGuffie, der den von FreedomWorks gesteuerten Tea Party Patriots angehört, gab in einem an die Öffentlichkeit gelangten internen Memo Tipps, wie man die Versammlungen am effizientesten stören könne.[184] Um die Zahl der Demonstranten größer erscheinen zu lassen, empfahl er, sich auf die Plätze in der vorderen Hälfte des Raumes zu verteilen. Ziel müsse es sein, die Abgeordneten durch Fragen und Folgefragen in die Defensive zu drängen. »Schreit!, … steht auf!, … bringt sie aus dem Konzept!«, heißt es in dem Papier. »Der Abgeordnete muss den Eindruck bekommen, dass eine Mehrheit der Besucher oder ein bedeutender Teil von ihnen die sozialistische Agenda Washingtons ablehnt.«[185] Die Unterbrechungen müssten »früh und häufig« erfolgen. Es gehe nicht darum, eine »intelligente Debatte« zu führen, sondern darum, die Abgeordneten zu verwirren, vorbereitete Reden zu verhindern und ihre Tagesordnung über den Haufen zu werfen.

Des Weiteren bot FreedomWorks gegen die Gesundheitsreform ein eigens zusammengestelltes »Action Kit« an.[186] Das Set für »Freunde der Freiheit«, so das Anschreiben, enthielt Schlagworte und Argumentationshilfen für einen Schlagabtausch in den Versammlungen. Um vor Ort gegen die Reform mobil zu machen, gab es darüber hinaus vorformulierte Passagen für Leserbriefe an Lokalzeitungen, Unterschriftenlisten gegen Obamas Reform und falsche Versicherungskarten, die als Flugblätter für »Freunde und Verwandte« dienen sollten, wie es in der Erklärung hieß. Auf der Rückseite listeten die Karten vermeintliche Nachteile von Obamas Reform auf, von einer »rationierten Gesundheitsversorgung« über »lange Wartezeiten« bis hin zu »null Innovation«.

Neben landesweiten Kundgebungen organisierte Americans for Prosperity auch Bustouren in etlichen Bundesstaaten, um in Kooperation mit lokalen Tea-Party-Gruppen bei möglichst vielen Town-Hall-Versammlungen präsent zu sein. Die Bustouren standen unter dem Motto »Patienten zuerst«. Die Organisation schürte gezielt Ängste gegen eine Reform. »Wir wollen nicht, dass der Gesetzgeber sich in das Verhältnis zwischen ihnen und ihren Ärzten einmischt«, sagte der Americans for Prosperity-Direktor von Virginia, Ben Marchi. »Dieses Verhältnis ist heilig und sollte nicht gestört werden.«[187] Die Tour sollte durch Schlüsselstaaten gehen, deren Zustimmung für das Gesetz essentiell war. In Virginia etwa machte der Americans for Prosperity-Bus, bedruckt mit einer großen roten Hand und der Aufschrift »Hände weg von meiner Gesundheitsversorgung!«, an 26 Orten Halt. Weitere Ziele waren North Carolina, Pennsylvania, Indiana und Louisiana. Außerdem fuhr ein Bus nach Nebraska, Colorado, South Dakota, North Dakota, Montana, Iowa, Arkansas und Missouri. Americans for Prosperity gründete zudem Ableger wie Patients United Now, die im Sommer rund 300 Demonstrationen gegen die Gesundheitsreform organisierten. Zu diesen Gruppen gesellten sich schnell rechte Unternehmerverbände und andere Lobbygruppen. Unter ihrer Ägide begannen Millionen Dollar teure Werbekampagnen gegen jedwede Reform.[188] Die U.S. Chamber of Commerce, die größte Lobbyorganisation für Unternehmen in Washington, gab allein ab Juli zwei Millionen Dollar für Werbung gegen den Plan der Demokraten aus, eine staatliche Krankenversicherung als Alternative zur privaten Versicherungsindustrie zu schaffen. Im Einklang mit den Republikanern planten zu diesem Zeitpunkt auch bereits die von den Koch-Brüdern finanzierten und gesteuerten Organisationen Americans for Prosperity und Conservatives for Patients Rights, Millionen für Werbung auszugeben, um die vermeintlichen Kosten von »Nancy Pelosis und Barack Obamas Verstaatlichung des Gesundheitswesens« in den Vordergrund zu stellen. Auch betroffene Branchen begannen ihre Kampagnen gegen den unerwünschten Wandel. So rüstete sich beispielsweise die private Versicherungsindustrie für die Schlachten vor Ort. Ihre Interessenvereinigung America's Health Insurance Plans (AHIP), berichtete das *Wall Street Journal*, beschäftigte Mitarbeiter in 30 Bundesstaaten, um Town-Hall-Versammlungen ausfindig zu machen und dort eine »aggressive Kampagne gegen den demokratischen Plan einer staatlichen Krankenversicherung« zu betreiben.[189]

Diesem rechten Netzwerk von Ideologen und Industrieverbänden gelang es, die Debatte entscheidend zu prägen. Viele Amerikaner waren entsetzt über die Rhetorik dieser neuen populistischen Bewegung. Doch es war die Stimmung und es waren die »Argumente«, die diese nationale Debatte auf Jahre prägen sollten. Wie von Jim DeMint vorausgesagt, saß der Schock bei den Demokraten tief. Dagegen folgten die Republikaner ihrer Basis und sabotierten die Gesprächsangebote über die Reform. An den Verhandlungen im Kongress, die nach der Sommerpause weitergingen, beteiligte sich als eine der wenigen Republikaner die Senatorin Olympia Snowe aus Maine. Von Mitgliedern der Tea Party wurde sie daher umgehend des »Verrats« beschuldigt.

Um nach dem heißen Sommer aus der Defensive zu kommen, bekräftigte Barack Obama Anfang September mit einer Rede vor beiden Kongresskammern seine Absicht, das Gesundheitswesen zu reformieren. Doch seine Botschaft vor dem Senat und dem Repräsentantenhaus, in der er sich auch für eine kleine »Public Option« aussprach, also immerhin eine staatliche Krankenversicherung als Alternative zum privaten Versicherungsmarkt, ging unter. In der Berichterstattung verdrängte der Zwischenruf eines Republikaners den Inhalt. »Sie lügen!«, hatte der Abgeordnete Joe Wilson Obama zugerufen, als dieser gerade dabei war, seine Reformvorhaben zu erläutern. Der historisch einmalige Zwischenruf war trotz der später folgenden Entschuldigung des Republikaners exemplarisch für die polarisierte Atmosphäre im Land und zeigte, wie sehr sich auch im Kongress die Fronten verhärtet hatten.

Nach den ersten landesweiten Demonstrationen zum »Tax Day« am 15. April 2009, zu dem alle Amerikaner ihre Steuererklärung eingereicht haben müssen, und den erhitzten Town-Hall-Debatten vom Sommer rüstete sich die Bewegung für ihre bis dahin erste zentrale Großdemonstration. FreedomWorks hatte die Demonstration am 12. September als »Marsch der Steuerzahler auf Washington« angemeldet. Auch das Heartland Institute, Grover Norquists Organisation Americans for Tax Reform und das Ayn Rand Center for Individuals Rights unterstützen die Veranstaltung. Zahlreiche Kongressabgeordnete der Republikaner kamen als Redner. Unter Tränen hatte der erzkonservative Radio- und Fernsehmoderator Glenn Beck im März seine Bewegung »9/12 Project« ins Leben gerufen. Tausende folgten seinem

Aufruf und bildeten entsprechende 9-12-Gruppen, die an die Zeit des nationalen Zusammenhaltes in Folge der Anschläge vom 11. September 2001 erinnern sollten. Ohne ein klares Programm deckte die »Programmatik« dieser Gruppen dasselbe Terrain ab, das auch die im gleichen Zeitraum entstehende Tea-Party-Bewegung für sich in Anspruch nahm. Zu der auch als »9/12 Tea Party« bezeichneten Demonstration am 12. September 2009 kam die bis dato größte Menschenmenge unter dem Banner der Tea Party zusammen. Wie viele tatsächlich gekommen waren, ist umstritten.

Glenn Beck bezog sich auf eine angebliche Untersuchung »einer Universität«, nach der 1,7 Millionen Menschen auf die Mall in Washington geströmt seien. Um welche Universität es sich dabei handelte, wisse er allerdings nicht mehr, sagte er in seiner Sendung. FreedomWorks berichtete anfangs von 1,5 Millionen Demonstranten, korrigierte diese Zahl allerdings kurze Zeit später nach unten. Es seien »zwischen 600 000 und 800 000« Menschen gewesen. In den Augen vieler Tea-Party-Gruppen waren »Millionen« vor das Kapitol gezogen.

Es waren wohl deutlich weniger. Die mit entsprechenden Schätzungen erfahrene Feuerwehr von Washington D.C. ging von rund 75 000 Demonstranten aus. In Kostümen aus der Kolonialzeit, mit Dreispitzhüten und den gelben Gadsden-Flaggen aus der Zeit der amerikanischen Revolution führten Demonstranten Plakate mit sich, die den US-Präsidenten einmal mehr als Sozialisten oder Kommunisten, als »Barack Hussein Hitler« oder »Obama bin Lyin« bezeichneten. Bilder zeigten ihn mit Hitlerbart, als Batmans bösen Gegenspieler »Joker« oder als afrikanischen Hexenmeister. Eine Frau hielt ein Schild, das den Bürgerrechtler Martin Luther King neben Obama zeigte. »Er hatte einen Traum, wir bekamen einen Alptraum«, stand darunter. Mit Blick auf die Zwischenwahlen ein Jahr später warnten Redner vor dem »Judgement Day«.

»Wir sind mitten in einer modernen politischen Rebellion«, sagte der Minderheitsführer der Republikaner im Repräsentantenhaus, John Beohner.[190] »Eine kleine Rebellion dann und wann ist gut für unsere Demokratie«, zitierte er Thomas Jefferson im Interview mit dem Fernsehsender PBS. Als einer der Gründungsväter der USA hatte Jefferson damit gewaltsame Aufstände der Bevölkerung gegen ihre Regierung gemeint. Auf den Hinweis des Journalisten, dass dessen Begriff der Rebellion eine »ernste Sache« sei, schob Boehner den Hinweis hinterher, die öffentliche Debatte solle selbstverständlich »auf zivile Art« erfolgen.

Im Herbst rief Michele Bachmann ihre Landsleute auf Fox News erneut zum Widerstand auf. Sie hoffe, dass Menschen aus allen Teilen des Landes zu ihrer Kundgebung nach Washington kämen, um »Kongressmitglieder aufzusuchen, ihnen in die Augen zu schauen und zu sagen: ›Nimm mir meine Gesundheitsversicherung nicht weg!‹« Ihrem Aufruf folgten noch »einige Tausend« Tea-Party-Anhänger. Von Millionen war keine Rede mehr. Auf der Mall in Washington D.C. brachten sie im November 2009 ihre Wut über das demokratische Reformprojekt zum Ausdruck. Erneut erwies auch ein Großteil der republikanischen Parteiführung im Kongress den erzkonservativen Aktivisten ihre Ehre. Der höchstrangige Republikaner, John Boehner, sprach ebenso zu den Aktivisten wie sein Kollege, der für die Fraktionsdisziplin zuständige Eric Cantor. Neben Michele Bachmann waren zahlreiche Kongressabgeordnete aus dem ganzen Land gekommen. Steve King aus Iowa, Virginia Foxx aus North Carolina, Peter Hoekstra aus Michigan, Jean Schmidt aus Ohio und Mike Pence aus Indiana und so weiter. Auch der Präsident des Family Research Council, Tony Perkins und der Schauspieler Jon Voight redeten auf der Kundgebung ebenso wie der Autor des Buches *Freiheit und Tyrannei*, Mark Levin.[191] An dem Ort, wo Obama noch zu Beginn des Jahres vor mehr als einer Million Zuschauern seine Amtseinführung vollzogen hatte, erinnerte Voight an die vermeintlichen Beziehungen des US-Präsidenten zu Pfarrer Jeremiah Wright, dessen kritische Bemerkungen über Amerikas imperialistische Außenpolitik schon im Wahlkampf die Wut der Rechten auf sich gezogen hatten. »Die Lügen und der Betrug sind offenkundig«, rief Voight. »Vielleicht waren es die 20 Jahre der unbewussten Programmierung durch Pfarrer Wright, um Amerika zu verdammen.« Und wenn es keine linke Verschwörung war, dann waren es – wie fast immer sonst in den Verschwörungstheorien der Rechten – die Juden. »Obama empfängt seine Befehle von den Rothschilds«, hieß es auf einem Plakat in der Menge unter Verweis auf die vermeintliche »Weltverschwörung« der prominenten jüdischen Bankiersfamilie. Andere Transparente griffen die »Verstaatlichung des Gesundheitssystems« an. »Kill the Bill! Kill the Bill! Kill the Bill!«, rief die Menge, während im Kapitol die Demokraten an einem Kompromisspaket arbeiteten.

Bachmann feuerte die Demonstranten an und forderte sie auf, sich irgendeine Seite aus den mehr als 2 000 Seiten des Gesetzes vom Podium abzuholen und demokratische Kongressabgeordnete aufzusuchen, um sie zur Erläuterung der darin enthaltenen gesetzlichen Regelung aufzufordern. Schnell bildete sich eine Schlange in der Lobby des Rayburn Office Building, in dem unter anderem auch Büros von Abgeordneten des Repräsentantenhauses untergebracht sind. Das Büro der Sprecherin der Kongresskammer, Nancy Pelosi, war kurz darauf von Tea Partiern umgeben, der Boden bedeckt von Seiten aus dem Gesetz. Die Demokratin zeigte sich unbeeindruckt von dem Protest. »Während die Partei des Nein eine Demonstration veranstaltet, um erneut Nein zu sagen«, sei die von den Demokraten angestrebte Gesundheitsreform von weiteren Interessengruppen wie der Seniorenvereinigung AARP begrüßt worden, ließ sie durch ihren Sprecher Brendan Daly verkünden. Im Repräsentantenhaus debattierten die Demokraten überparteiliche Gesetze, um Arbeitsplätze und steuerliche Begünstigungen für Hausbesitzer zu schaffen, sagte Daly. »Wir setzen unsere Arbeit fort, die dem amerikanischen Volk helfen wird.« Später kam heraus, dass derselbe Staat, den die Demonstranten angriffen hatten, für einen Teil der Kosten der Kundgebung aufkam. Neben der propagandistischen Unterstützung von Fox News hatten Bachmann und ihre Kongresskollegen Geld für die Bühne und das Lautsprecher-system aus der von Steuergeldern finanzierten Kongresskasse verwendet. Das war möglich, weil die Organisatoren die Kundgebung als »Pressekonferenz« angemeldet hatten.[192] Fragen wurden an diesem Tag allerdings nicht beantwortet.

Doch die Aktionen halfen nicht. Auch der Erfolg des republikanischen Außenseiters Scott Brown in Massachusetts hielt die Reform nicht auf. Er hatte seinen Sieg gegen die Demokratin Martha Coakley vor allem der tatkräftigen Unterstützung von Tea-Party-Gruppen zu verdanken. Obwohl die Demokraten bei der Wahl für den Senatssitz im Januar 2010 nur ein Jahr nach Obamas Amtseinführung ihre Supermehrheit im Senat verloren hatten, setzten sie unter dem persönlichen Einsatz von Barack Obama ihre Reformanstrengungen unbeirrt fort. Als klar war, dass Obama seinen Plan trotz des Verlustes der Supermehrheit im Senat mit Hilfe von geschickten Verfahrensmanövern im Gesetzgebungsprozess durchsetzen werde, interpretierten die Republikaner die Frage von Sieg und Niederlage schlicht neu. Nicht die Verhinderung des Gesetzes sei der Sieg der Konservativen und Obamas Waterloo, sondern die Verabschiedung durch die Demokraten.

Im Endkampf um die Reform zogen die Demonstranten schließlich im März 2010 vor den Kongress. Befürworter und Gegner standen sich auf der Mall in Washington D.C. gegenüber. Und die Stimmung war gespannt. Abgeordnete der Republikaner feuerten Demonstranten in den Zuschauerrängen im Kongress und vor dem Kapitol an, anstatt die aggressive Stimmung zu beschwichtigen. Als demokratische Abgeordnete auf dem Weg ins Kapitol von den Demonstranten der Tea Party mit rassistischen Schimpfwörtern überzogen und bespuckt wurden, zeigte sich ein letztes Mal in dieser Debatte, wie wirkungslos der Widerstand der Rechten geblieben war. Bei dem von ihr orchestrierten Proteststurm kam es sogar zu rassistischen Beschimpfungen und tätlichen Übergriffen auf demokratische Abgeordnete. Ein Opfer der Beschimpfungen war der frühere Bürgerrechtler John Lewis aus Georgia, dem bei der berühmten Demonstration über die Brücke von Selma durch Polizeischlagstöcke ein Schädelbruch zugefügt wurde. Nachdem das Gesetz die Legislative passiert hatte und auf dem Weg zur Unterzeichnung ins Weiße Haus war, flogen noch vereinzelt Steine in Büros demokratischer Abgeordneter. Nachdem die Gesundheitsreform den Kongress passiert hatte, stand die Rechte unter Schock. Der perfekt orchestrierte Widerstand hatte am Ende nicht gereicht. Die Wut war Rush Limbaugh nach der Abstimmung im Kongress anzumerken. »Wir müssen diese Bastarde besiegen. Wir müssen sie ausrotten. Wir müssen sie aus der Stadt jagen.«[193]

Die Schlacht um die Jahrhundertreform war trotz all ihrer Mängel – und die Liste ist lang – Obamas größter Erfolg. Sie wurde nicht zu seinem Waterloo. Und er war auch nicht gebrochen. Was seine Vorgänger mehr als ein Jahrhundert lang vergeblich versucht hatten, war ihm innerhalb von 14 Monaten der heftigsten Auseinandersetzungen gelungen. Sein Sieg markierte damit vielmehr die erste große Niederlage der Tea Party.

DER KAMPF GEHT WEITER

Sie hatte eine Schlacht verloren, doch der Krieg ging weiter. »Das wichtigste Ziel, das wir erreichen wollen, ist, dass Präsident Obama nur für eine Amtszeit Präsident bleibt«, sagte der Minderheitsführer der Republikaner im Senat, Mitch McConnell.[194] Auch die Tea Party war nicht bereit, aufzugeben. Auf die Auseinandersetzungen im Kongress folgte der Widerstand in den Bundesstaaten. Und die Zwischenwahlen im November 2010. Denn in den darauffolgenden Monaten drängte die erzkonservative Bewegung dazu, die Umsetzung der Reform so weit wie möglich zu sabotieren. »Kill the Bill« blieb dabei ihre Parole. In Montana, Georgia und South Carolina schaffte sie es, die Einführung sogenannter Handelsplätze für Krankenversicherungen zu blockieren, was eigentlich eine Aufgabe der Bundesstaaten im Rahmen des Gesetzes war.[195] Was in den 2700 Seiten der Reform steckte, war vielen nicht klar. Die stufenweise Einführung der neuen Regelungen, die insgesamt zehn Jahre dauern sollte, machte die Vermittlung der Vorzüge des Großprojektes nicht einfacher. Zahlreiche Kandidaten der Republikaner traten für die Zwischenwahlen mit dem Versprechen an, alles dafür zu tun, um die Reform rückgängig zu machen. Im Amt setzten sie ihren Teil des Versprechens in die Tat um. Im Januar 2011 votierten alle 242 Republikaner und mit ihnen drei Demokraten im Repräsentantenhaus für die Aufhebung des Gesetzes. Die Kongressabgeordnete Michele Bachmann, die Gründerin der Tea-Party-Fraktionsgruppe im Repräsentantenhaus, nannte das Gesetz einen »Kronjuwel des Sozialismus«. Republikaner würden den Präsidenten und den Senat wie das Gesetz »außerkraftsetzen« und so lange kämpfen, bis »Obamacare nicht mehr das Gesetz des Landes« sei.[196] Der Sprecher des Repräsentantenhauses John Boehner sagte, dass das Gesetz die Ausgaben und Steuern erhöhen und Arbeitsplätze vernichten würde.[197] »Eine Abschaffung des Gesetzes macht den Weg für bessere Lösungen frei, die die Kosten senken, ohne Jobs zu vernichten und unseren Staat zu ruinieren.« Doch bis auf vereinzelte Vorschläge wie steuersubventionierte Anreize zum Kauf einer Versicherungspolice legten die Republikaner kein eigenes, umfassendes Konzept vor. Dennoch wagte sich der Libertäre und selbsternannte Sprecher der Tea Party Rand Paul vor. »Es klingt vielleicht komisch, aber Sie müssen mehr für Ihre Gesundheitsversorgung zahlen«, sagte der damalige Kandidat für den Senat und Sohn Ron Pauls. In dem Gespräch mit dem *Details* Magazin legte er seine Version der Reform dar. Eine hohe Eigenbeteiligung der Versicherten und die Bezahlung der Behandlungen und Medikamenten aus eigener Tasche waren die Eckpunkte seines Vorschlages.

Anstelle einer Reform propagierte die Tea Party weitere Einschnitte. In ihrer kurz nach der offiziellen Stellungnahme der Republikaner übertragenen Antwort auf Barack Obamas State of the Union Address im Januar 2011 präsentierte Michele Bachmann die Sicht »der Tea Party« ebenfalls live auf CNN.[198] Sie mache das Statement nicht, »um mit der Republikanischen Partei zu konkurrieren«. Doch ihre Antwort erregte so viel Aufmerksamkeit, dass genau das passierte. In ihrem Beitrag ging sie auf den »wachsenden Staat« unter Obama ein. Die Gesundheitsreform sei ein Beispiel dafür, argumentierte sie. »Letzte Woche votierten wir für die Aufhebung von Obamacare und jeden zukünftigen Tag müssen wir hart daran arbeiten, um die massive Ausdehnung des Staates in den vergangenen zwei Jahren wieder abzubauen.«

Eine Rücknahme des Gesetzes Obamas würde vor diesem Hintergrund im Wesentlichen eine Rückkehr zum untragbaren Status Quo bedeuten. Angesichts der demokratischen Mehrheit im Senat war das Votum ein rein symbolischer Akt. Aber um genau diese Symbolik war es den Rechten gegangen. Es war ein Signal an die eigene Basis, die es zufriedenzustellen galt. Wenn die Abschaffung des Gesetzes am Ende scheitere, würden die Republikaner »alles tun, um die Finanzierung der Regelungen hinauszuzögern und zu blockieren«, versprach der Mehrheitsführer der Republikaner Eric Cantor.[199]

SCHÜSSE IN TUCSON, ARIZONA

Es blieb nicht nur bei symbolischen Aktionen allein. Nach Verabschiedung des Gesetzes im März 2010 wurden zunächst Büros der Demokraten im ganzen Land angegriffen. Fensterscheiben gingen zu Bruch, Abgeordnete wurden angespuckt und mit rassistischen Beleidigungen attackiert. Und dann gab es Tote. Am 8. Januar 2011 stieg Jared Loughner in ein Taxi zu einem Safeway-Supermarkt in Tucson, Arizona. Dort angekommen, eröffnete er das Feuer auf die demokratische Kongressabgeordnete Gabriele Giffords. Giffords überlebte den Kopfschuss nur knapp. Sechs Menschen kamen ums Leben, 14 wurden bei dem Angriff verletzt.

Daraufhin stand die Tea Party aufgrund ihrer extremen Rhetorik massiv in der Kritik. Das Attentat markierte auch den Abstieg Sarah Palins, die auf einer von ihr veröffentlichten Karte unter anderem auch Giffords Wahlkreis mit einem Fadenkreuz-

Symbol bedacht hatte. Mit dem Symbol markierte sie traditionell konservative Wahlbezirke von Demokraten, die für ihre Zustimmung zur Gesundheitsreform von den Republikanern bei den Zwischenwahlen 2010 abgestraft werden sollten. Nur Stunden nach den Schüssen wappnete sich die Rechte, um die auf sie zurollende Welle der Kritik abzuwehren und die Tea Party als Opfer einer linken Verschwörung darzustellen.

Teil dieser Strategie war es, den Täter dem linken Spektrum zuzuordnen. Vorreiter war wie so oft in solchen Situationen der Fernsehsender Fox News. Seine Lieblingsbücher seien das *Kommunistische Manifest* und *Mein Kampf*, verkündete Glenn Beck über Loughner, nachdem Berichte über eine entsprechende – wenn auch längere – Buchliste des Täters in an die Öffentlichkeit gekommen waren. Loughner hänge Verschwörungstheorien an und sei für einen »großen Staat«. Er sei damit alles, wovor er, Beck, immer gewarnt hätte. Der Radio- und Fernsehmoderator gab den Ton an. Und andere folgten. Jared Loughner sei »offensichtlich ein Linker«, sagte wenig später Sal Russo, Chefstratege des Tea Party Express unter Verweis auf die beiden Bücher.[200] »Das sind keine Bücher, die bei der Tea Party populär sind, also war er offensichtlich ein linker Anarchist und möglicherweise ein Antisemit.« Auch Sarah Palin beteiligte sich an den Spekulationen und sagte Loughner sei »möglicherweise links«.[201] Die republikanische Kongressabgeordnete Virginia Foxx bezeichnete den Schützen schlicht als »Fan des Kommunismus«.[202] Andere Gruppen wie beispielsweise FreedomWorks äußerten sich erst gar nicht zu dem Attentat. Mark Meckler, Mitbegründer der Tea Party Patriots, lehnte jede Verantwortung der Tea Party ab, bezeichnete aber auch die Behauptung, Loughner sei ein Linker, als »verrückt«. Auf die verharmlosende Rhetorik der örtlichen Pima County Tea Party entgegnete der Sheriff des Landkreises, Clarence Dupnik, Arizona sei ein »Mekka für Vorurteile und Intoleranz« geworden.[203] Die Rhetorik gegen den Staat und der weitverbreitete Hass hätten den psychisch labilen Loughner offenbar beeinflusst. Doch Dupnik beschrieb nicht nur die Lage in seinem

Heimatstaat, die Schilderung passte auf die Stimmung im ganzen Land. Schon zwei Jahre vorher hatte ein Bericht des Department of Homeland Security vor Anschlägen sogenannter »Lone Wolfs« aus dem rechtsextremen Spektrum gewarnt. Führende konservative Kommentatoren und republikanische Abgeordnete hatten das Papier damals als »politische Propaganda« der Obama-Regierung attackiert. Einer der Kritiker war John Boehner. In vorauseilendem Gehorsam nahm die Regierungsbehörde nicht nur den Bericht zurück, sondern löste dabei auch gleich die Abteilung auf, die ihn produziert hatte.[204]

MITT ROMNEY UND »OBAMNEYCARE«

Die Wut gegen die Gesundheitsreform blieb weiterhin bestehen und sollte auch im Wahlkampf eine zentrale Rolle einnehmen. In den Fernsehdebatten, die den Wahlkampf der republikanischen Kandidaten begleiteten, waren es nicht die Beiträge der Kandidaten, sondern die schockierenden Reaktionen des Publikums, die ins kollektive Gedächtnis eingingen. Unvergessen ist eine Debatte, die der Fernsehsender CNN ausgerechnet in Kooperation mit dem Tea Party Express veranstaltete. Der Fernsehjournalist Wolf Blitzer ließ dort nicht von dem radikal-libertären Ron Paul ab, der den Staat am liebsten aus nahezu allen gesellschaftlichen Funktionszusammenhängen verbannt sehen will. »Was machen Sie mit einem jungen, gesunden 30-Jährigen mit einem guten Job und einem guten Einkommen, der sich nicht dazu entschieden hat, 200 oder 300 Dollar im Monat für eine Krankenversicherung auszugeben, dem dann aber etwas Fürchterliches zustößt und der daraufhin ins Koma fällt? Wer bezahlt dafür?«, wollte Blitzer von Paul wissen. »Dies ist, was Freiheit bedeutet«, antwortete Paul unter tosendem Applaus. »Man ist für sich selbst verantwortlich.« Doch Blitzer ließ nicht locker. »Möchten Sie damit sagen, dass die Gesellschaft ihn sterben lassen sollte?« Der Jubel und die »Yeah!«-Rufe des Publikums machten klar, wo die Parteibasis bei diesem Thema stand. Pauls Antwort, wonach in solchen Fällen

wieder »wie früher« Kirchen, Freunde und Nachbarn einsprin-
gen könnten, ließen das Ganze nur etwas diplomatischer klingen.
Die Position der Republikaner gegenüber Obamas Reform war
eindeutig. Jeder der republikanischen Kandidaten versprach, im
Fall seines Sieges das Gesetz ohne Wenn und Aber aufzuheben.

Es war allerdings eine Ironie der Geschichte, dass ausgerechnet der Sieger der parteiinternen Vorwahlen, Mitt Romney, als
Gouverneur von Massachusetts 2006 auf bundesstaatlicher Ebene ein nahezu identisches Modell in die Tat umgesetzt hatte. Aus
Romneycare und Obamacare, wie konservative Gegner der Reform das Gesetz Obamas nannten, wurde für viele ein Kampf
gegen Obamneycare. Aber die Suche nach einem alternativen
republikanischen Präsidentschaftsbewerber erwies sich als überaus frustrierend für die Bewegung. Die zwanghafte Suche nach
einem Anti-Romney blieb erfolglos. Ein Kandidat nach dem anderen stürzte vom kurzfristigen Umfragehoch in die Bedeutungslosigkeit. Am Anfang war es der Immobilien-Mogul und Reality-
TV-Star Donald Trump, dann die christlich-fundamentalistische
Kongressabgeordnete Michele Bachmann, der ebenso religiöse
Gouverneur von Texas, Rick Perry, sowie der Motivationsredner
und ehemalige Pizza-Unternehmer Herman Cain. Am Anti-
Romney gescheitert, versuchte es die Tea Party schließlich mit
einem »Nicht-Romney«. Darunter fiel beispielsweise der Washington-Insider und ehemalige Sprecher des Repräsentantenhauses,
Newt Gingrich, der aufgrund seiner wortgewandten, aber vor
allem provokativen konservativen Positionen von seinen Anhängern gern als »Visionär« gefeiert wird. Aber auch er hatte sich im
Laufe seiner Karriere für eine individuelle Versicherungspflicht
eingesetzt. Konservativer gab sich dagegen der ehemalige Senator
aus Pennsylvania, Rick Santorum. Er blieb der letzte Herausforderer Mitt Romneys. Und auch wenn er bei den Vorwahlen
für einige Überraschungen sorgte und beispielsweise die erste
Abstimmung in Iowa knapp für sich entschied, scheiterte er am
Ende an der schwachen Präsenz seiner Wahlkampforganisation
in den Bundesstaaten, seiner finanziellen Unterlegenheit – und

nichtzuletzt an sich selbst. Kurz nachdem er wichtige Vorwahl-
siege in Bundesstaaten wie zum Beispiel Michigan eingefahren
hatte, entgleiste dem betont religiösen und sozial-konservativen
Kandidaten zunehmend die Kontrolle. Bei der Lektüre einer
Rede John F. Kennedys zur Trennung von Kirche und Staat sei
ihm, wie er bemerkte, der »Brechreiz« gekommen.

Romneys Stärke, das zeigte sich früh, war die Schwäche seiner
Gegner. Obwohl er zunächst als der moderatere Kandidat galt,
vermochte es Romney, auch einen Teil der Tea Party von sich zu
überzeugen, indem er weit nacht rechts manövrierte und zahlreiche sozial konservative Positionen der Parteirechten übernahm.
Dadurch gelang es ihm, mit Rick Perry einen seiner gefährlichs-
ten, weil finanzstärksten Kontrahenten frühzeitig auszuschalten.
Obamas Gesundheitsreform wolle er als Erstes aufheben, betonte Romney fortan und behauptete von sich: »Ich war ein streng
konservativer Gouverneur.« Im Gegensatz zu entgegenstehenden
früheren Äußerungen sprach er sich nun klar gegen Abtreibung
aus, unterstützte einen Verfassungszusatz, der das menschliche
Leben ab Empfängnis definieren soll und versprach, als Präsident
die Finanzierung von Familienplanungsorganisationen wie Planned Parenthood, die auch Abtreibungen durchführen, einzustel-
len. Sein Wirtschaftsplan sieht weitere drastische Steuersenkungen für Konzerne und die obersten Einkommensgruppen vor
und fordert zugleich deutliche Einschnitte bei Sozialprogrammen.
Romney sprach sich auch gegen den Dream Act aus, ein Gesetz,
das Kindern illegaler Einwanderer ohne Papiere einen Weg zur
Staatsbürgerschaft eröffnen würde, wenn sie in den USA studie-
ren oder zur Armee gehen. Mit seiner harten Haltung gegenüber
den rund zehn Millionen illegalen Einwanderern, deren Depor-
tation er fordert, griff er nicht zuletzt seinen Kontrahanten Perry
an, dessen Kandidatur daraufhin ins Strauchelin geriet. Und obwohl konservative Ikonen wie die ehemalige Gouverneurin von
Alaska, Sarah Palin, und der Radiotalker Rush Limbaugh den Kandidaten des Parteiestablishments nie ausdrücklich unterstützten,
zog er praktisch in jedem Vorwahlstaat einen guten Teil der kon-

servativen Wähler auf seine Seite. Und je länger sich die Vorwahlen hinzogen, desto mehr schwand auch bei den Anhängern der Tea Party der Widerstand gegen den Kandidaten, mit dem ein Sieg gegen Obama noch am ehesten möglich schien. Weil sie sich nicht auf einen »Anti-Romney« einigen konnten, entschieden sie sich am Ende für die pragmatische Lösung.

Ein wesentliches Hindernis der Kandidatur von Mitt Romney blieb jedoch die Gesundheitspolitik. Monatelang hatte er versucht, die Vorbildfunktion seiner Reform in Massachusetts für Obamas Gesetz zu negieren. In einer Fernsehdebatte etwa griff er Newt Gingrich an, der eine individuelle Versicherungspflicht auf nationaler Ebene befürwortet hatte. »Das ist etwas, das ich immer abgelehnt habe«, sagte der ehemalige Gouverneur von Massachusetts. »Was wir in unserem Staat gemacht haben, haben die Menschen in unserem Staat entworfen, für die Bedürfnisse unseres Staates.« Was die Bundesstaaten für sich regelten, sei Sache der Staaten, betonte er unter Verweis auf den von der Parteirechten immer wieder gern bemühten Zehnten Zusatzartikel zur US-Verfassung, der die Kompetenzen der Bundesstaaten im Verhältnis zum Bund festlegt. In seiner Zeit als Gouverneur von Massachusetts sei es das Richtige für seinen Bundesstaat gewesen und die Menschen hätten die Reform gewollt. Für eine bundesweite, individuelle Versicherungspflicht habe er sich dagegen nie ausgesprochen. Entsprechende Attacken seiner Kontrahenten, von Michele Bachmann über Rick Perry bis hin zu Rick Santorum, konterte er regelmäßig mit diesen Argumenten.

Erstaunlich dabei war, wie lange sich Romney mit dieser Sicht der Dinge herausreden konnte. »Die Medien haben ihm diese Lüge durchgehen lassen. Und die inkompetenten Widersacher, gegen die Romney antrat, wussten nicht einmal, dass es eine Lüge war«, kommentierte der linksliberale MSNBC-Fernsehjournalist Lawrence O'Donnell dessen Ausflüchte. Im März 2012 löste ein drei Jahre zuvor in der Tageszeitung USA Today veröffentlichter Gastbeitrag Romneys eine breite Diskussion aus. In diesem hatte er Obama ausdrücklich dazu aufgerufen, in Anlehnung an »unsere Reform in Massachusetts« die Instrumente einer individuellen Versicherungspflicht und steuerliche Anreize zur Finanzierung der Reform zu nutzen.[205] Die Rechte reagierte empört. »Freunde«, schrieb der Blogger Erick Erickson von der einflussreichen konservativen Webseite Red State entsetzt, »wenn Mitt Romney der Präsidentschaftskandidat wird, werden wir Obama nicht mit dem Thema bekämpfen können, bei dem 60 Prozent der Amerikaner auf unserer Seite sind.«[206] Schließlich kam heraus, dass Romney auch bei anderen Gelegenheiten für seine Reform als nationales Modell geworben hatte. Dies bewiesen nichtzuletzt zwei Jahre alte Ausschnitte der überaus populären und zum Pflichtprogramm für politische Beobachter gehörenden Sonntagssendung »Meet the Press« des Fernsehsenders ABC. Während die Diskussion um die Gesundheitsreform im Juni 2009 an Fahrt aufnahm, erklärte Romney in der Sendung: »Wie wir es in Massachusetts gemacht haben, ist der richtige Weg für das ganze Land.« Er lobte zudem einen überparteilichen Kompromiss des Republikaners Bob Bennett und des Demokraten Ron Wyden. Schlüsselregelung ihres Vorschlages war eine entsprechende individuelle Plicht zum Abschluss einer Krankenversicherung. Es war kein Ausrutscher. In mindestens zwei weiteren Interviews wiederholte Romney diese Position. »Verzichten wir auf die diplomatische Sprache anderer«, legte Erickson nach, »dann steht fest, dass Mitt Romney jedes Mal lügt, wenn er sagt, dass er niemals eine nationale, individuelle Versicherungspflicht unterstützte.«[207]

DIE REPUBLIKANISCHE REFORM OBAMAS

Auch wenn Romney das heute nicht mehr wahrhaben will: Um seine Kompromissbereitschaft unter Beweis zu stellen, bediente sich der US-Präsident für seine nationale Reform des Gesundheitswesens des republikanischen Modells aus Massachusetts, das Romney in seiner Zeit als Gouverneur des Bundesstaates 2006 umgesetzt hatte. Neben dem Ausbau der staatlichen Krankenversicherung für Arme, Medicaid, und den schon bestehenden Angeboten der Arbeitgeber für Beschäftigte war das Kernelement dieser republikanischen Reform das sogenannte »Individual Mandate«. Menschen ohne Krankenversicherung werden mit dieser bußgeldbewehrten Regelung zum Kauf einer Police verpflichtet.

Grund für die heftige Diskussion um Obamas Reformgesetz, den Affordable Care Act (ACA) war vor allem der ab 2014 einsetzende Versicherungszwang. Abgesehen von den drei staatlichen Krankenversicherungen für Arme (Medicaid), Senioren (Medicare) und Kriegsveteranen (Veterans Health Administration) gibt es auf dem amerikanischen Markt nur private Versicherungen. Zahlreiche junge und gesunde Menschen verzichten häufig auf den Kauf einer solchen Versicherung, ebenso Menschen mit einem zu niedrigen Einkommen. Häufig fallen sie nicht unter die sehr niedrige Armutsgrenze und haben somit keinen Anspruch auf Medicaid. Viele gehen zudem einer Beschäftigung nach, die keine Krankenversicherung über den Arbeitgeber miteinschließt. Kommt es etwa zu einem Unfall, müssen diese aktuell rund 51 Millionen Unversicherten die Behandlungen aus eigener Tasche bezahlen oder sind – falls das Geld dafür fehlt – auf Ambulanzen angewiesen, die vom Steuerzahler finanziert werden. Genau diese Gruppe der »Free Rider« wollte Obama durch eine individuelle Versicherungspflicht zum Kauf einer Versicherung verpflichten.

Um die Prämie bezahlen zu können, sollen demnach Menschen mit einem niedrigen Einkommen staatliche Zuschüsse erhalten. Da Medicaid und die von Arbeitgebern angebotenen Versicherungen nur einen Teil der Bevölkerung erfassen, würde durch diesen indiviuellen Versicherungszwang eine nahezu »universale« Krankenversicherung geschaffen, so die Hoffnung Obamas. Abgesehen von seiner nahezu zwanghaften Suche nach einem Kompromiss mit den Republikanern, stellt dieses Modell somit auch ein deutliches Zugeständnis des US-Präsidenten an den freien Markt dar.

Die wichtigsten Akteure sind regelmäßig auch die größten Spender beider Parteien und haben starke Interessenvereinigungen in Washington. Obama holte sie durch großzügige Zusagen an den Verhandlungstisch. Während er beispielsweise der Pharmaindustrie zusicherte, die Preise von Medikamenten nicht verhandeln zu wollen, bot er den privaten Versicherungskonzernen mit der individuellen Versicherungspflicht die Aussicht auf Millionen neuer, generell gesünderer und damit profitablerer Kunden.

Im Gegenzug dazu sollten neue Regelungen geschaffen werden, um die extremen Auswüchse des Marktes abzustellen. So hatten etwa bis zur Einführung des ACA chronisch kranke Kinder in dem privaten Versicherungsmarkt der USA aufgrund ihrer »Pre-Existing Condition« kaum Aussichten auf eine Krankenversicherung. Zudem war es gängige Praxis der Versicherer, auch bei schwereren Erkrankungen ihrer Versicherten in deren Krankheitsgeschichte nach vermeintlichen, im Versicherungsvertrag »verschwiegenen« Vorerkrankungen zu fahnden, um etwaige Ansprüche abzuwehren. Immer wieder wurden auch Ansprüche von Frauen unter Verweis auf ihre vor Vertragsschluss liegende Schwangerschaft abgewiesen.

Mit diesem Tauschhandel verwirklichte Obama also eine Reform, die auf dem freien Markt basierte und bei Bedarf Versicherungspolicen subventionierte. Diskussionen über eine staatliche Krankenversicherungsalternative, die sogenannte Public Option oder gar ein Single Payer-System, die US-Variante einer Bürgerversicherung, erstickte seine Regierung schon früh im Keim. Und das obwohl sich Obama vor seiner Zeit im US-Senat noch unmissverständlich für eine Bürgerversicherung ausgesprochen hatte. »Ich bin ein Befürworter eines Single Payer-Systems«, sagte er 2003 vor einer Versammlung des Gewerkschaftsbundes AFL-CIO.[208] »Wir alle wissen, dass wir dies nicht sofort erreichen werden können. Wir müssen zuerst das Weiße Haus, den Senat und das Repräsentantenhaus zurückerobern.« Doch auf dem Weg dorthin änderte sich seine Position. Im Wahlkampf 2008

»präzisierte« der US-Senator und Präsidentschaftsbewerber in einer Debatte seine Haltung.[209] »Ich habe nie gesagt, dass wir versuchen sollten, ein Single Payer-System einzuführen. Was ich sagte, war, dass ich, wenn ich von Grund auf anfangen würde und wir kein System hätten, in dem typischerweise Arbeitgeber eine Krankenversicherung anbieten, würde ich mich wahrscheinlich für ein Single Payer-System entscheiden.« Obwohl die Demokraten 2008 tatsächlich das Weiße Haus eroberten und ihre 2006 gewonnene Mehrheit in beiden Kongresskammern ausbauen konnten, überraschte es niemanden, dass die Bürgerversicherung vom Tisch war, noch bevor Obama 2009 erste Vorschläge für seine Reform präsentierte. Anstatt die Messlatte durch klare Forderungen höher zu legen, hielt Obama den Ball flach. Dies erwies sich als eine der größten Schwächen des US-Präsidenten und wurde zu einem sich immer wieder wiederholenden Muster seiner Präsidentschaft. In zahlreichen Auseinandersetzungen bot er Konzessionen an, noch bevor die Verhandlungen begonnen hatten. Daher rührt sein Image als Präsident ohne Rückgrat. Ihm war es wichtiger, kompromissbereite Republikaner nicht zu verschrecken. Dass die Konservativen stets nahezu geschlossen alle Reformbemühungen blockierten, ignorierte er dabei. Unberechtigt sind daher die Vorwürfe, die auch von deutschen Medien immer wieder geäußert wurden, wonach Obama seine Reformbemühungen nicht gemeinsam mit den Republikanern betrieben habe. Diese Kritiker verkennen die radikale Blockadehaltung der Rechtskonservativen gegen jeden Kompromiss. Tatsächlich hätten die Demokraten früher in die Offensive gehen müssen, um der aufstrebenden Rechten Paroli zu bieten. Dass trotz aller Annäherungsversuche Obamas am Ende nicht ein einziger Republikaner die auf konservativen Prinzipien beruhende Reform unterstützte, sagt eigentlich alles.

Auch Jahre danach zeigte sich der US-Präsident irritiert über den radikalen Widerstand der Rechten. Noch beim Jahrestreffen der Nachrichtenagentur AP im April 2012 verglich er seine eigene Politik mit der der Republikaner. »Hätten wir diese Diskussion vor 20 oder sogar vor 15 Jahren geführt, hätte man meine Positionen zum Haushalt und eine Menge anderer Probleme als zentristisch bezeichnet«, sagte Obama.[210] »Was sich geändert hat, ist das Zentrum der Republikanischen Partei.« Und das war deutlich nach rechts gerückt. Dennoch waren die Demokraten davon ausgegangen, dass die Republikaner ihrem Konzept nicht würden widerstehen können. Schließlich hatten sie eine Idee der Konservativen übernommen. Auf der Grundlage eines rein privaten Marktes sollte die individuelle Versicherungspflicht im Sinne des Begriffs der »Eigenverantwortung« sicherstellen, dass sich der Pool der Versicherten vergrößert, das Risiko streut und Kosten für alle senkt. Wissenschaftler hatten 1991 dem damaligen Präsidenten George H. W. Bush diese Idee als Alternative zu einem Vorschlag von Präsident Bill Clinton präsentiert, der stattdessen Arbeitgeber in die Pflicht nehmen wollte. Dem Staat sollte in diesem Vorschlag nur die Rolle zukommen, Menschen bei Bezahlung der Prämie »durch ein einheitliches System von steuerlichen Zuschüssen« unter die Arme zu greifen.[211] Neben Millionen neuer Kunden versprach dieses System staatliche Subventionen für die private Versicherungsindustrie. Viele Konservative und Thinktanks wie die Heritage Foundation unterstützten das sogenannte »Individual Mandate« daraufhin und die Idee wurde zu einer populären Position der Republikaner. Nur wenige Jahre später mutierte dieses Konzept für eine marktwirtschaftliche Lösung aus Sicht der zunehmend rechten Parteibasis ausgerechnet zur »tyrannischen« Bedrohung, zur »Verstaatlichung« und »Sozialisierung« des amerikanischen Gesundheitswesens.

Dass der US-Präsident auf ein urkonservatives Konzept zurückgegriffen und auf das marode, private Versicherungssystem gesetzt hatte, enttäuschte aber auch viele seiner eigenen Anhänger. Die Linke lehnte das Gesetz kategorisch ab. Die Ärzteorganisation Physicians for a National Health Program, die sich für eine Bürgerversicherung einsetzt, sprach sich unmissverständlich gegen die Reform aus. »Ganz gleich, ob der Supreme Court den Affordable Care Act aufrecht erhält oder ganz oder nur teilweise kippt, es bleibt eine bedauernswerte Tatsache, dass das Gesetz von 2010 nicht funktionieren wird«, lautete eine Stellungnahme der Organisation vom März 2012.[212] »Es wird erstens nicht eine universelle Absicherung bringen, da es mindestens 26 Millionen Menschen unversichert lässt. Es wird zweitens die Krankenversicherung für Versicherte nicht erschwinglich machen, da Lücken in ihren Versicherungspolicen bleiben, die sie im Falle schwerer Krankheiten der Gefahr des Bankrotts aussetzen und drittens kontrolliert das Gesetz nicht die Kosten des Gesundheitswesens.« Das Beispiel von Massachusetts hat den letzten Punkt bereits bestätigt. Dort hat die Gesundheitsreform Romneys die stark steigenden Kosten des privaten Gesundheitswesens nicht unter Kontrolle bringen können.

Der linke Filmemacher Michael Moore bezeichnete den Zwang zum Kauf einer Police als »massiven staatlichen Bailout der Versicherungsindustrie«.[213] Die Organisation Consumer Watchdog schrieb: »Menschen dazu zu zwingen, unerschwingliche und unzuverlässige Versicherungspolicen zu kaufen, ist keine Lösung der Krise des Gesundheitswesens.«[214] Die Pflicht, dass jeder eine Versicherung von privaten Versicherern kaufen muss, garantiere lediglich »riesige Profite für diese Industrie«. Und selbst wenn die Zahl der Versicherten durch diesen Versicherungszwang erhöht werde, würden Menschen gezwungen, »Schrott-Policen« zu kaufen, sagte der ehemalige Präsidentschaftskandidat und linksliberale Politiker Ralph Nader.[215] Die Inkraftsetzung des Gesetzes bezeichnete er daher als »Desaster«. Diese Zitate machen deutlich, wie schwer es die Linke hatte, diese Reform zu verteidigen.

Dass sowohl die Tea-Party-Bewegung als auch die Parteirechte dennoch gegen das Gesetz auf die Barrikaden gingen, verdeutlicht den extremen Rechtsruck der Konservativen. Mit einer rechtskonservativen Basis war ein solcher Kompromiss nicht mehr durchsetzbar. Vertreter der alten Schule hatten damit in der Partei keine Heimat mehr. Bob Bennett war einer davon. Der republikanische Senator aus Utah hatte sich schon in den 1990er-Jahren für eine individuelle Versicherungspflicht eingesetzt. »In

dieser Zeit war die konservative Position, zu der ich mich natür-
licherweise hingezogen fühlte, eine individuelle Versicherungspflicht«, sagte er. »Heute werde ich verdammt dafür.« Nach 18
Jahren im US-Kongress war seine Zeit abgelaufen. Ihm begegnete der organisierte Widerstand der Tea Party und der hinter ihr
stehenden Organisationen. Der konservative Club for Growth
gab beispielsweise rund 200.000 Dollar für Radio- und Fernseh-
werbung sowie Brief- und Telefonaktionen gegen Bennett aus.
Mit Erfolg. Im Mai 2010 verlor er den innerparteilichen Nominierungskampf gegen die Aktivisten der Tea Party. Erstmals seit
Jahren verlor damit ein amtierender Senator die parteiinternen
Vorwahlen. Schlimmer noch, nach 18 Jahren im Senat erreichte
Bennett gerade einmal den dritten Platz, eine schallende Ohrfeige für den Washington-Insider. Seine Niederlage war ein klares Zeichen an andere RINOs. »Ich bin offenbar kein richtiger
Republikaner mehr«, sagte Bennett sichtlich verbittert, »weil ich
nicht zu Fox und CNN gehe und losschreie.«

In der Bevölkerung stieß Obamas Gesetz auf unterschiedliche
Reaktionen. Fragte man Amerikaner, ob sie die Gesundheitsreform generell begrüßen, antwortete eine klare Mehrheit ableh-
nend.[216] Erfragte man dagegen die Zustimmung zu einzelnen
Bestandteilen der Reform, resultierte daraus eine überwältigende
Mehrheit für die Änderungen. Selbst unter Republikanern sprach
sich eine klare Mehrheit von knapp zwei Dritteln der Befragten
für diese einzelnen Bestandteile der Reform aus. Diesbezüglich
hatten die Demokraten also vor allem ein PR-Problem. Zu dem
gleichen Ergebnis kam die Kaiser Family Foundation in einer
Umfrage vom März 2012.[217] »Einer der bleibenden Widersprüche
in der öffentlichen Meinung gegenüber dem ACA ist dieser:
Während das Gesetz als Ganzes noch nie die Unterstützung der
Mehrheit erhalten hat, sind seine einzelnen Komponenten – von
Neben- bis zu den zentralen und umfassenden Regelungen – in
den vergangenen zwei Jahren durchweg beliebt gewesen.« Dies
gelte im Wesentlichen selbst für republikanische Anhänger. Auch
sie sprachen sich für die Möglichkeit der Familienversicherung

von Kindern bis zum Alter von 26 Jahren, steuerliche Anreize für Kleinunternehmen und Vorschriften zur klar verständlichen Auflistung der Versicherungsleistungen und -kosten aus. Eine klare Mehrheit begrüßte das in Kraft getretene Verbot gegen die Diskriminierung kranker Menschen. Für diese Regelungen sprachen sich Demokraten, Unabhängige und Republikaner gleichermaßen aus, so das Ergebnis der Stiftung. Sieben von zehn Befragten unterstützten zudem staatliche Subventionen beim Versicherungskauf, die Ausweitung der Krankenversicherung für Arme, Medicaid, und die Abschaffung der Kostenteilung bei präventiven Untersuchungen. Die Zustimmung zu den einzelnen Regelungen des Gesetzes überraschte viele Beobachter angesichts der schlechten Umfragewerte für das Gesetz insgesamt.

»Es ist, als würde man jemanden fragen, ob er Pepperoni-Pizza mag«, fasste die MSNBC-Moderatorin Rachel Maddow die Umfrageergebnisse zusammen. »›Nein, Pepperoni-Pizza mag ich nicht.‹ Fragt man jedoch: ›Magst du Teig mit Käse, Tomatensoße und Pepperoni darauf und all das zubereitet im Ofen?‹, würde die Antwort auf einmal heißen: ›Ja klar!‹« Aber ganz so einfach war es nicht. Denn ein Kernelement des Gesetzes fiel auf überwältigende Ablehnung: die individuelle Versicherungspflicht. Mehr als zwei Drittel der Befragten sprachen sich gegen die für das Gesetz zentrale, bußgeldbewehrte Regelung aus. Eine Untersuchung des unabhängigen Rechnungshofes im US-Kongress zeigte jedoch, dass eine marktwirtschaftliche Lösung ohne das Individual Mandate nicht funktionieren würde. Denn ohne den Versicherungszwang würden 50 Prozent weniger Menschen eine Krankenversicherung kaufen.[218] Anstatt 32 Millionen würden also bis 2019 nur 16 Millionen von aktuell rund 51 Millionen Unversicherten eine Krankenversicherung erhalten. Da es sich bei dieser kleineren Gruppe um Bedürftige oder Menschen mit bestimmten Vorerkrankungen handelt und diese weniger gesund sind, würde das die Versicherungskosten weiter in die Höhe treiben und das Gesetz insgesamt zu Fall bringen. Das ungeliebte, konservative Individual Mandate bleibt damit das Kernelement der Reform, mit dem Obama die Zustimmung der Industrie für die anderen Regelungen erkaufte.

DIE TEA PARTY AUF DER RICHTERBANK

Auf bundesstaatlicher Ebene versuchte die Tea Party, die Umsetzung von Elementen der Reform zu verhindern. Unter dem Druck der erzkonservativen Bewegung legten zudem 26 republikanisch beherrschte Bundesstaaten Klage gegen das Gesetz ein. Dies führte dazu, dass der Affordable Care Act noch im Wahljahr 2012 vor einen der konservativsten Supreme Courts in der Geschichte der USA kam. Nach den politischen Auseinandersetzungen rückte nun die juristische in den Vordergrund. Allerdings erwarteten viele Beobachter von links und rechts keine grundsätzlichen Probleme bei der Frage der Verfassungsmäßigkeit des Reformwerkes. Doch sie sollten eines Besseren belehrt werden. Im politischen System der USA sind die Bundeskompetenzen im Verhältnis zu den Bundesstaaten stark begrenzt. Es ist jedoch unbestritten, dass der US-Kongress gemäß der sogenannten Handelsklausel, der »Commerce Clause« der US-Verfassung, eine Regelungskompetenz im Fall von zwischenstaatlichem Handel hat. Ob die konkrete Regelung zulässig ist, bestimmt sich dagegen nach dem »Necessary and Proper Clause« aus Artikel Eins der Verfassung.

Für die klagenden Bundesstaaten argumentierte der Jurist Paul Clement nun vor dem höchsten Gericht, dass der Affordable Care Act eine noch nie dagewesene Regulierung des »zwischenstaatlichen Handels« darstelle. Anstatt eine schon bestehende Tätigkeit zu regulieren, zwinge das Gesetz Bürger mit der Versicherungspflicht erst dazu, in den Handelskreislauf einzutreten. Aus Sicht der Kläger handelte es sich damit um eine klare Überschreitung der Kompetenzen. »Kann man einen Handel erzwingen, um diesen zu regulieren?«, fragte Richter Anthony Kennedy, der als moderater Konservativer bei vielen Entscheidungen des Gerichtes das Zünglein an der Waage war. Der Vertreter der Regierung hielt dagegen. Es gehe nicht darum einen Handel zu schaffen, erläuterte Donald Verrilli. Auch wer keine Versicherung kaufe, nehme spätestens im Krankheitsfall am Gesundheitswesen teil. Der Unterschied sei dann lediglich, dass in diesem Fall der Steuerzahler die Kosten übernehme. Studien haben gezeigt, dass innerhalb eines Jahres rund 85 Prozent der Amerikaner – ob mit oder ohne Versicherung – am Gesundheitswesen teilhaben, ob durch Arztbesuche, den Kauf von verschreibungspflichtigen Medikamenten oder durch Behandlungen bei Ambulanzen. In fünf Jahren kämen sogar 95 Prozent aller Amerikaner mit dem Gesundheitswesen in Kontakt. »Jeder muss irgendwann Essen kaufen«, argumentierte daraufhin Richter Scalia. »Kann man deshalb Leute dazu zwingen, Brokkoli zu kaufen?« Damit wiederholte der Richter eines der Hauptargumente der Tea Party gegen die nahezu »unbegrenzte Macht« der US-Regierung, die auf dem Gipfel der »Tyrannei« den Menschen auch den Kauf eines Autos von General Motors oder Brokkoli vorschreiben könne, weil es der Wirtschaft helfe oder gesund sei. Der Lebensmittelmarkt sei anders, parierte Verrilli, da niemand in den Markt gehen und sich kostenlos bedienen könne. Das Besondere an der Krankenversicherung sei, dass praktisch jeder am Gesundheitsmarkt teilnehme, und früher oder später eine Versorgung erhalte, ob mit oder ohne Versicherung.

In der Verhandlung wiederholten die konservativen Richter überraschend viele Schlagworte der Tea Party. Die erzkonservative Bewegung, so schien es, war im Supreme Court angekommen. Allen voran nutzte Scalia die Argumente der Bewegung, so zum Beispiel auch, als er den sogenannten »Cornhusker-Kickback« ins Spiel brachte. Damit war ein Deal der demokratischen Senatsführung mit ihrem widerwilligen Kollegen Ben Nelson aus Nebraska gemeint. Für Nelsons Zustimmung zur Gesundheitsreform bot sie seinem Bundesstaat 100 Millionen Dollar zusätzlich für das staatliche Programm Medicaid an. Der Haken an der Sache? Der Deal hatte es nicht in das Gesetz geschafft. Nur beim konservativen Fernsehsender Fox News blieb der »Cornhusker

Kickback« auch nach seinem Untergang weiterhin eines der Schlagworte gegen die Reform und wurde immer wieder als Musterbeispiel für das »korrupte Washington« angeführt. Überraschend stieß auch Scalia in das gleiche (falsche) Horn. »Es war die letzte Stimme, die die Regierung zur Verabschiedung des Gesetzes brauchte.« Nehme man einmal an, der Mehrheitsführer der Demokraten, Harry Reid, habe seinen Senatskollegen Ben Nelson schlicht bestochen, fragte Scalia spitz, »hieße das dann, dass das gesamte Gesetz fallen würde?«

Ein anderes Mal verglich er die Aufgabe, als Richter die 2700 Seiten des Gesetzes lesen zu müssen, scherzhaft als Verstoß gegen den Achten Zusatzartikel der US-Verfassung, der grausame und ungewöhnliche Strafen verbietet. Der Umfang des Gesetzes war ebenso ein beliebter Angriffspunkt unter Tea-Party-Anhängern, die darin ihre Befürchtungen einer ausufernden »sozialistischen Bürokratie« bestätigt sahen.

»Ich war entsetzt zu sehen, dass einige der Richter die tendenziösesten Schlagworte der Tea Party wiederholten«, sagte der ehemalige Generalstaatsanwalt unter Ronald Reagan und Juraprofessor an der Harvard University Charles Fried.[219] Was dem Anwalt der Regierung, Donald Verrilli, bei der mündlichen Verhandlung begegnete, »war ein Bombardement an übertriebener, feindlicher Rhetorik, die an Slogans der Tea Party erinnerten und als Fragen maskiert waren.«[220] Selbst das Brokkoli-Argument habe nicht gefehlt, sagte Fried. »Es von der Richterbank zu hören, war deprimierend.« Das Gericht schien in eine Phase der 1920er-Jahre zurückgefallen zu sein, da einige Richter die Prämisse abzulehnen schienen, dass eine Gruppe der Bevölkerung eine andere finanzieren müsse. Wenn man allen Menschen, also auch Menschen mit chronischen Krankheiten, die Möglichkeit geben möchte, eine erschwingliche Versicherungspolice zu kaufen, dann führt kein Weg daran vorbei, die Zahl der Versicherten insgesamt zu erhöhen. Jede Versicherung funktioniert nach diesem Prinzip. Das war die Prämisse der Reform Obamas. Dieses Prinzip hatte 1937 bei der Prüfung der Verfassungsmäßigkeit der Sozialversicherung Social Security selbst ein konservativer Supreme Court bejaht.

Progressive wie konservative Juristen waren sich bis dahin jedenfalls darüber einig gewesen, dass eine Verfassungswidrigkeit des Gesetzes unwahrscheinlich sei. »Der Kongress ist autorisiert, den Handel zwischen den Bundesstaaten zu regulieren«, erklärte Fried.[221] Dabei gehe es nicht um den Handel mit Krankenversicherungen, sondern um den Handel im Gesundheitswesen allgemein. Der Zwang, ein Produkt zu kaufen, bestehe damit gar nicht. Vielmehr gehe es darum ein Produkt, das längst gehandelt werde, zu regulieren. »Betrifft das Gesundheitswesen den Handel zwischen den Bundesstaaten? Niemand, außer vielleicht Richter Clarence Thomas, bezweifelt das«, sagte er mit Blick auf einen weiteren konservativen Richter. »Ist dies eine Regulierung des Handels? Ja. Ende der Geschichte.«

Doch ganz so einfach sah es die konservative Mehrheit mit den Richtern Antonin Scalia, John Roberts und Samuel Alito offenbar nicht. Richter Thomas hatte seit Jahren keine einzige Frage mehr in mündlichen Verhandlungen gestellt. Die »konservative Philosophie« der Richtermehrheit habe nichts mehr mit juristischen Prinzipien zu tun, kommentierte der Juraprofessor der American University, Jamin Raskin.[222] »Sie bedeutet lediglich, dass die fünf Richter, die unserem Land Citizens United aufzwangen, einen Weg suchen, mit den politischen Argumenten von Fox News, der Heritage Foundation und der rechten Kräfte der Chamber of Commerce übereinzustimmen. Dies ist ein Gericht, das nicht nur von der Politik der Republikanischen Partei dominiert wird, es ist ein Gericht, das vor allem von der Politik der Tea Party beherrscht wird. Wie peinlich.« Raskin verwirft die Argumente der Konservativen, nach denen die Regierung Menschen nicht zum Abschluss eines Vertrages zwingen könne. In zahlreichen Entscheidungen habe das höchste Gericht genau solche Befugnisse des Staates bestätigt. Bezeichnenderweise ist eines der aktuellsten Beispiele der Kampf gegen die Rassentrennung in den demokratisch beherrschten Südstaaten. Es war eine der großen gesellschaftlichen Auseinandersetzungen, in der auch die moderne Tea-Party-Bewegung ihre Wurzeln hat. In der Entscheidung »Heart of Atlanta Motel v. U.S.« von 1964 zwang das Gericht etwa Motel-, Hotel- und Restaurantbesitzer auf der Grundlage der nationalen Bürgerrechtsgesetzgebung zum Abschluss eines Beherbergungsvertrages mit Afroamerikanern und anderen Minderheiten. Diese Entscheidung beruhte ebenfalls auf der Commerce Clause, also der Kompetenz der Bundesregierung, zwischenstaatlichen Handel zu regeln, soweit diese Regelung nach dem entsprechenden verfassungsrechtlichen Grundsatz »erforderlich und angemessen« sei.

Angesichts der von Schlagworten dominierten, für die Demokraten enttäuschenden Diskussion im Supreme Court warnte Obama ganz offen vor »justiziellem Aktivismus«, einem Vorwurf, wonach die Entscheidungen der Justiz auf politischen und nicht auf juristischen Erwägungen basieren.[223] Damit griff er einen Vorwurf auf, der gewöhnlich von Konservativen geäußert wird. Die polarisierte Diskussion um die Gesundheitsreform sei ein Beispiel dafür. »Ich bin ziemlich zuversichtlich, dass das höchste Gericht dies anerkennt und diesen Schritt nicht gehen wird«, sagte Obama warnend und bereitete damit bereits die Linie seiner Wahlkampagne im Falle einer Niederlage vor.

DIE NIEDERLAGE ALS SIEG

Schon bei der Diskussion über eine mögliche Verfassungswidrigkeit des Gesetzes zeigte sich, wie sträflich die Auslassung einer staatlichen Alternative war. Denn eigentlich gab es bereits ein erfolgreiches Vorbild, das die Demokraten nur hätten anpassen müssen. Seit langem bezahlen alle Amerikaner durch ihre Steuern einen Anteil für die allseits beliebte, Jahrzehnte alte staatliche Krankenversicherung für Senioren, Medicare. Die Verfassungsmäßigkeit einer solchen Versicherung steht außer Frage. Würde man dort die Altersgrenze »ab 65« einfach streichen, hätte dies die Einführung einer solidarischen Bürgerversicherung, einer beitragsfinanzierten Krankenversicherung für alle Amerikaner, zur Folge. Juristisch stände diese Alternative auf einem soliden Fundament. Und ihr Erfolg ist unbestritten. 1965, nur ein Jahr nach Einführung von Medicare, war die Altersarmut um die Hälfte gefallen. Außerdem bedürfte es keiner Bürokratie, die allein zu dem Zweck geschaffen wurde, Ansprüche abzuwehren und Profite zu maximieren. Weil es sich hierbei wiederum um eine rein staatliche Versicherung handeln würde, würde der mächtigen privaten Versicherung über Nacht der Markt wegbrechen.

Da auch die Demokraten nicht gewillt sind, es mit diesen Interessen aufzunehmen, arbeiten sie nun an einer politischen Antwort auf das mögliche Scheitern der Reform. Für sie sprach James Carville. Der demokratische Stratege und Politprofi hatte für die Anmerkungen der konservativen Richter nur wenig übrig und begrüßte ausdrücklich ein für die demokratische Reform vernichtendes Urteil. Sollte das Gesetz tatsächlich zu Fall gebracht werden, sei dies aus einer politischen Perspektive »das beste, was den Demokraten passieren könnte.« Ohne eine Reform würden die Kosten des Gesundheitswesens »unglaublich eskalieren«.[224] 2012 seien 20 von 100 Menschen über 65. 2020 seien es schon 26. Die ohnehin schon stark gestiegenen Kosten der staatlichen Krankenversicherung für Senioren, Medicare, würden dadurch nur weiter in die Höhe getrieben werden. Mit der Niederlage der demokratischen Reform gehe die Verantwortung für das Gesundheitswesen endgültig auf die Republikaner über. Demokraten würden berechtigterweise sagen können: »Wir haben es versucht. Wir haben etwas getan, richtet euch an die Fünf-zu-vier-Mehrheit des Supreme Court.« Oder sie könnten einfach auf eine der treibenden Kräfte der Konservativen am höchsten Gericht verweisen: »Geh zu Scalia, wenn du eine Krankenversicherung brauchst.«

Die Rücknahme des Gesetzes, ganz gleich, ob durch eine Entscheidung des Supreme Court oder in Folge der Machtübernahme im Weißen Haus und im Kongress, könnte sich letztlich als

Pyrrhussieg für die Tea Party erweisen. Die Abschaffung der Reform würde die desolate Lage des amerikanischen Gesundheitswesens verschärfen. Solange die USA dieses zentrale Problem nicht abschließend in den Griff zu kriegen versuchen, bleiben sie das einzige westliche Land, in dem ein großer Teil der Bevölkerung ohne Krankenversicherung auskommen muss und Krankheiten für viele Menschen der sichere Bankrott bedeuten würden. Aufgrund der ins Unermessliche steigenden Kosten des amerikanischen Gesundheitswesens bliebe schließlich nur die vom Kongressabgeordneten Paul Ryan geforderte Totalprivatisierung, die noch mehr Menschen aus dem Versicherungsmarkt in die Armut entließe – eine kaum vorstellbare »Lösung«. Eine andere Möglichkeit wäre noch die von der Linken geforderte solidarische Bürgerversicherung, die alle Amerikaner erfassen würde und das amerikanische Gesundheitswesen vor dem Zusammenbruch bewahren könnte. Sollte die Aufhebung des Affordable Care Act eine solche Diskussion auslösen, hätte die erzkonservative Bewegung – wenn auch unfreiwillig – tatsächlich den Startschuss für einen fundamentalen Wandel in der amerikanischen Gesellschaft abgegeben.

7. DIE TRANSFORMATION DER REPUBLIKANISCHEN PARTEI

SCHULDEN, HAUSHALTSKÜRZUNGEN UND DIE STEUERN

Einige Hundert Anhänger der Tea Party hatten sich vor dem Kapitol in Washington D.C. eingefunden. Am Rednerpult stand der Kongressabgeordnete Mike Pence aus Indiana: »Wenn die Liberalen im Senat lieber politische Spielchen spielen und die Einstellung der Regierungstätigkeit in Kauf nehmen, anstatt eine kleine Anzahlung für Haushaltsdisziplin und Reformen zu leisten, dann sage ich: Macht die Regierung dicht!« – »Shut it down!«, riefen die Zuhörer daraufhin immer wieder. »Shut it down!« Ein Demonstrant, der sich als Comic-Superheld Captain America getarnt hatte, hatte auf sein Schild geschrieben: »Shut it Down – Save America!« Andere Demonstranten forderten die Einstellung der staatlichen Förderung des öffentlichen Rundfunks NPR und die Rücknahme von Obamas Gesundheitsreform Obamacare. Der US-Präsident versuche aus den USA »keine christliche Nation mehr zu machen«, hieß es auf einem weiteren Transparent.

Das Rednerpult zierte die Gadsden-Flagge, benannt nach dem US-amerikanischen General und Politiker Christopher Gadsden. Vor gelbem Hintergrund bäumt sich eine zum Angriff bereite Klapperschlange auf. Darunter steht in schwarzen Lettern: »Don't Tread on Me« (dt.: »Trampel nicht auf mir herum«). Die Fahne ist auf fast allen Demonstrationen der Tea Party präsent. Während Gadsden diese Fahne in der amerikanischen Revolution im Kampf gegen die britische Kolonialmacht verwendete, sehen die Erzkonservativen ihr Land heute von innen, von der »tyrannischen Regierung« Obamas bedroht.

Viele Menschen sind an diesem Tag jedoch nicht gekommen. Gerade einmal 300 haben sich vor dem Kapitol eingefunden. Ein großer Teil von ihnen sind Journalisten, die über den Protest berichten sollen. Eine eindrucksvolle Demonstration der eigenen Macht sieht anders aus. Zu der unter dem Motto »Continuing Revolution« stattfindenden Kundgebung im März 2011 hatte die Organisation Tea Party Patriots aufgerufen. Sie versteht sich als Dachorganisation der verschiedenen Tea-Party-Gruppen im ganzen Land. Zahlreiche Kongressabgeordnete hatten sich dem Protest angeschlossen und gaben den Medien, was sie brauchten. Neben Pence waren viele weitere prominente Konservative gekommen, darunter der ultrakonservative Kongressabgeordnete Steve King aus Iowa und die Tea-Party-Ikone und spätere Präsidentschaftsbewerberin Michele Bachmann aus Minnesota. Mit dem ausgesprochen rechten Senator aus South Carolina, Jim DeMint, und seinem radikal-libertären Parteikollen Rand Paul aus Kentucky war auch die zweite Kongresskammer vertreten.

Moderate gibt es unter Republikanern heute kaum noch. Selbst prominente Repräsentanten des moderaten Fügels wie Obamas Widersacher von 2008, John McCain, der einst für eine umfassende Einwanderungsreform oder für ein Umweltschutzgesetz mit den Demokraten zusammenarbeitete und für Kompromisse offen war, hielten dem Druck der immer mächtiger werdenden Tea Party nicht stand. Um nicht zur Zielscheibe der Radikalen zu werden, haben sie entweder ihre Postionen aufgegeben oder sind auffallend stumm geworden.

Sozialkonservative zwangen Kandidaten zudem zu sogenannten Pledges. Diese Art der Verpflichtungserklärungen oder Gelöbnisse schränken den Spielraum von Abgeordneten im Kongress deutlich ein und schließen Kompromisse rundherum aus. Besonders einflussreich erwies sich in dieser Hinsicht Grover Norquist, Präsident der auf Anregung von Ronald Reagan 1985 gegründeten Organisation Americans for Tax Reform (ATR). Ihre Unterzeichner verpflichteten sich gegenüber »dem Wähler«, keiner Steuererhöhung – in welcher Form auch immer – zuzustimmen.

Welche Auswirkungen solche Selbstverpflichtungen haben konnten, manifestierte sich bereits Ende 2010 bei der Frage der noch unter George W. Bush beschlossenen Verlängerung der auslaufenden Steuersenkungen für Reiche. Obama hatte schon vor den Zwischenwahlen für eine Verlängerung der Steuernachlässe für die unteren Einkommensgruppen plädiert. Auslaufen sollte aus seiner Sicht nur die Senkung für die obersten Einkommensgruppen, deren Steuersatz damit auf das um vier Prozentpunkte höhere Niveau aus der Zeit der Clinton-Regierung steigen sollte. Die Republikaner wollten dagegen eine generelle Verlängerung für alle und stellten sich stur. Um ihre reiche Klientel nicht zu enttäuschen, waren sie sogar bereit, die mit dem Kompromiss verbundenen Arbeitslosenzahlungen und Steuernachlässe für den Rest Amerikas auslaufen zu lassen. Sie nahmen, mit den Worten vieler Beobachter, »Amerika als Geisel«. Ohnehin führungsschwach und nachhaltig beschädigt von der Niederlage im November 2010 verhandelte Obama mit den »Geiselnehmern« – und gab nach. Trotz des steigenden Haushaltsdefizits stimmte er einer Verlängerung der Steuersenkungen auch für die höchsten Einkommen zu. Es war ein Muster, das sich in den kommenden Monaten wiederholen sollte.

Auch wenn die Abgeordneten, die sich zu der Tea Party zählten, nur eine Minderheit der 242 Republikaner im Repräsentantenhaus ausmachten, war ihr Einfluss groß genug, um Gesetzentwürfe zu blockieren. Das zeigte sich auch bei der Diskussion um die immer wiederkehrenden Haushaltsdebatten. Beim Streit um den Haushalt für 2011 kam die USA nahe an die Zahlungsunfähigkeit. Während die Demonstranten vor dem Kapitol, angefeuert von rechtskonservativen Kongressabgeordneten wie Mike Pence aus Indiana, eine kompromisslose Haltung forderten und die Radikallösung, die drohende Zahlungsunfähigkeit der Regierung, mit ihren »Shut it Down«-Rufen begrüßten, blockierten Konservative im Kongress die Verhandlungen. Die große Mehrheit der Amerikaner befürwortete nach mehreren Umfragen einen ausgewogenen Kompromiss aus Kürzungen und Steuererhö-

hungen, wie von den Demokraten gefordert.[225] Die Anhänger der
Republikaner drängten dagegen mehrheitlich auf die Einhaltung
ihrer Prinzipien – »selbst wenn dies den Eintritt der Zahlungsunfähigkeit zur Folge« hätte.[226] Die Republikaner hörten auf ihre
Basis und rückten keinen Zentimeter von ihrer Haltung ab. Als
hätte dies etwas mit dem Haushaltsdefizit zu tun, forderten sie
Kürzungen für Organisationen, die armen Frauen eine Kranken-
versorgung und unter anderem auch Abtreibungen anbieten, darüber hinaus machten sie sich für die Streichung von Um-
weltschutzregulierungen stark. Die Demokraten boten dagegen
Kürzungen in Sozialprogrammen an, die ihre Basis schützen
wollte. Aufgrund der »bedeutenden Konzessionen« der Demokraten, so die New York Times[227], konnte John Boehner am Ende
mit Einsparungen in Höhe von 38 Milliarden Dollar stolz die
»größte reale Haushaltskürzung« in der Geschichte der USA präsentieren. Die Tea Party hatte ihr Versprechen gehalten.

Dies war aber nur der Auftakt für ein Jahr, in dem die USA
aufgrund dieser extremen Positionierung wiederholt kurz vor
der Zahlungsunfähigkeit stehen sollte. Auch bei der Diskussion
um die Erhöhung der Schuldengrenze im Sommer zeigte sich die
republikanische Basis und allen voran die Tea-Party-Anhänger
kompromisslos. Einer Anhebung wollten die Hardliner der Tea
Party nur gegen entsprechende Haushaltskürzungen und ganz
ohne Steuererhöhungen zustimmen. Ihre harte Haltung verhinderte selbst einen großen Kompromiss Boehners mit Obama,
der kurz vor dem Abschluss stand. Erst später kam heraus, dass
er nicht an weiteren Forderungen Obamas gescheitert war, wie
Boehner den Verhandlungsablauf anfangs beschrieben hatte,
sondern am fehlenden Rückhalt seiner eigenen Parteikollegen
im Repräsentantenhaus.[228] Ein weiteres Mal hatte Boehner seine
Fraktion nicht im Griff. Und die Tea Party interessierte sich nicht
für die Folgen für die US- und die Weltwirtschaft.

»Nimm niemals eine Geisel, die du nicht zu erschießen bereit
bist«, sagte einmal der erzkonservative, republikanische Senator
Phil Gramm. Die Tea Party, so zeigte sich spätestens in dieser

Auseinandersetzung, war bereit, die Geisel zu erschießen. Und obwohl es dem Kongress gelang, die Zahlungsunfähigkeit durch einen kleineren Kompromiss im letzten Moment abzuwenden, führte der Stellungskrieg der Republikaner im Repräsentantenhaus zur ersten Herabstufung der nationalen Kreditwürdigkeit durch die Ratingagentur Standard & Poor's in 70 Jahren. Ein Vorfall, der von vielen Kommentatoren schlicht als »Tea Party Downgrade« bezeichnet wurde.

Die Republikaner seien von einer quälenden Angst besessen, dass sich die Wirtschaft erholen und Obamas Chancen auf eine Wiederwahl erhöhen könnten, urteilte der demokratische Kongressabgeordnete Barney Frank, Ko-Autor des unter Barack Obama verabschiedeten Dodd-Frank-Finanzmarktgesetzes.[229] Ihnen gehe es lediglich darum, Obamas Wiederwahl zu verhindern. Verantwortlich seien allerdings nicht die »Tea-Party-Republikaner« allein. Es gebe praktisch zwei gleich große Lager im Repräsentantenhaus, erläuterte Frank. »Die eine Hälfte sind Leute, die mit Michele Bachmann übereinstimmen. Die andere Hälfte setzt sich aus denjenigen zusammen, die in ihren Wahlbezirken Angst vor einem Herausforderer haben, der mit Michele Bachmanns Positionen übereinstimmt.«

Diese von ideologischer Sturheit und Angst getriebene Blockadehaltung gegen praktisch jedes Projekt der Demokraten resultierte noch im gleichen Jahr in der ersten folgenschweren Niederlage der Rechtskonservativen nach ihrem überwältigenden Wahlsieg 2010. Bei der Frage der Verlängerung der Senkung der Sozialbeiträge für Arbeitnehmer, die von Obama im Rahmen seines Stimulus-Programmes 2009 eingeführt worden war und auszulaufen drohte, schaffte es der US-Präsident, die Republikaner durch ihre eigene Rhetorik der niedrigeren Steuern als Allheilmittel gegen die wirtschaftliche Misere ins politische Abseits zu befördern. Unter dem Druck der Tea Party sahen sich Republikaner, allen voran der von ihnen getriebene Sprecher des Repräsentantenhauses John Boehner, mit einem Mal gezwungen, gegen eine Steuersenkung zu votieren, nur um Obama keinen »Sieg« zu verschaffen. Dieser Dogmatismus ging auch vielen Republikanern zu weit.

Gegen Ende 2011 zeichneten sich daher erste ernste Spaltungstendenzen innerhalb der Grand Old Party ab.[230] Bezeichnend war die Reaktion des auf der Welle der Tea-Party-Unterstützung ins Amt geschwemmten Senators aus Massachusetts Scott Brown. »Es regt mich auf, dass die Republikaner im Repräsentantenhaus eher ihre politischen Spielchen weiterführen, statt Lösungen zu finden«, hieß es in seinem Statement. »Unter ihrem Vorgehen werden amerikanische Familien leiden, und es wird unserer fragilen Wirtschaft schaden.«[231]

Auch das ansonsten für rechtsextreme Strategien tolerante und für den Unternehmerflügel der Republikanischen Partei stehende *Wall Street Journal* verurteilte das Vorgehen der Tea Party im Repräsentantenhaus schlichtweg als unfähig: »Die Führung der Republikaner hat die bemerkenswerte Leistung vollbracht, die Schuld für den Widerstand gegen eine Steuersenkung zugeschoben zu bekommen, der sie am Ende mit Sicherheit zustimmen wird. Das ist kein einfaches Doppelspiel.«[232] Was dabei allerdings oftmals übersehen wurde, war der Sieg der Tea-Party-Rhetorik. Steuersenkungen neben Haushaltskürzungen hatten inzwischen wie selbstverständlich Eingang selbst in den politischen Wortschatz der Demokraten gefunden.

Diesen Rechtsruck bei den Republikanern bewirkten allerdings nicht nur die sogenannten Freshmen, die erstmals in den Kongress gewählten Abgeordneten. Eine Untersuchung der *New York Times* führte zu einer verblüffenden Erkenntnis: Danach war es das sogenannte Republican Study Committee, eine besonders konservative Gruppe junger wie alter Kongressabgeordneter, die gemeinsam die großen Vorhaben durch ihr Nein blockierten.[233] Ihre Blockadehaltung lag bei entscheidenden Abstimmungen deutlich über dem Durchschnitt der Freshmen. Besonders deutlich wird dies anhand der Debatte um Katastrophenhilfe für die von Tornados betroffenen Bundesstaaten. Die Katastrophe im

Mai 2011 machte ganze Ortschaften wie die Stadt Joplin in Missouri dem Erdboden gleich. Dennoch bestanden die Republikaner im Repräsentantenhaus auf Kürzungen an anderer Stelle, um die Hilfe zu finanzieren. Während etwa 40 Prozent der Verweigerer aus dem Lager der Freshmen kamen, lag ihr Anteil im Study Committee bei 94 Prozent. In der Debatte um die Anhebung der Schuldenobergrenze stimmten rund 50 Prozent der Freshmen für die Zahlungsunfähigkeit, während in den unterschiedlichen Abstimmungen regelmäßig zwischen 70 und 100 Prozent des Study Committee für eine Blockade votierten. Das ist angesichts der Tatsache, dass viele der Neuen aus sogenannten »Swing Districts« stammten, also von Wählern aus Wechselbezirken in den Kongress geschickt worden waren, die weder klar republikanisch noch klar demokratisch votieren, erstaunlich. Dort gewinnen in der Regel Moderate, die Wähler aus beiden Lagern für sich gewinnen können, oder Unabhängige, die am Ende von Angehörigen beider Parteien Stimmen erhalten.

Bei Wahlen können Demokraten wie Republikaner grundsätzlich auf ihre Hochburgen setzen. Für die Republikaner sind das etwa die Südstaaten, für die Demokraten liberale Bundesstaaten wie Kalifornien und New York. Wer die Wahlen allerdings für sich entscheiden will, muss die »Swing States« gewinnen. Das Gleiche gilt im Kleinen auch für die Bezirke bei den Kongresswahlen. Entgegen der populären Darstellung waren die Neuen nicht die Konservativsten. Es war vielmehr ein Bündnis aus jungen, radikalen Rechten und ultrakonservativen Traditionalisten der Partei, die die explosive Mischung im Kongress ausmachte. Sie konnten jedes Vorhaben Obamas bedrohen und Projekte des republikanischen Sprechers der Kongresskammer John Boehner zu einem Drahtseilakt machen. Es überrascht kaum, dass zahlreiche von Boehner unterstützte Vorlagen genau aus diesem Grund scheiterten.

»Mein Problem«, erklärte der Repräsentantenhaussprecher dem *Wall Street Journal*, »liegt bei einigen älteren Mitgliedern, sie wollen immer mehr.«[234] Dennoch ist die Rolle der Neuen keineswegs zu vernachlässigen. Denn erst durch sie wuchs das 1973 gegründete Republican Study Committee von 110 auf 163 Mitglieder. Die Gruppe vereinte damit im 112. Kongress eine deutliche Mehrheit der republikanischen Kongressabgeordneten. Das Ergebnis der Untersuchung zeigt auch, dass die Tea Party vielmehr als eine Bewegung auf der Straße einen Trend in der Grand Old Party repräsentiert. Ihre Stärke auf der Straße wird dagegen in der Regel überschätzt. Die Zwischenwahlen 2010 und ihre Darstellung in den Medien sind ein gutes Beispiel dafür.

DIE ZWISCHENWAHLEN 2010

Früh schaffte es die Tea Party, ihre politische Agenda in handfeste politische Siege zu verwandeln. Der Sieg von Scott Brown in Massachusetts war nur der Anfang. Neben den Wahlen in den Bundesstaaten unterstützte die Tea Party im Rennen um den US-Kongress insgesamt 138 Kongressanwärter, davon waren 129 Kandidaten für das Repräsentantenhaus und neun kämpften um einen Sitz im Senat.[235] Viele von ihnen schafften es in den Kongress, der Einfluss der Tea Party wird hierbei aber überschätzt. Immer wieder heißt es, ihr Enthusiasmus sei entscheidend gewesen für die Eroberung der Mehrheit im Repräsentantenhaus und die Schwächung der demokratischen Mehrheit im Senat. Studien widerlegen diese These.

Der Wahlausgang 2010 entsprach exakt dem traditionellen Muster von Zwischenwahlen in den USA, die regelmäßig ein Referendum über die Amtsinhaber sind. Alle vier Jahre muss die Partei des Präsidenten in der Halbzeit seiner Amtsperiode deutliche Verluste hinnehmen. In den vergangenen 100 Jahren gab es nur zwei Ausnahmen: Franklin D. Roosevelt behauptete sich 1934 in der Großen Depression mit seinen Sozialprogrammen gegen eine aggressive konservative Offensive gegen sein Jahrhundertprojekt einer Rentenversicherung, Social Security. Und George W. Bush hielt 2002 die Macht der Republikaner im Kongress als Kriegspräsident nach den Anschlägen vom 11. September 2001.

2010 dagegen bestätigte die Regel wieder: Die anhaltend hohe Arbeitslosigkeit sowie die immer noch spürbaren Auswirkungen der Wirtschaftskrise hatten die Demokraten in die Defensive gedrängt. Auch ohne die Tea Party, so das Ergebnis, wäre die Wahl nicht anders ausgegangen. Für die Wahlen zum Repräsentantenhaus unterstützte die Tea Party im Wesentlichen konservative Kandidaten in konservativen Bezirken, in denen ohnehin ein Sieg der Konservativen zu erwarten gewesen war. Die Ergebnisse lassen also darauf schließen, dass die Bewegung vielmehr auf der Welle der Wechselstimmung geritten ist, anstatt diese losgetreten zu haben.

Was den Senat betrifft, ist ihre Bilanz sogar enttäuschend. Trotz der Tatsache, dass es für die Wahlen zu den sechsjährigen Senatsposten weniger Daten gibt, steht fest, dass von der Tea Party unterstützte Kandidaten eine um drei Prozent geringere Chance auf einen Sieg hatten als andere Republikaner. Die Tea Party mag ihren Enthusiasmus zur Mobilisierung der Republikaner beigetragen haben. Bei den Wahlen selbst war ihr Einfluss dagegen gering bis nicht existent. Nur ein Drittel der von der Tea Party ausgewählten Kandidaten schaffte es in den Kongress. »Dies ist nicht das Bild einer politischen Fraktion, die im Geld von vermögenden Privatpersonen und Konzernen schwimmt«, schreiben die Politologen. »Es ist vielmehr das einer Graswurzelbewegung, die mit bestens ausgestatteten und professionell agierenden Organisationen auf nationaler Ebene konfrontiert ist und der lokal das Geld fehlt. Leider sagt die Studie nichts darüber aus, welche Inhalte die Tea Party bei den republikanischen Kandidaten durchsetzen konnte. Es ist eine Sache, Republikaner in republikanischen Bezirken zu unterstützen (wo die Tea Party nach der Studie keinen Ausschlag gab) und eine andere, innerhalb der Partei besonders rechte Republikaner auf den Wahlzettel zu befördern. Dass die Unterstützung durch die Tea Party zumindest in den parteiinternen Vorwahlen durchaus einen bemerkenswerten Unterschied machte, ergab dagegen eine Untersuchung der Brigham Young University[236]. Demnach hatten von der erzkonservativen Bewegung getragene Kandidaten durchschnittlich einen Vorteil von acht bis neun Prozentpunkten.

Republikaner, die den ultrakonservativen Forderungskatalog »Contract for America«[237] unterzeichnet hatten, erreichten sogar einen Vorteil von durchschnittlich 20 Prozentpunkten und mehr. Ganz anders sah es dagegen im allgemeinen Wahlkampf gegen demokratische Kandidaten aus. Dort hatte die Bewegung auch nach dieser Studie keinen statistisch bedeutsamen Effekt auf die Wahlchancen eines Kandidaten. Nur eine Ausnahme nennt die Studie: FreedomWorks. Wer von dieser Gruppierung unterstützt wurde, die als eine der wenigen Organisationen auch bedeutende Summen in den Wahlkampf investierte, konnte mit einem Vorteil von durchschnittlich zwei Prozentpunkten rechnen. In knappen Wahlen konnte also die Unterstützung der erzkonservativen Organisation durchaus von Bedeutung sein.

O'DONNELL, ANGLE UND MILLER

Wie schädlich die extremen Positionen der Tea Party sein konnten, zeigte das Scheitern der Machtübernahme im Senat. Drei Namen stehen sinnbildlich für diese Erkenntnis: Christine O'Donnell, Sharron Angle und Joe Miller. Mit seinem Umzug nach Washington wurde der Senatssitz von Vizepräsident Joe Biden in Delaware vakant. Für die parteiinternen Vorwahlen unterstützte die Tea Party dort eine Außenseiterin gegen den langjährigen Kongressabgeordneten und moderaten Republikaner Michael Castle.

Erst durch die Hilfe der erzkonservativen Bewegung gewann Christine O'Donnell die Nominierung. Wie vom Parteiestablishment des Bundesstaates befürchtet, erwies sich die unerfahrene Kandidatin als politische Selbstmordattentäterin. Von O'Donnell kursierten bald so viele abstruse Interviewausschnitte, dass es für sie und die Partei bald mehr um Schadensbegrenzung als um Wahlkampf ging. Im Rückstand mit Steuerzahlungen und ihrer Hypothek verwandte sie erhebliche Zeit und etliche Dollars für

Werbekampagnen, in denen sie Wählern versicherte, dass sie eine verlässliche Kandidatin sei. Dies gipfelte in einem Videoclip, in dem sie erklärte: »Ich bin keine Hexe.«[238]

Bei der erzkonservativen Basis waren ihre extremen Positionen willkommen. Für den Rest der Wählerschaft war sie inakzeptabel. Sie verlor gegen den Demokraten Christopher Coons, dem in dem konservativen Bundesstaat ursprünglich nur geringe Chancen eingeräumt worden waren.

Im konservativ-libertären Alaska unterstützte Sarah Palin und die Tea Party den unbekannten Außenseiter und Rechtsanwalt Joe Miller und verdrängten die republikanische Senatorin Lisa Murkowski von der Parteiliste. Sie trat daraufhin als unabhängige Kandidatin an, was im Allgemeinen ein deutlicher Nachteil ist. Denn unabhängige Kandidaten müssen in Alaska im Write-In-Verfahren gewählt werden. Wähler müssen ihren Namen voll und fehlerfrei auf dem Wahlzettel ausschreiben. Schreibfehler machen den Wahlzettel ungültig, was die Chancen der Unabhängigen deutlich mindert. Und Murkowski ist nicht gerade ein gängiger amerikanischer Name. Dennoch verlor Miller. Und Lisa Murkowski war die erste erfolgreiche Write-In-Kandidatin in dem Bundesstaat seit 1954.

Für ihre Flucht vor Reportern war Sharron Angle bekannt. Sie brachte es fertig, innerhalb von nur sieben Wochen einen Vorsprung von elf Prozentpunkten in Umfragen durch eigene Unfähigkeit zu verlieren und – abhängig von verschiedenen Umfragen – um zwei bis sieben Punkte hinter ihren demokratischen Gegner Harry Reid aus Nevada zurückzufallen.[239] Nach der Unterstützung erzkonservativer Radio-Moderatoren und des Tea Party Express, der Organisation, die sich als Sprachrohr der Bewegung versteht, erntete sie immerhin 45 Prozent der Stimmen. Doch gegen den bei Konservativen verhassten, effizienten Mehrheitsführer der Demokraten im Senat Reid reichte das nicht. Er war neben der Sprecherin des Repräsentantenhauses, der Demokratin Nancy Pelosi, im Kampf um die Gesundheitsreform der wichtigste Partner Präsident Barack Obamas im Kongress und damit einer der größten Gegner der Tea Party. Doch die Republikaner verloren auch diese Schlacht.

DIE REPUBLIKANER IM 112. KONGRESS

Die Zwischenwahlen 2010 hatten den Republikanern die Mehrheit im Repräsentantenhaus beschert. Damit begann eine Reihe symbolischer Aktionen. Kurz nach Beginn der 112. Kongressperiode hatten die Republikaner die Verlesung des ursprünglichen Textes der US-Verfassung angesetzt, als müsste das Dokument nach zwei Jahren unter Präsident Obama und der Verabschiedung der Gesundheitsreform wieder in Erinnerung gerufen werden.

Aber selbst dieses relativ einfache Vorhaben wollte nicht gelingen: Seiten des Buches waren verklebt und mussten ausgelassen werden.[240] Hinzukam, dass sich die Abgeordneten so genau dann doch nicht an den Originaltext von 1787 halten wollten.[241] Der republikanische Mehrheitsführer Eric Cantor ließ etwa einen Abschnitt aus, der Sklaven als »drei Fünftel Mensch« klassifiziert und erst Jahrzehnte später durch einen Zusatzartikel außer Kraft gesetzt wurde.[242] Demokraten kritisierten die selektiven Auslassungen. »Es sind keine Löschungen, sondern Zusätze«, pflichtete ihnen auch die Republikanerin Louie Gohmert aus Texas bei. Um eine korrekte Lesung des gesamten Verfassungstextes war es den Rechten auch nie gegangen. Vielmehr sollte die Aktion der neuen Kongresskammer verdeutlichen, dass sich das Land nach Lesart der Tea Party zu weit von seinem Gründungsdokument entfernt hatte – was auch immer man darunter verstehen mag.

Für ihre Arbeit im Kongress hatten sie sich viel vorgenommen. In Zukunft sollte alles anders werden. Jedes Gesetz sollte in einem transparenten Verfahren verabschiedet werden, beschlossen die Republikaner. Die Abgeordneten seien rechenschaftspflichtig und jeder Gesetzentwurf müsse stets die Verfassungsnorm nennen, aus der sich die Regelungskompetenz der Legislative ergebe. Doch nur Stunden, nachdem die Republikaner die Macht im

Repräsentantenhaus übernommen und diese Regelungen verabschiedet hatten, wurde klar, dass sie diese selbstgesteckten Ziele selbst nicht sehr ernst nehmen würden. Eines ihrer ersten Gesetze war die Aufhebung von Obamas Gesundheitsreform. Schon für dieses Projekt kürzten sie das von ihnen selbst verlangte Verfahren, das auch Ergänzungen zugelassen hätte. In ihren Gesetzentwürfen fehlten zudem die verfassungsrechtlichen Normen, aus denen sich die Gesetzgebungskompetenz der Legislative ergeben würde.[243] Jedes Gesetz müsse kostenneutral sein und dürfe nicht zu höheren Ausgaben führen. Auch diesem Versprechen wichen sie aus, als die Republikanische Führung sich weigerte, bezüglich der Rücknahme der Gesundheitsreform eine Kostenrechnung durchzuführen.[244]

Inhaltlich hatten sich die Republikaner zudem von ihren Slogans im Wahlkampf entfernt. Anstatt die Wirtschaft wieder anzukurbeln und mehr Arbeitsplätze zu schaffen, kümmerte sich die neue Mehrheit um die Bekämpfung des Abtreibungsrechts oder die Überwachung amerikanischer Muslime. Außerdem führten symbolische Aktionen wie die Bekräftigung der Formel »In God we trust« oder die Bestätigung des Englischen als offizielle Sprache der Vereinigten Staaten zu vielen peinlichen Momenten für die Republikaner.[245]

Unter dem Druck der Tea Party und ihr nahestehender Interessengruppen in Washington D.C. rückten mehr und mehr moderatere Republikaner nach rechts. Die Bewertung des konservativen Club of Growth bestätigt diese Entwicklung.[246] Sogenannte »Finger-im-Wind-Republikaner« genießen kaum den Respekt der Tea Party. Dennoch, sie erfüllen ihre Wünsche und sind damit nützlich. Dass dies allerdings nicht unbedingt ihre Wiederwahl sicherstellt, zeigte das Schicksal von Robert Bennett. Der Senator aus Utah wurde bei seinem Auftritt beim Parteitag der Republikaner in Salt Lake City mit »TARP!«-Rufen ausgebuht. Obwohl er nicht gerade ein Beispiel eines moderaten Republikaners abgab, hatte die Basis genug von ihm, weil er für George W.

Bushs Programm zur Bankenrettung, das sogenannte Troubled Asset Relief Program (TARP) votiert hatte. Nach 18 Jahren im Kongress wollten sie ein neues Gesicht und bekamen es mit Mike Lee. Bennetts Senatskollege Orrin Hatch, der sich auf rechte Herausforderer bei seiner Wiederwahl 2012 einstellen musste, zog seine Konsequenzen aus dem Rechtsruck und rückte ebenfalls nach rechts. Er tauchte fortan regelmäßig auf Tea-Party-Veranstaltungen auf und unterstützte einen von den Ultrakonservativen geforderten Verfassungszusatz für einen »ausgeglichenen Haushalt«. Für seine lebenslange Karriere bescheinigte der Club for Growth dem Republikaner eine 74-Prozent-Bewertung, 2008 lag er mit 69 Prozent noch deutlich darunter. 2009 erhielt er 88, ein Jahr darauf 97 und 2011 sogar 99 Prozent.[247]

Doch die Werte Hatchs sind nichts gegen die seines Senatskollegen Mike Lee. Der Nachfolger von Robert Bennett und linientreue Neueinsteiger erhielt im ersten Amtsjahr glatte 100 Prozent und belegte damit – gemeinsam mit vier weiteren Senatoren – den ersten Platz im Konservativismus-Ranking des Clubs. Es sei keine Überraschung, dass republikanische Senatoren wie Richard Lugar und Orrin Hatch einen scharfen Ruck nach rechts vollzögen, um Widersacher von rechts abzuwehren, schrieb der konservative *New York Times*-Kolumnist David Brooks.[248] Dennoch sei es »nicht ehrenhaft«, seine wahre Natur den Gegebenheiten anzupassen, um die Wiederwahl zu gewinnen: »Im ganzen Land gibt es Mainstream-Republikaner, die sich darüber beschweren, dass die Partei immer engstirniger und rigider geworden ist«, schrieb Brooks. Als Beispiel nannte er den Präsidentschaftswahlkampf. »Dieses Jahr haben sie eine exzellente Chance, Obama zu besiegen, und dennoch haben diese Flügelstürmer die Reputation der Partei in den Dreck gezogen, indem sie von einer peinlichen und unwählbaren Option zur nächsten schwangen: Bachmann, Trump, Cain, Perry, Gingrich, Santorum.«

»Die Extremisten nennen ihre innerparteilichen Gegner RINOs«, schreibt Brooks. Doch das sei eine Beleidigung der Rhinozerosse. »Das Nashorn ist ein hartes, nobles Tier. Wenn RINOs wie Rhinos wären, würden sie sich gegen diejenigen stellen, die darauf aus sind, sie zu zerstören. Aber die professionellen Republikaner machen das nie. Sie sind keine Rhinos. Sie sind Opossum-Republikaner. Sie zittern für ein paar Sekunden und dann fallen sie jedes Mal, wenn sie von rechts aggressiv herausgefordert werden, in ein unfreiwilliges Koma.« Der durchgedrehte Wahlkampf der Grand Old Party treibe Unabhängige von Romney zu Obama, warnte Brooks. Der scharfe Rechtsschwenk der moderateren Republikaner garantiert zudem keinen Erfolg.

Gegen Hatch steht bereits dessen Tea-Party-Herausforderer Jason Chaffetz in den Startlöchern. Und er hat starke Förderer – denn auch ultrarechte Organisationen wollen Hatchs Kopf – trotz der aktuellen Höchstnoten des Club for Growth. Nach Angaben des Center for Responsive Politics hatte allein FreedomWorks bis März 2012 mehr als 340.000 Dollar in Werbeattacken gegen Hatch investiert, mehr als 90 Prozent all ihrer Mittel gegen republikanische Kandidaten und der höchste Einzelbetrag in der Kriegskasse der Organisation.[249] Der Kampf gegen eine Reihe weiterer führender Demokraten war ihnen bis dahin zusammen genommen gerade einmal 176.000 Dollar wert. Der Löwenanteil davon (173.000 Dollar) ging in Werbung gegen US-Präsident Barack Obama. ›Um Obama kümmern wir uns später‹, scheinen sie sich zu sagen. Jetzt ist erst einmal die eigene Partei dran.

ZU EXTREM FÜR AMERIKA?

Die Tea Party verlieh den Republikanern nach der vernichtenden Niederlage gegen den Demokraten Barack Obama 2008 neue Energie. Doch der Auftrieb fordert einen hohen Preis. Seit langem warnen auch konservative Beobachter vor der radikalen Agenda der Bewegung, die allein in den vergangenen Jahren die Partei weiter in extrem rechtes Fahrwasser gezwungen hat. Die Warnungen sind begründet, die extremen Kandidaten könnten bei der Präsidentschaftswahl 2012 zur größten Stärke Obamas werden.

Die USA seien immer noch eine Mitte-Rechts-Nation, lautet ein gern wiederholtes und populäres Klischee. Die ständige Beschwörung macht es aber nicht wahrer. Tatsächlich bewegt sich die USA in den großen gesellschaftlichen Fragen nach links. Rechte für Homosexuelle werden ausgeweitet, und nicht wie die Rechte es gern hätten, verweigert oder eingeschränkt. Selbst angesichts des überwältigenden Sieges der Republikaner bei den Zwischenwahlen 2010 schaffte es Obama noch Monate später, die Rechte Homosexueller beim Militär zu stärken und den unter Präsident Bill Clinton eingeführten Kompromiss des »Don't Ask, Don't Tell« abzuschaffen. Diese Regelung hatte Homosexuellen den Dienst in der Armee erlaubt, solange niemand etwas von ihrer sexuellen Orientierung erfuhr.

Auch die Rechte der Frauen werden immer weiter angeglichen, und nicht wie die Rechte es fordert, zurückgenommen. Unmittelbar nach seinem Amtsantritt unterzeichnete Präsident Barack Obama den Lilly Ledbetter Fair Pay Act, ein Gesetz, das Frauen ihren Anspruch auf gleichen Lohn für gleiche Arbeit erleichtern soll. Keine Selbstverständlichkeit, wäre es nach den Republikanern gegangen, wäre dieser »Eingriff in den Markt« nicht in Kraft gesetzt worden.

Die scheinbare Niederlage der Demokraten bei der Kommunikation der Gesundheitsreform hat handfeste Gründe, die in der Sache selbst liegen. Man stelle sich nur vor, die Abgeordneten des Deutschen Bundestages beschlössen die Pflicht zum Abschluss einer privaten Krankenversicherung ohne staatliche Alternative. Dieses Beispiel beschreibt eines der grundlegenden Probleme mit dem Patient Protection and Affordable Care Act (ACA) Obamas, den die Rechte als Obamacare zu verunglimpfen sucht. Auch in Deutschland wäre der Widerstand gegen eine entsprechende Vorschrift groß, nur dass hier – von Sozialdemokraten bis zur Linken – viele in den Chor der Kritiker mit einstimmen würden. In den USA gilt bei linksliberalen Demokraten unter den aktuellen politischen Gegebenheiten eine solch unzureichende Reform immer noch als Schritt nach vorn. Und das obwohl die Idee einer individuellen Versicherungspflicht innerhalb des privatisierten Gesundheitssystems ursprünglich eine Idee der Republikaner war. Keine Reform wäre besser als diese, meinen daher bislang ausschließlich linke Kritiker Obamas. Das Problem ist also vor allem, dass die Linke kaum zu vernehmen ist. Und das ist auch der Fall, wenn die Mehrheit der Amerikaner hinter ihr steht, etwa bei der Frage einer staatlichen Krankenversicherung als Alternative zum privaten Versicherungsmarkt. Rund zwei Drittel der Amerikaner sprachen sich auf dem Höhepunkt der Auseinandersetzungen für eine solche Alternative aus. Doch um die Industrie an den Verhandlungstisch zu bringen, nahm Barack Obama genau diese Option schon vor Beginn der Verhandlungen vom Tisch.

Die Republikaner, das muss man ihnen lassen, sind alles andere als ängstlich. Immer wieder vertreten sie aus Überzeugung auch unpopuläre und politisch gefährliche Positionen, die sie dann jedoch konsequent durchzusetzen versuchen. Dabei nehmen sie durchaus in Kauf, kurzfristig Wahlen zu verlieren oder Posten einzubüßen. Für Überzeugungstäter ist das der Preis für einen echten, gesellschaftlichen Wandel. Ihre kontinuierlichen rhetorischen Angriffe gegen die staatliche Krankenversicherung für Senioren, Medicare, untermauerten sie mit einem Haushaltsplan mit einer klaren Ansage. Nach der »Roadmap to Prosperity« (dt.: Fahrplan zum Wohlstand) des Vorsitzenden des Haushaltsausschusses des Repräsentantenhauses Paul Ryan sollten unter dem Vorwand der Sanierung des Haushaltes Steuern insbesondere für Reiche radikal gekürzt, die Körperschafts- und Erbschaftssteuer ganz abgeschafft werden. Zugleich sieht sein Plan Kürzungen bei Lebensmittelprogrammen für arme Kinder sowie Einschnitte bei Forschung und Lehre und Infrastrukturausgaben vor. Das Rentensystem Social Security soll teilprivatisiert und die Senioren durch die Privatisierung der staatlichen Krankenversicherung Medicare ganz dem privaten Markt überlassen werden. Um die ihnen entstehenden Kosten zumindest teilweise abzufedern, sollten Senioren in der Zukunft einen »Premium Support«

(dt.: Prämienunterstützung) genannten, feststehenden Zuschuss vom Staat erhalten. Der Begriff des »Premium Support« sei nichts anderes als ein »Euphemismus für steigende Kosten, die Senioren aufgelastet werden«, kommentierte Jonathan Oberlander, Professor für Sozialmedizin an der University of North Carolina at Chapel Hill, das Konzept Ryans[250].

Wer weiß, wie beliebt diese staatliche Krankenversicherung in der Bevölkerung ist, wird den politischen Mut Ryans zu schätzen wissen. Der 1970 geborene Politiker ist einer der Hoffnungsträger der Republikaner und wird immer wieder als Vize- und zukünftiger Präsidentschaftskandidat gehandelt. Angesichts des schwachen Kandidatenfeldes wurde immer wieder auch sein Name neben anderen politischen Schwergewichten wie dem Gouverneur aus New Jersey Christ Christie oder George W. Bushs Bruder Jeb Bush genannt.

In der Partei war Ryan mit seinem radikalen Umverteilungsvorhaben keineswegs isoliert. Im Gegenteil, im Repräsentantenhaus stimmten fast alle der 242 Republikaner für seinen Plan, nur vier von ihnen votierten dagegen – und das obwohl der Plan angesichts der demokratischen Mehrheit im Senat keinerlei Aussicht auf Verabschiedung hatte. Es war eine rein symbolische Abstimmung über ein in der Öffentlichkeit schwer vertretbares Thema.

Wie schwer, das zeigten die unmittelbaren Folgen in einem kleinen Wahlbezirk in Upstate New York. Vor allem aufgrund der von den Republikanern losgetretenen Diskussion um Medicare konnte sich die demokratische Kandidatin Kathy Hochul im Mai 2011 in dem traditionell höchst konservativen 26. Wahlbezirk einen Überraschungssieg sichern. Auch die Last-Minute-Hilfe von Karl Roves Organisation American Crossroads für die als sichere Gewinnerin gehandelte Republikanerin Jane Corwin half nichts. Es war der erste große Sieg der Demokraten nach dem Fiasko vom November 2010 und symbolisch fast so wichtig wie der Sieg Scott Browns im Januar 2010 für die Tea Party.

Dennoch fiel nach dieser Niederlage die Unterstützung für

den Ryan-Plan bei einer von den Demokraten forcierten Abstimmung im U.S.-Senat nur geringfügig schwächer aus. Zwar scheiterte der Entwurf dort wie erwartet an der demokratischen Mehrheit, aber von den 47 republikanischen Senatoren votierten lediglich fünf gegen den radikalen Haushaltsplan. Und von diesen hatten einige nur deshalb dagegen gestimmt, weil sie für noch mehr Kürzungen eintraten.

»Wie kommt es, dass Republikaner so diszipliniert für einen Plan stimmen, der keine Aussicht auf Erfolg hat, zutiefst unpopulär ist und dem von vielen die Schuld für die Niederlage in New Yorks 26. Bezirk gegeben wird?«, fragte *Washington Post*-Kolumnist Ezra Klein.[251] Der Glaube an die rechte Sache mag bei vielen Senatoren ein Grund gewesen sein, vermutete er. Dieser erkläre allerdings nicht die große Geschlossenheit. Hinzu komme, dass bei den meisten republikanischen Senatoren die Angst vor der eigenen Basis offenbar größer sei als die Angst vor dem Wähler.

Denn deren Haltung ist eindeutig. Eine Umfrage vom *National Journal* und dem Pew Research Center vom September 2011 zeigte eine klare Ablehnung bei einer großen Wählergruppe: Menschen über 65 Jahre.[252] Ganz gleich ob Demokraten oder Republikaner, 69 Prozent der Befragten lehnten eine private Versicherung mit staatlichen Subventionen ab. Nur jüngere Befragte sprachen sich für den Plan aus. 48 Prozent der 30- bis 49-Jährigen unterstützten die Idee, nur 37 Prozent waren dagegen. Geht es nach den älteren Amerikanern, soll die 1965 unter Lyndon B. Johnson eingeführte staatliche Versicherung bestehen bleiben. Wohl auch deshalb soll die Reform Ryans nur für Menschen unter 55 gelten. Ob diese Differenzierung von den Wählern wahrgenommen wird, ist allerdings fraglich.

All das sind längst keine theoretischen Diskussionen mehr. Aus der rechten Ecke hat Ryans Plan längst den Einzug in den Mainstream vollzogen. Sein Konzept steht heute im politischen Programm des republikanischen Präsidentschaftsbewerbers Mitt Romney. Er bezeichnete den Plan als »exzellent«.[253] »Ich unterstütze den Budget-Plan Ryans. Er ist ein mutiges und aufregendes Vorhaben.« Und unter dem Druck der Tea Party lassen die Republikaner nicht nach. Statt Steuern zu erhöhen, wollen sie die Institutionen des New Deals weiter abbauen. Der Verteilung des Risikos auf viele Schultern, arm und reich, krank und gesund, setzen die Konservativen unter Paul Ryans Führung individuelles Risiko entgegen, oder wie sie es nennen, »Eigenverantwortung« und »individuelle Freiheit«.

Wie rechtfertigt man dieses politische Ziel bei Wählern mit gegensätzlichem Interesse, also der weißen Arbeiterklasse, den Geringverdienern und Armen, die von solchen Programmen profitieren und dennoch für ihre Abschaffung stimmen sollen? Nach den Worten Paul Ryans bedeutet die Abschaffung all dieser sozialen Errungenschaften die »Befreiung« der Amerikaner von »der unerbittlichen Expansion des Staates und einer Kultur der Abhängigkeit«. Für andere ist dies nur ein weiteres Zeichen für den Abstieg der Partei.

»Wann haben die Republikaner den Bezug zur Realität verloren?«, fragte David Frum im *New York Magazine* schockiert über die Entwicklung der Grand Old Party.[254] Frum ist keineswegs ein klassischer Moderater, sieht jedoch eine Radikalisierung des politischen Systems der USA. »Das erste Jahrzehnt des 21. Jahrhunderts war eine verrückte Reminiszenz an das 20. Jahrhundert: eröffnet mit einem zweiten Pearl Harbor und endend in einem zweiten großen Crash – und mitten rein gequetscht ein zweites Vietnam. Jetzt scheinen wir in der Spirale einer neuen Großen Depression gefangen zu sein. Diese Schocks radikalisierten das politische System, beschädigten demokratische Falken wie Hillary Clinton in den Bush-Jahren und trieben Republikaner dazu, die Wirtschaftstheorie Ayn Rands zu entstauben.«

DIE REPUBLIKANER UND DIE ABTREIBUNG

Die Christliche Rechte hatte die Tea Party aufgrund ihrer libertären Elemente anfangs mit Skepsis beäugt. Bald stellte sie jedoch fest, dass bei ihren Herzensanliegen die Tea Party ein Verbündeter war. Damit trieben sie die Partei weit nach rechts. Und wenn vom Rechtsruck in der Republikanischen Partei die Rede ist, gibt es kaum ein Thema, das diesen so deutlich illustriert, wie ihr Dschihad gegen das Recht auf Abtreibung. Mit der Machtübernahme der Republikaner im Repräsentantenhaus rückte dieses bei Sozialkonservativen beliebte Thema in den Vordergrund. Und es dominiert inzwischen die Politik der Partei. Nach mehreren ideologischen »Reinigungs-Zyklen« ist es schwer, überhaupt noch einen Republikaner, der sich für das Recht auf Abtreibung ausspricht, zu finden.

Der Schwangerschaftsabbruch ist seit der Grundsatzentscheidung des Supreme Court Roe v. Wade von 1973 in den Vereinigten Staaten legal und fällt unter das Recht der Privatsphäre. Was sich seit Ende der 1960er-Jahre als ein Schlüsselthema zur Bindung der religiösen Rechten an die Republikanische Partei erwies, hat diese inzwischen komplett umgekrempelt. Wie wichtig das Thema für die Konservativen war, zeigte die Politik in den Bundesstaaten mit republikanischen Mehrheiten. Seit ihrer Machtübernahme haben die Republikaner sage und schreibe 1100 Bestimmungen zur Einschränkung des Abtreibungsrechts behandelt – so viele wie noch nie zuvor.[255] Immerhin 92 davon erlangten in 24 Bundesstaaten Gesetzeskraft, ebenfalls ein neuer Rekord. Der bisherige Höchststand war das Jahr 2005 mit allein 35 neuen Restriktionen.

Unter den Bestimmungen finden sich auch solche, die Frauen den Erhalt von falschen Informationen vorschreiben. Das geschieht in nunmehr 16 Bundesstaaten der USA. In Kansas und Indiana beispielsweise werden Frauen vor der Abtreibung darauf hingewiesen, dass es sich schon ab der Empfängnis um eine Person handelt, eine Angabe, die nicht der Rechtslage entspricht.

In Kansas müssen Ärzte betroffene Frauen darüber »aufklä-
ren«, dass die Prozedur zu einem höheren Brustkrebsrisiko führt,
obwohl dies nicht dem Stand der Forschung entspricht. Zugleich
dürfen behandelnde Ärzte Probleme während der Schwangerschaft verschweigen, um Abtreibungen zu verhindern. Auch in
anderen Bundesstaaten wie zum Beispiel Oklahoma gibt es inzwischen entsprechende Regelungen.

»Wir wollen, dass Frauen vollständig informiert werden«, begründete der Abgeordnete Joe Patton aus Topeka, Kansas, die
neuen Beschränkungen. In zahlreichen Staaten wurden obligato-
rische Wartezeiten vor der Abtreibung eingeführt, in denen Frau-
en zu »Konsultationen« gezwungen werden und bei denen sie
Ultraschallbilder der Föten betrachten müssen. Fünf Bundesstaaten führten im vergangenen Jahr solche Regelungen neu ein.
Ein Entwurf in Virginia ging sogar so weit, eine vaginale Ultra-
schalluntersuchung vorschreiben zu wollen. Nach einem nationalen Aufschrei machten Gouverneur Bob McDonnell und seine
republikanische Mehrheit einen Rückzieher. Eine Ultraschall-
untersuchung blieb allerdings Voraussetzung, nunmehr ohne
Vaginalsonde. In North Carolina und Texas kassierten Gerichte
Bestimmungen, nach denen die Ultraschallbilder ausführlich erläutert werden sollten.

Kansas, Nebraska, Oklahoma und Utah verbieten neuerdings
Gesundheitsversicherern, Abtreibungen in ihren Policen anzubieten. Nur wenn das Leben der Frau in Gefahr sei, dürfe eine
Abtreibung nach diesen Regelungen in Betracht kommen. Utah
war immerhin so großzügig, eine Versicherung auch für Fälle
von »Vergewaltigung, Inzest oder bei möglichen substantiellen
oder irreparablen Folgen« für die Gesundheit der Frau zuzulas-
sen. Acht Bundesstaaten sperren den Zugang zu einer die Abtreibung beinhaltenden Versicherungspolice. Dies sind nur einige
Beispiele für diese neuen Regelungen. Wer also bei der Tea Party
vor allem an den »kleinen Staat«, »weniger Steuern« und die Re-
duzierung des Haushaltsdefizits denkt, übersieht vieles, was
diese Bewegung noch ausmacht. Ihre Agenda umfasst weit mehr

sozialkonservative Themen, als dies im Allgemeinen wahrgenommen wird.

Dass sie damit auch die nationale Agenda beeinflusste, zeigte der 112. Kongress. Nach ihrem Erfolg bei den Zwischenwahlen nutzten die Republikaner das Thema zur Befriedigung ihrer Basis. Trotz aller Beteuerungen, das es ihnen um »Jobs, Jobs, Jobs« gehe, votierte das von den Republikanern beherrschte Repräsentantenhaus schon bei seinem dritten Vorhaben für ein Verbot der Finanzierung von Abtreibungen aus Steuermitteln. Nicht dass dies besonders dringend wäre: Schon seit Verabschiedung des Hyde-Amendments 1976 ist dies verboten. Da Empfängerinnen staatlicher Programme in der Regel arm sind, wirkt diese Regelung für sie schon seit Jahren wie ein faktisches Abtreibungsverbot. Und das Gesetz HR3 war nur der Auftakt für zahlreiche Restriktionen, mit denen sich die Konservativen in der Kongresskammer beschäftigen sollten. Zudem waren sie bereit, für diese Sache den Haushalt für das Jahr zu blockieren.

Ohne Kürzungen für die Organisationen wie Planned Parenthood würden sie einen Haushaltskompromiss ablehnen, drohten sie im Frühjahr 2011. 95 Prozent der Tätigkeit der gemeinnützigen Gesundheitsorganisation Planned Parenthood widme sich ausschließlich Abtreibungen, behauptete etwa Senator Orrin Hatch und wiederholte damit eine Behauptung, die schon ein Kongresskollege von ihm, John Kyl, ein Jahr vorher geäußert hatte und dann zurückziehen musste. Tatsächlich machen Abtreibungen rund drei Prozent ihrer Arbeit aus. John Kyl versuchte sich damals mit einem Statement aus der Affäre zu ziehen, wonach er seine Bemerkung nicht als »Tatsachenbehauptung« hatte verstanden wissen wollen.[256] Vielmehr habe er damit deutlich machen wollen, dass Planned Parenthood, »eine Organisation, die Millionen an Steuergeldern erhält, Abtreibungen bezuschusst«. Auch er verschwieg bewusst, dass überhaupt keine Abtreibungen aus Steuermitteln des Bundes finanziert werden dürfen.

Der gesellschaftliche Widerstand gegen diese rechtsextreme Politik bleibt schwach, insbesondere auf der Ebene der Bundesstaaten. Der parteiinterne Rechtsruck hat längst große Teile der amerikanischen Gesellschaft erfasst.

So nahmen sich alle im Rennen verbliebenen republikanischen Kandidaten dieser sozialkonservativen Agenda an, allen voran Mitt Romney. Damit erst gar kein Zweifel an seiner konservativ-religiösen Grundhaltung aufkommen konnte, spickte er seine Wahlkampfauftritte mit regelmäßigen Episoden zu seinen religiösen Überzeugungen.

DIE EMPFÄNGNISVERHÜTUNG

Da die Frage der Abtreibung allein offenbar nicht mehr ausreichend als Mobilisierungsinstrument funktioniert, haben die Republikaner sie mit dem Kampf gegen Verhütungsmittel verbunden. Zum Anlass dafür nahmen sie die Gesundheitsreform Obamas, die auch religiöse Arbeitgeber verpflichtet, Angestellten in Versicherungspolicen Zugang zur Empfängnisverhütung zu gewähren. Die Konservativen warfen dem US-Präsidenten vor, mit dieser Regelung die Religionsfreiheit zu verletzen. Die Abwehr von Obamas Versuch, allen arbeitenden Frauen Zugang zu Verhütungsmitteln zu verschaffen, verglich die katholische Bischofskonferenz der USA mit dem Widerstand gegen »totalitäre Einbrüche« in die Religionsfreiheit.[257]

Demonstrativ brachten die Republikaner dieses Thema im Senat auf die Tagesordnung. Nur knapp scheiterte in der zweiten Kongresskammer eine Regelung, nach der jeder – nicht nur religiöse – Arbeitgeber die Deckung von Mitteln zur Empfängnisverhütung für Frauen in von ihnen angebotenen Versicherungspolicen aus Gewissensgründen hätte ablehnen können. Die demokratische Mehrheit verhinderte die Passage des nach seinen Autoren benannten Blunt-Rubio-Amendments. Alle Republikaner stimmten für das Gesetz – bis auf Olympia Snowe. Die Senatorin aus Maine hatte kurz zuvor angekündigt, angesichts der Extremisten in ihrer Partei nicht für eine weitere Amtszeit kandidieren zu wollen, und das obwohl ihre Wiederwahl als so gut wie sicher galt und sie keinen Herausforderer von Rechtsaußen zu fürchten hatte. Repräsentantenhaus-Sprecher John Boehner verlor den Kampf, als er ankündigte, die Frage der Empfängnisverhütung durch eine demonstrative Abstimmung im Repräsentantenhaus »am Leben zu halten«. Angesichts des öffentlichen Aufschreis machte er jedoch bald einen Rückzieher. Das Thema war schlicht zu explosiv.

Selbst Mitt Romney sprach sich dafür aus, eine entsprechende Pflicht abzuschaffen. Und das obwohl seine Reform in Massachusetts eine vergleichbare Regelung beinhaltete. Populär war diese Politik nicht. Angesprochen auf entsprechende Äußerungen Mitt Romneys, der im Falle seiner Wahl die Entscheidung Obamas im Rahmen seiner Gesundheitsreform zurückzunehmen versprach und die Politik der US-Regierung als Eingriff in die Religionsfreiheit bezeichnete, erklärte mit 40 Prozent eine klare Mehrheit, dass Romneys Haltung zur Empfängnisverhütung ihre Unterstützung für den Republikaner weniger wahrscheinlich mache. Nur 23 Prozent befürworteten die Haltung Romneys, für 33 Prozent spielte die Frage keine Rolle bei der Auswahl ihres Kandidaten. Noch ein größerer Anteil von Katholiken widersprach mit 46 Prozent der Position Romneys. Aber auch in dieser Sache bleiben die Republikaner weiter auf Kurs. »Wacht auf«, rief die demokratische Senatorin Barbara Boxer den Republikanern in einer Pressekonferenz empört zu. »Dies ist das 21. Jahrhundert!«

Bei einer Kongressanhörung zu diesem Thema luden die Republikaner ausschließlich Männer ein. »Wo sind die Frauen?«, rief die demokratische Kongressabgeordnete Carolyn Maloney aus New York empört in Richtung des Ausschussvorsitzenden, dem rechtskonservativen Republikaner Darrell Issa.

Um Frauen eine Stimme zu geben, organisierten die Demokraten eine eigene Anhörung, zu der sie auch eine Studentenaktivistin einluden. Die Frauenrechtlerin und Jurastudentin an der Georgetown University Sandra Fluke berichtete über Frauen, die aus gesundheitlichen Gründen auf die Anti-Baby-Pille angewiesen seien. Auch aus diesem Grund sprach sie sich in ihrer

Stellungnahme für eine allgemeine Versicherungsdeckung von Verhütungsmitteln aus und schlug sich damit auf die Seite der Obama-Regierung. Der Kongressausschuss hatte ihre Stellung-nahme abgelehnt, weil sie keine »Expertin« in diesen Fragen sei, so die Republikaner.

Daraufhin wurde Fluke von der Rechten angegriffen. Der evangelikale Radiomoderator Rush Limbaugh hetzte tagelang in seiner Sendung gegen sie. Erschreckend wenig Wissen über die Anti-Baby-Pille offenbarend, sagte er, sie habe so viel Sex, dass sie sich die Empfängnisverhütung nicht mehr leisten könne. »Sie will, dass wir, die Steuerzahler, ihr die Pille bezahlen, so dass sie mehr Sex haben kann. Wie nennt man jemanden, der für Sex bezahlt werden will? Eine Prostituierte ...«, sagte er in typischer Limbaugh'scher Logik. Diese und andere Beleidigungen wie »Schlampe« wiederholte Limbaugh ununterbrochen und über mehrere Tage. Wenn sie dafür Geld vom Steuerzahler wolle, solle sie wenigstens Videos ihres Sexuallebens ins Internet stellen, for-derte er schließlich.

Dieser rechtsextreme Übergriff radikaler Republikaner verän-derte die gesamte Diskussion. Die Religion war erledigt, nun ging es um das Recht der Frauen auf Empfängnisverhütung. Dies war ein weiteres Beispiel für den totalen Kontrollverlust der Partei über ihren rechten Flügel.

Frauen stellen die Mehrheit der Wähler in den USA. Wären Verhütungsmittel nicht mehr von den Versicherungen zu finan-zieren, müssten sie rund 600 bis 1.200 Dollar jährlich dafür zah-len – zuzüglich zu den anderen Kosten ihrer Krankenversiche-rung.

Kurz: Die von den Republikanern »Krieg gegen die Religion« getaufte Auseinandersetzung wurde unter diesen Vorzeichen bald zum »Krieg gegen die Frauen«. Die Reaktion der Öffentlich-keit kam umgehend und fiel hart aus. Selbst konservative Frauen kritisierten landesweit den Kurs der Republikaner. Innerhalb von wenigen Tagen verlor Limbaugh fast alle Werbepartner. Nach der Debatte um die Senkung der Sozialversicherungsbeiträge Ende

2011 verloren die Republikaner damit eine weitere PR-Schlacht. Einer Public-Policy-Polling-Umfrage vom Februar 2012 zufolge befürworteten 57 Prozent der Befragten die Politik der Obama-Regierung.[258] 37 Prozent sprachen sich dagegen aus. Schon wieder reflektierte die Stimmung in der Partei nicht die Haltung der amerikanischen Öffentlichkeit.

DIE SOGENANNTEN PERSONHOOD-INITIATIVEN

Der Rechtsruck der Republikaner manifestierte sich nicht nur an den Gesetzesinitiativen, die in den Bundesstaaten wie im Repräsentantenhaus verabschiedet wurden, sondern auch an ihren gescheiterten Projekten, die selbst der konservativen Parteibasis in einigen Fällen zu radikal waren. Das traf etwa auf die sogenannten »Personhood-Amendments« zu. Mit dem Rückenwind der konservativen Wiederauferstehung hatten in zahlreichen Staaten sogenannte »Personhood«-Initiativen ihre Anliegen auf die Wahlzettel gebracht. Wenn es nach ihnen ginge, solle schon die Empfängnis oder die befruchtete Eizelle den Beginn des ungeborenen Lebens markieren. Abtreibungen aus welchem Grund auch immer wären demnach eine Straftat ebenso wie abtreibend wirkende Verhütungsmittel, von der Spirale über die Anti-Baby-Pille bis zur »Pille danach«. Vielen ging diese Regelung, insbesondere das Verbot von Verhütungsmitteln, zu weit, so dass das Thema die religiöse Rechte zu spalten drohte.

In Colorado kam 2008 eine Abstimmung über den Beginn des Lebens, der sogenannte »Personhood«-Zusatz, auf den Wahlzettel. Doch es war ein demokratisches Jahr und Obama gewann auch in dem Bundesstaat mit einem Vorsprung von neun Prozentpunkten gegen John McCain. Das Amendment ging mit unter, die Mehrheit stimmte gegen ein Verbot. Einen weiteren Versuch unternahmen die Konservativen bei den Zwischenwahlen 2010.

Doch auch auf der Welle der republikanischen Wut, des Drucks der Tea Party und der Stimmung gegen die mehrheitlich

demokratischen Amtsinhaber verloren die konservativen Aktivisten das Referendum noch einmal. Wie 2008 stimmten mehr
als 70 Prozent der Wähler mit »Nein« und verpassten der Rechten damit eine elektorale Ohrfeige.

Einen weiteren Versuch unternahmen die erzkonservativen
Aktivisten im konservativen Mississippi. Aber auch die »Initiative 26«, wie sie dort hieß, scheiterte mit großem Abstand. Trotzdem gab die Partei nicht nach. Das Repräsentantenhaus des Bundesstaates verabschiedete schließlich einen Gesetzentwurf, der
den Fötus von »der Befruchtung bis zur Geburt« als »ungeborenes menschliches Leben« definiert und eine Abtreibung mit dem
eintretenden Herzschlag, also spätestens sechs Wochen nach der
Befruchtung, verbietet. Sollte Ärzten vorgeschrieben werden,
nach einem Herzschlag per Vaginalsonde zu suchen, wäre nach
dieser Regelung eine Abtreibung schon rund drei Wochen nach
der Befruchtung illegal.

Wer glaubte, dass die Ablehnung eines solch radikalen Gesetzes selbst durch die besonders konservative Wählerschaft in Mississippi das Ende dieses Projektes bedeuten würde, sah sich getäuscht. Alle im Rennen verbliebenen Kandidaten unterstützten
das Vorhaben ausdrücklich.[259]

Während der betont religiöse und sozialkonservative Politiker
Rick Santorum noch vor wenigen Jahren mit solchen extremen
Positionen weitgehend allein stand, trat er im Wahljahr 2012 gegen andere Kandidaten an, die sich auch bei diesem Thema
gegenseitig rechts zu überholen versuchten. Verhütungsmittel
»sind nicht okay«, hatte Santorum noch Anfang 2012 gesagt und
damit ein weitverbreitetes Gefühl der christlichen Rechten seiner
Partei zum Ausdruck gebracht.[260] Und nun stimmten ihm sogar
seine Gegner zu.

Um sich von Mitt Romney abzusetzen und ihre Glaubwürdigkeit als »Not-Romneys« zu untermauern, beeilten sie sich, einen
»Pledge« der Organisation Personhood USA zu unterzeichnen.
Noch im Dezember 2011 unterzeichneten Michele Bachmann,
Newt Gingrich, Rick Perry und Rick Santorum die Selbstver

pflichtung der Gruppe in Colorado, die sich seit Jahren für einen entsprechenden Verfassungszusatz einsetzt.

Doch auch Mitt Romney ließ nicht lange auf sich warten. Im Gespräch mit dem Fox News-Moderator und Baptistenprediger Mike Huckabee erklärte er vor einem Millionenpublikum: »Ich bin für das Personhood-Amendment.«

Die Öffentlichkeit war jedoch dagegen. In Umfragen lag Obama bei Frauen bald bis zu 20 Prozentpunkte vor Romney. Mit so einem hohen Rückstand bei der Hälfte der Bevölkerung ist eine Präsidentschaftswahl nicht zu gewinnen.

Aber ein Kurswechsel ist unwahrscheinlich. Spätestens seit der Vorbereitung auf die Zwischenwahlen 2010 ist zudem klar, dass die Tea Party und die christliche Rechte Reisegenossen sind. Viele der von der Tea Party unterstützten Kandidaten, die es in den Kongress schafften, haben harte, rechte christliche Positionen. Selbst der Sohn Ron Pauls, Rand Paul, vertritt als Radikallibertärer Schlüsselthemen der christlichen Bewegung.

Gemeinsam mit der Tea Party ist die christliche Rechte zu einem so dominanten Flügel in der Partei geworden, dass ohne sie kein republikanischer Präsidentschaftskandidat die Wahlen gewinnen kann.

Genauso unvorstellbar ist es, dass die christliche Rechte die Partei verlässt. Sie brauchen sich gegenseitig. Tatsächlich ist ein moderaterer Wirtschaftsflügel, der noch vor wenigen Jahrzehnten relativ stark war, heute in der Partei praktisch komplett verschwunden. Einer seiner Überreste mag Mitt Romney sein, doch auch der Ex-Gouverneur von Massachusetts musste zahlreiche seiner Positionen »anpassen«, um dem zunehmenden Einfluss der christlichen Rechten wie der Tea Party gerecht zu werden.

Auch bei zahlreichen anderen Themen steht die Bewegung im gesellschaftlichen Abseits. Sie sind gegen die Trennung von Kirche und Staat. Trotz einer für westliche Industrienationen rekordverdächtig niedrigen Wahlbeteiligung schränken die Konservativen in zahlreichen Bundesstaaten durch zunehmend restriktive Wahlgesetze systematisch den Zugang von Minderheiten, Armen und Studenten zur Wahlurne ein. Durch den Ausschluss dieser traditionell demokratisch wählenden Gruppen wollen sie den erwartet knappen Wahlausgang im November unter dem Vorwand des drohenden Wahlbetrugs zu Gunsten der Republikaner beeinflussen. Sie fordern elektrifizierte Zäune an der Grenze zu Mexiko. Um die illegale Einwanderung zu bekämpfen, wollen ihre Anhänger das Verfassungsrecht ändern, das auch in den USA geborenen Kindern illegaler Einwanderer die US-Staatsbürgerschaft verleiht. Sie begrüßen rassistische Gesetze wie das SB 1070 in Arizona, das zum Vorbild für zahlreiche andere Bundesstaaten wurde und die rassistische Diskriminierung institutionalisierte.[261] Sie wollen die Evolutionslehre aus dem Schulunterricht verbannen und die Sexualkunde durch ihre Lehre der Abstinenz ersetzen. »In bestimmter Weise vergleichbar mit der alten Kommunistischen Partei«, so Noam Chomsky[262], ist der »Katechismus« der Tea Party und der modernen Republikanischen Partei bei der Leugnung des Klimawandels, den sie für eine Erfindung einer linken Verschwörung halten, welche die amerikanische Wirtschaft behindern wolle. In einigen Bundesstaaten arbeiten Republikaner an Gesetzen, die den Mord an Abtreibungsärzten als »gerechtfertigte Tötung« legalisieren würden. All das mag verrückt klingen, doch der Wahnsinn hat seine Funktion.

DIE GEWOLLTE DISFUNKTIONALITÄT

Die politische Blockade, die mit solchen Positionen einhergeht, ist gewollt. Nach einer Umfrage vom April 2012 lag die Popularität des US-Kongresses bei gerade noch sechs Prozent.[263] Solange die Demokraten die Macht in beiden Kammern hatten, schadete die sinkende Popularität der politischen Institutionen ohnehin nur den Amtsinhabern. Doch auch mit der Übernahme der Macht im Repräsentantenhaus und einem damit deutlich höheren Risiko für die Republikaner ist die Dysfunktionalität gewollt. Sie ist keineswegs ein Betriebsunfall oder lediglich ein Nebenprodukt der ideologischen Grabenkämpfe. Für eine Partei, die den Staat so schwach und irrelevant wie möglich machen will, ist sie nicht nur ein Mittel im Kampf gegen Obama und seine Regierung.

Sie ist eine selbsterfüllende Prophezeiung. Das Scheitern der politischen Institutionen ist eine der Grundthesen der Erzkonservativen. Der freie Markt ist nach ihrer Ansicht das Allheilmittel für die gesellschaftlichen Herausforderungen. Der Staat sei schlicht nicht dafür geschaffen, den großen Fragen der Gesellschaft zu begegnen und störe vielmehr bei der Entfaltung der Marktkräfte. Oder, um es mit den Worten von Ronald Reagan zu sagen: »Der Staat ist nicht die Lösung für unsere Probleme. Der Staat ist das Problem.«[264] Mit jedem Misserfolg bestätigt sich die konservative Rhetorik der »ineffizienten Regierung«, der »faulen Bürokratie«, mithin des »Staates als Problem«. Die Folge ist die zunehmende Beschädigung demokratischer Institutionen. Und aus ihrem Scheitern gehen die Republikaner als Sieger hervor.

8. DIE AUSSENPOLITISCHE VORSTELLUNGEN DER TEA PARTY UND DER REPUBLIKANER

ISOLATIONISMUS VS. UNILATERALISMUS

Die außenpolitischen Vorstellungen der Tea Party zu bestimmen, ist nicht ganz einfach. Das Ziel der professionellen Organisationen hinter der Bewegung ist es primär, kontroverse Themen wie sozialkonservative Positionen aber auch die Außenpolitik auszublenden. Neben den Kämpfen um die Bedeutung der Religion im öffentlichen Leben und dem Kulturkrieg um Fragen wie das Abtreibungsrecht blieb für Kriege in anderen Ländern und sonstige weltpolitische Themen nur wenig Raum.

Der Fokus der Tea Party ist eindeutig nach innen gerichtet. Sie ignorieren die Außenpolitik und Themen, die damit in Verbindung stehen. So spielt etwa die nationale Sicherheitspolitik eine untergeordnete bis gar keine Rolle in den parteiinternen Überlegungen. Doch gerade diese Themen enthalten eine gewisse Brisanz, wenn man die Tea Party und ihre Rhetorik der verfassungsmäßig stark begrenzten Staatsmacht ernst nimmt.

Gern berufen sich die Anhänger der Tea Party auf Thomas Jefferson. Als einer der Gründungsväter der USA hatte er sich deutlich gegen eine starke Zentralmacht ausgesprochen. Zugleich spielen sie die Relevanz von Alexander Hamilton herunter, der sich für eine starke Zentralregierung einsetzte, da nur diese, wie er der Überzeugung war, die Voraussetzungen für die Industrialisierung schaffen könne. Kritisch gegenüber Regierungsinterventionen im Inland waren die Anhänger Jeffersons beim Gedanken an Interventionen im Ausland schon immer. Daher sind die meisten Jeffersonians auch konservativ. Es waren in der Regel linksliberale Präsidenten wie Theodore Roosevelt und Woodrow Wilson, die sich für eine starke Exekutive, die Aufsicht über die Wirtschaft und eine starke Rolle im Ausland einsetzten. Dagegen waren es konservative Präsidenten wie Warren Harding und Calvin Coolidge, die sich für eine schwache Präsidentschaft und einen unregulierten Kapitalismus aussprachen. Außerdem plädierten sie dafür, sich aus den militärischen Problemen Europas herauszuhalten.

Ronald Reagan und George W. Bush versuchten, beide Positionen miteinander zu vereinen, was letztendlich nicht möglich war. Ihre aggressive, militaristische Außenpolitik führte zu größerer präsidentieller Macht, größeren Defiziten und mehr Schulden. Die Tea Partier betonen immer wieder, dass sie über die Ausgaben der Bush-Regierung ebenso empört seien wie über die Obamas. Der längste Krieg der USA in Afghanistan und die Invasion in den Irak kosteten zusammen rund 1,5 Billionen Dollar. Donald Rumsfelds Einschätzung, wonach sich der Irakkrieg praktisch selbst bezahlen werde, wurde somit Lügen gestraft. Am Ende finanzierte die USA den Krieg weitestgehend auf Pump. Die massiven »temporären« Steuersenkungen vergrößerten zudem das Defizit, das Präsident Bush seinem Nachfolger hinterließ. Sie rissen ein Loch von 1,8 Billionen Dollar in den Haushalt.[265] Mit dieser Politik schaffte es Bush, den von der Regierung Clintons überlassenen Haushaltsüberschuss während seiner Amtszeit in ein neues Rekorddefizit zu verwandeln. In acht Jahren verdoppelte sich die Schuldenlast von fünf auf zehn Billionen Dollar. Alle Programme Obamas zusammen würden den Haushalt in zwei Amtszeiten im Vergleich um bescheidene 1,4 Billionen Dollar vergrößern. Dennoch gab es in all den acht Jahren George W. Bushs keine vergleichbare konservative Protestbewegung auf der Straße. Ebenso verhält es sich mit dem wachsenden Polizeistaat. Der essentielle Bürgerrechte außer Kraft setzende Patriot Act ließ die heutigen Tea Partier nicht aufschreien, und auch dem wachsenden Geheimdienstapparat, der nach Recherchen der *Washington Post* inzwischen so groß und so weit verzweigt sei, dass er vollkommen außer Kontrolle geraten sei, setzten sie nur wenig entgegen.

Tea Partier erklären häufig ihre Zurückhaltung unter Bush mit der Anekdote des kochenden Froschs. Weil die Temperatur nur langsam steigt, reagiert der Frosch nicht und stirbt am Ende im kochenden Wasser. Wäre die Tea Party ehrlich, müsste sie zugeben, dass ein bedeutender Teil des Defizits auf der kriegerischen Außenpolitik und der Expansion des Sicherheitsapperates beruhte – allesamt Entwicklungen, die im Gegensatz zur Anekdote des überrumpelten Froschs nur schwer zu übersehen waren. Sie müsste kritisieren, dass die USA weiterhin Krieg in Afganistan und – ohne die Legitimation durch den US-Kongress – in zahlreichen weiteren Ländern wie Pakistan oder Jemen führt. Sie müsste anerkennen, dass die US-Verfassung eine solche Autorisierung voraussetzt. Aber der »Krieg gegen den Terror« ist kein Thema, das die Tea Party bei ihren Protesten interessiert.

Im Gegenteil, bei der Debatte über das Haushaltsdefizit demonstrierten die Republikaner und die Tea-Party-Abgeordneten anschaulich ihre Prioritäten. Kürzungen im Haushalt des Pentagon schlossen sie kategorisch aus. Als die Kongressabgeordneten zur Lösung der Debatte um die Erhöhung der Schuldengrenze einen Mechanismus für automatische Kürzungen bei Militärausgaben sowie Sozialprogrammen vereinbarten, liefen die Republikaner Sturm. Auch weil ihr außenpolitischer Apparat im Wesentlichen von Rüstungsunternehmen finanziert wird, sprachen sie sich gegen jedwede Kürzung im Militärhaushalt aus. Im später von ihnen nahezu einstimmig verabschiedeten Haushaltsplan war der Militärhaushalt einer der wenigen Posten, die weiterhin wachsen sollten.

INTERNATIONALE BEZIEHUNGEN

Welchen Schaden die Tea Party in internationalen Beziehungen anrichten kann, zeigte sich in der Debatte um die Erhöhung der Schuldengrenze im August 2011. Mit ihrem Verhalten hatte sie nicht nur die Wirtschaft der USA in Gefahr gebracht. Eine Zahlungsunfähigkeit der Vereinigten Staaten, die auch bei kommenden Haushaltsverhandlungen nicht auszuschließen ist, hätte auch für die Weltwirtschaft dramatische Auswirkungen gehabt. Was die außenpolitische Rolle der USA betrifft, ist sich die Bewegung nicht einig. Das globale Engagement der USA steht eigentlich im krassen Gegensatz zu ihren innenpolitischen Positionen eines möglichst »kleinen Staates«. Während ein Großteil ihrer Anhänger den sogenannten »American Exceptionalism« und die Führungsrolle der USA in den Vordergrund stellt, hat denn auch ein kleinerer, aber präsenter Flügel der Bewegung eine deutliche Skepsis, wenn es um Amerikas Fähigkeit geht, eine »freie Weltordnung« im Sinne der USA herzustellen. Diese beiden Hauptrichtungen werden am deutlichsten von den Politikern Ron Paul und Sarah Palin repräsentiert. Für die Neoisolationisten steht der »Jeffersonian« Paul. Er will jedes internationale Engagement vermeiden. Die »Palinites« stehen dagegen für eine aggressive Außenpolitik zur Sicherung von Amerikas Vormachtstellung in den internationalen Beziehungen.

RON PAUL

Im Wahlkampf hatte Ron Paul einen Höhenflug erlebt. Aber wie bei allen anderen Aufsteigern vor ihm war auch sein Stern noch vor der ersten parteiinternen Vorwahl in Iowa wieder im Sinken begriffen. Ein Grund dafür war seine außenpolitische Position. Für Außenpolitik muss bezahlt werden, rechtfertigte er seine Ablehnung der US-Kriege und Interventionen in Irak wie Afghanistan.[266] »Wir können uns nicht zu Hause für einen kleinen Staat einsetzen und ihn im Ausland unterstützen.« Auch wenn die amerikanische Bevölkerung in der Ablehnung der Kriege eindeutig auf seiner Seite steht, vertritt Ron Paul in seiner Partei wie auch in der Tea Party damit eine Minderheitsposition. »Wir können nicht über Haushaltsdisziplin sprechen und zugleich Billionen für die Besetzung und Schikane anderer Länder ausgeben.

Wir können nicht über das Haushaltsdefizit und die außer Kontrolle geratenen Kosten im Innern sprechen, wenn wir dabei die Kosten zur Aufrechterhaltung eines Imperiums von mehr als 700 Militärbasen in über 120 Ländern außen vor lassen. Wir können uns nicht dafür auf die Schultern klopfen, einige Tausend Dollar durch Kürzungen bei einem Naturschutzpark oder die Schließung eines städtischen Schwimmbades eingespart zu haben, und zugleich das Pentagon-Budget ignorieren, das praktisch dem des gesamten Rests der Welt entspricht.«

Die Außenpolitik der USA beruhe auf der Illusion, »dass wir dafür zahlen«. Tatsächlich, so Paul, mache das Land Schulden und drucke mehr Geld. Amerikaner wüssten um die Kosten dieser »unverantwortlichen Politik«, während ihre eigenen Gemeinden zerfielen und der wirtschaftliche Abstieg weiterginge. Er sehe große Chancen für die Tea Party, wenn sie sich gegen die Fortsetzung der Kriege und für die Zurückweisung der Eingriffe in Bürgerrechte ausspreche. Die Tea Party könne so dazu beitragen, zur traditionellen US-Außenpolitik des aktiven, privaten Engagements und des Nicht-Interventionismus zurückzukehren. Dies sei der einzige Weg, um die »Moral und die fiskalische Gesundheit der USA« wiederherzustellen. All das mag gut klingen, aber mit seiner Haltung steht Paul bei den Konservativen praktisch allein da.

SARAH PALIN

Repräsentativer für die Stimmung in der Tea Party ist dagegen Sarah Palin. Es ist nicht weiter verwunderlich, dass die ehemalige Bürgermeisterin der 7 000-Seelen-Gemeinde Wasilla und zweijährige Gouverneurin von Alaska außenpolitisch wenig vorzuweisen hat. Sie ist, um es diplomatisch auszudrücken, außenpolitisch unerfahren. Zwar hat sie schon Reisen nach Kanada und Mexiko unternommen und war zu Besuch bei Soldaten in Deutschland und Kuwait, aber ihren ersten Reisepass hat sie erst 2007 in ihrem ersten Jahr als Gouverneurin von Alaska beantragt.

Dass ausgerechnet Sarah Palin zur Vertreterin einer außenpolitischen Richtung der Bewegung wurde, weist jedoch noch aus einem anderen Grund eine gewisse Komik auf: Es war ausgerechnet die Außenpolitik, die Palin nach ihrem fulminanten Start als Vizepräsidentschaftskandidatin im Wahlkampf 2008 straucheln ließ. Als eine Journalistin von ihr wissen wollte, worauf sie ihre außenpolitischen Qualifikationen zurückführe, stammelte Palin nur etwas von Putins Kopf würde am Horizont von Alaska auftauchen. Damit geriet ihr Wahlkampf in eine erste Krise. Die Exklave an der nordwestlichen Grenze Kanadas hatten die USA 1867 vom Russischen Reich erworben.

Eine kohärente Überzeugung oder gar eine Palin-Doktrin zeichnete sich zu keinem Zeitpunkt ab. Ihre außenpolitischen Ansichten und ihre Positionierung in der Öffentlichkeit sind von Unkenntnis und einer großen Portion Naivität geprägt. Der Irakkrieg werde wohl vor allem wegen der dortigen Energieressourcen geführt, bekannte Palin eher unfreiwillig in einem Interview. Dennoch, das Ziel des Krieges sei von Gott festgesetzt worden. In ihrem ersten Fernsehinterview nach der Nominierung als Vizepräsidentschaftskandidatin relativierte sie diese Aussage und erklärte, dass sie sich kein Urteil über den Willen Gottes anmaße. Angesichts der klaren Antikriegsstimmung in der amerikanischen Bevölkerung kam sie nicht umhin, einzuräumen, dass bei der Vorbereitung des Irakkrieges »gepfuscht« worden sei. Einen Rückzug, wie von Barack Obama gefordert, lehne sie jedoch ab. Die Abzugspläne der Demokraten seien nichts anderes als eine Kapitulation, sagte sie im Fernsehduell mit dem Vizepräsidentschaftskandidaten der Demokraten Joe Biden.

Auch wenn die Außenpolitik bei ihren Auftritten nie im Vordergrund stand, kritisierte sie Obama, wann immer sich die Gelegenheit bot, für seine vermeintliche »Schwäche«. Dessen Außenpolitik sei von Zugeständnissen an das Ausland und einer Appeasement-Politik gegenüber den Feinden der USA geprägt, sagte sie noch Anfang 2010.[267] »Es ist die gleiche Art von fehlgeleitetem Denken, das die außenpolitischen Entscheidungen der

Regierung bestimmt. Unser Präsident hat ein Jahr lang die Annäherung an feindliche Regime gesucht, persönliche Briefe an gefährliche Diktatoren geschrieben und sich für Amerika entschuldigt, und was haben wir damit erreicht?« Zwischenzeitlich habe Nordkorea Atomwaffen und ballistische Raketen mit einer größeren Reichweite getestet.

Israel, »ein Freund und bedeutender Verbündeter«, zweifle nun an der »Stärke unserer Unterstützung«. Pläne für ein Raketenabwehrsystem in Europa seien kassiert worden, die Beziehungen mit China und Russland nicht besser und das Verhältnis zu Japan, einem Schlüsselalliierten in Asien, in der schlechtesten Verfassung seit Jahren. Seiner Politik setzte sie ihre Rhetorik der Stärke entgegen. Je kriegerischer die US-Außenpolitik, desto größer schien der Jubel der »Palinites«. Obamas Entscheidung, die Truppen in Afghanistan zu verstärken, begrüßte sie dagegen. Auch der Iran müsse bombardiert werden, bevor er eine Atombombe entwickeln könne. Unter Verweis auf eine der Funktionen des US-Präsidenten sagte Palin, Amerika brauche »keinen Juraprofessor, sondern einen Obersten Befehlshaber«.

Ihre Auftritte bestritt sie stets mit den immer gleichen Schlagworten. Die Tötung Osama bin Ladens sei nur aufgrund der unter George W. Bush angewendeten Folter möglich gewesen, behauptete sie gern wahrheitswidrig. Als sei dies unter Obama nicht geschehen, forderte sie, dass die strategischen Beziehungen zwischen den USA und Israel vertieft werden müssten. Sie verspüre eine »tiefe Verbundenheit« mit dem jüdischen Staat.

Der Nahe Osten, Iran und das Verhältnis der USA zu Israel wurden zu einem der dominierenden außenpolitischen Themen dieses Wahlkampfs. Alle Kandidaten versuchten sich bei ihren Solidaritätsbekundungen mit dem Land gegenseitig zu überbieten. In einer Fernsehdebatte vom Oktober 2011 sprachen sich praktisch alle Kandidaten außer dem Isolationisten Ron Paul für Kriegsvorbereitungen aus, um Israel oder »Millionen Israelis« zu »retten«. Herman Cain sagte, dass die USA in den Krieg mit eintreten solle, wenn Israel einen »zuverlässigen Angriffsplan« erarbeite. Michele Bachmann forderte das Pentagon immerhin auf, einen eigenen Plan zu entwerfen. Newt Gingrich sagte, er sei gerne bereit den Iran gemeinsam mit Israel anzugreifen und Rick Perry setzte noch eins drauf. Auch Syrien müsse ein Kriegsziel sein, wenn man es ernst meine mit der Sicherheit Israels. In der Republikanischen Partei sei es heute »einfacher für Abtreibung als gegen Israel« zu sein, kommentierte die *Washington Post* die leidenschaftliche Parteinahme. Diese liegt zum einen in der Absicht begründet, mit dem Vorwurf der Schwäche gegen Obama jüdische Wähler auf ihre Seite zu ziehen. Doch auch die christliche Rechte sieht in Israel aus religiösen Gründen einen natürlichen Verbündeten. Ein Beispiel ist die Strömung des christlichen Zionismus. Ihre Anhänger gehen davon aus, dass Juden, unterstützt vom Christentum, Jerusalem regieren sollten, um den Messias zu empfangen. Diese biblische Prophezeiung hat bei einem Teil der Republikaner einen erkennbaren Einfluss auf ihre Ansichten zur amerikanischen Außenpolitik, insbesondere mit Hinblick auf die Politik der USA im Nahen Osten.

Palin sprach sich auch für einen robusten Verteidigungshaushalt und gegen die Verhandlungen Obamas mit Russland über ein neues START-Abkommen aus und bezeichnete Obamas Haltung in dieser Angelegenheit als »naiv«. Das iranische Atomprogramm müsse aufgehalten werden, notfalls auch durch einen Militärschlag. Über Fox News forderte sie den US-Präsidenten auf, Iran den Krieg zu erklären. Die USA solle im Falle eines Krieges Israel unterstützen, soweit Israel einen Angriff für notwendig erachte.

Berücksichtigt man, dass Palin gerade mit Randy Scheunemann und Michael Goldfarb zwei Washington-Insider und Neokonservative als Politberater angeheuert hatte, war diese Haltung nur wenig überraschend. Schon im Team John McCains hatten Scheunemann und Goldfarb entsprechende Forderungen formuliert und beispielsweise anlässlich der kriegerischen Auseinandersetzungen Russlands um abtrünnige Provinzen mit Georgien ein

Eingreifen gefordert. Die von McCain ausgegebene Parole damals war: »Wir sind alle Georgier.«[268] 2011 beendeten Scheunemann und Goldfarb ihre Zusammenarbeit mit Palin, offenbar auch aus persönlichen Gründen.[269] Palin gilt als schwierige Persönlichkeit und weicht gern von vorbereiteten Redepunkten ab. Als neuer Berater kam Peter Schweizer vom Hoover-Institut, der auch einen Blog auf Andrew Breitbarts Webseite Big Peace betreibt. Mit dem Beraterwechsel änderte sich Palins Rhetorik deutlich. Obwohl sie sich zuvor für eine Flugverbotszone über Libyen ausgesprochen hatte, kritisierte sie nun den Krieg.[270] Amerika solle sich nur dann auf einen Konflikt einlassen, wenn »vitale Interessen« der USA betroffen seien, sagte sie in einer Rede an der Colorado Christian University im Mai 2011. Offenbar auch mit Blick auf eine mögliche Kandidatur bei der Präsidentschaftswahl 2012 sahen Beobachter in dieser »vorsichtigeren« Außenpolitik den Versuch, sich den Libertären der Tea Party und anderen Politikern der Bewegung, wie der Kongressabgeordneten Michele Bachmann, zu nähern. Das »Nation Building« sei »theoretisch eine nette Idee«, sagte sie. US-Truppen einem ausländischen Kommando zu unterstellen, lehne sie jedoch ab. »Wir können nicht jeden Krieg führen, wir können nicht jede Ungerechtigkeit in der Welt abschaffen.«

Hinter Palin steht wohl die konservative Heritage Foundation, die beispielsweise den von Ron Paul vertretenen Begriff des »Non-Interventionism« unverblümt zurückwies und stattdessen eine historische Begründung für ein Interventionsrecht bemühte. Eine vollständige Ablehnung militärischen Engagements im Ausland begrenze die USA zu sehr, sei eine Gefahr für die nationale Sicherheit und auch nicht die von den Gründungsvätern beabsichtigte Politik.[271] George Washington etwa habe die Wahl von »Krieg und Frieden, wie es uns unser Interesse vorgibt, geleitet von Gerechtigkeit« offengelassen. Eine Politik, geleitet nur von materiellen Interessen der USA, würde ihren Idealen schaden, habe er gewarnt, während eine Politik, geleitet ausschließlich von Idealen, die »Realitäten der Welt« ignorieren würde. Das Interes-

se der Gründungsväter sei es gewesen, keine Option auszuschließen. Der genannte Beitrag der Heritage Foundation beschäftigt
sich ausschließlich mit dem vermeintlichen Willen der Gründungsväter. Das von der Tea Party gewöhnlich inflationär bemühte Wort Defizit wird darin kein einziges Mal erwähnt.

Vor allem die Anhänger der erzkonservativen Bewegung stehen mehrheitlich klar hinter Palin. Sie fordern eine durchset-
zungsfähige Außenpolitik und eine deutliche Unterstützung Israels. Eine klare Mehrheit von 60 Prozent unterstützt etwa die
Leitlinie »Frieden durch Stärke« von Ex-Präsident Reagan. Das
ergab eine Umfrage des Pew Research Center vom Oktober
2011.[272] 66 Prozent der Tea Partier fordern eine härtere Gangart
gegenüber China, im Gegensatz zu 42 Prozent anderer Republikanern. Während sich eine überwiegende Mehrheit der Amerikaner gegen den Afghanistankrieg ausspricht, befürworten Anhänger der Tea Party diesen mit 74 Prozent so stark wie keine
andere Gruppe. Zu Israel bekennen sich 79 Prozent von ihnen.

Die Tea Party sieht das Ausland mit Misstrauen. Abgesehen
von gelegentlichen Kontakten mit europäischen Rechtsextremisten, Rechtspopulisten und Islamophoben gilt ihnen der »alte
Kontinent« als suspekt. Deshalb war der Wahlkampf der Republikaner auch einer gegen Europa. Dem angeblich »dynamischen«
Amerika stellten sie das »sozialistische« Europa als Beispiel eines
»stagnierenden« Wohlfahrtsstaates gegenüber. Die Politik des
US-Präsidenten, versinnbildlicht durch die Gesundheits- und die
Finanzmarktreformen, stehe für all das, was falsch laufe in Europa.

Den USA, so die apokalyptische Botschaft der Konservativen,
drohten mit einer weiteren Amtszeit Obamas »griechische Verhältnisse«. »Nächstes Jahr könnten die Vereinigten Staaten wie
Griechenland aussehen«, warnte Jeff Sessions aus Alabama, das
ranghöchste Mitglied der Republikaner im Haushaltsausschuss
des Senats, während der Budgetverhandlungen.[273] Das aufstreben-
de China ist den Erzkonservativen ebenfalls ein Dorn im Auge.
Dabei stehen Fragen des Marktzuganges, der Währungsmanipu-

lation und einer neuen militärischen Rivalität im Vordergrund. Hin und wieder wird noch die Menschenrechtslage bemüht, aber zunehmend gerät diese in den Hintergrund, möglicherweise auch, weil dieser Vorwurf angesichts der amerikanischen Politik mit Gefangenenlagern wie Guantanamo oder den globale Drohneneinsätzen an Wirkung deutlich eingebüßt hat. Auf Kritik reagiert die chinesische Regierung inzwischen routiniert mit dem Verweis auf Menschenrechtsberichte über die Lage in den Vereinigten Staaten, in welchen vor allem die außer Konkurrenz stehende Zahl von Häftlingen, der hohe Anteil von Afroamerikanern in Gefängnissen, die hohe Kriminalität und die weitverbreitete Armut vor allem unter Kindern und Minderheiten kritisiert werden.

Die Beziehungen zwischen den USA und China müssten auf »gegenseitigem Respekt« basieren, erklärte der designierte Chef der Kommunistischen Partei Chinas Xi Jinping anlässlich seines Antrittsbesuches in den Vereinigten Staaten Anfang 2012. Mit den wirtschaftlichen Spannungen haben in den vergangenen Jahren auch die militärischen Kraftspiele zugenommen. Barack Obama reagierte auf die zunehmenden Spannungen mit einer neuen »Asienstrategie« und eröffnete eine neue Militärbasis in Australien.

Die Skepsis der Tea Party gegenüber dem Ausland drückt sich auch im Widerstand gegen wirtschaftsfreundliche Abkommen mit anderen Ländern aus. Nach einer Befragung von NBC News und dem *Wall Street Journal* sagten 2010 rund zwei Drittel der Erzkonservativen, dass solche Abkommen schlecht für die USA seien. Im Rahmen einer Untersuchung des Pew Research Center sprachen sich wenige Monate später nur noch 24 Prozent der Befragten für Freihandelsabkommen aus.[274]

Allerdings gelang es der Bewegung nicht, entsprechende Gesetzesvorhaben zu blockieren. Dafür sorgte die Parteiführung, die im Oktober 2011 die Autorisierung dreier weiterer Freihandelsabkommen mit Südkorea, Panama und Kolumbien durchsetzte. Gegen die reichen Förderer der Partei war auch die Tea Party machtlos. »Sie mögen entfremdet sein von ihren Wählern«, schrieb Dana Milbank in der *Washington Post* über das konservative Parteiestablishment.[275] »Aber sie sind auf einer Linie mit den Leuten, die ihren Wahlkampf finanzieren.«

Darüber hinaus wurde kräftig die Kriegstrommel gerührt. Alle Kandidaten der Rechten forderten Militärschläge gegen Syrien, Iran und eine Verstärkung der Truppen in Afghanistan. Mitt Romney hatte sich für seine Sicherheits- und Außenpolitik ehemalige Berater George W. Bushs ins Team geholt.[276] In einer Phase der zunehmenden Frustration amerikanischer Wähler über den Afghanistan-Krieg ging er in die Offensive. »Wenn Barack Obama wiedergewählt wird, wird Iran eine Atombombe haben«, warnte Romney eindringlich im Vorwahlkampf.[277]

Obama bezeichnete er als den »inkompetentesten Präsidenten seit Jimmy Carter«, der mit seiner zögerlichen Haltung in der damaligen Geiselnahme der amerikanischen Botschaftsangehörigen im Iran ebenso wenig erreicht habe. »Ich werde mich für immer stärkere Sanktionen starkmachen, wenn möglich im Einklang mit anderen Ländern, wenn nötig aber auch im Alleingang«, schrieb Romney im März 2012. »Ich werde mich für die Sache der Demokratie im Iran aussprechen und iranische Dissidenten unterstützen, die für ihre Freiheit kämpfen. Ich werde deutlich machen, dass das Engagement der USA für Israels Sicherheit und Überleben absolut entscheidend ist. Um der Welt meinen Willen zu demonstrieren, wird Jerusalem das Ziel meiner ersten Auslandsreise sein.«

Dies alles hätte ebenso von Obama stammen können. Am wichtigsten aber, so Romney weiter, sei die militärische Option. Nur wenn die »Ayatollahs« verstünden, dass »am Ende dieser Straße nicht die Atomwaffe, sondern ihr Untergang liegt, wird es eine echte Chance für eine friedliche Lösung geben.« Nur einen Tag zuvor hatte Obama bei einem Treffen mit Israels Premierminister Benjamin Netanyahu neben einer diplomatischen Lösung ausdrücklich auch die militärische Option erwähnt. »Meine Politik wird nicht die der Eindämmung sein«, sagte Obama vor der pro-israelischen Lobbyorganisation AIPAC.[278] »Meine Politik ist, zu verhindern, dass Iran Atomwaffen erwirbt. Wenn ich sage, dass alle Optionen auf dem Tisch sind, dann meine ich das auch so.«

Tatsächlich unterscheidet sich die Politik Obamas kaum von der seiner Widersacher. »Die Angriffe gegen Obama sagen im Grunde: ›Er ist schwach und wir sind stark.‹«, erläutert Nicholas Burns, Iran-Verhandlungsführer des US-Außenministeriums unter George W. Bush mit Blick auf die rhetorischen Angriffe Mitt Romneys. »Aber wenn man ihre Konzepte vergleicht, sieht man keinen Unterschied.«

Trotzdem versuchten die Republikaner aus seiner vermeintlichen Schwäche politisches Kapital zu schlagen. Mit Ausnahme der Außenseiter Ron Paul und Jon Huntsman habe jeder der Kandidaten, allen voran Mitt Romney, im Wahlkampf eine aggressive Außenpolitik vertreten, schrieb Peggy Noonan im *Wall Street Journal*.[279] »So klangen die Debatten: Wir sollten Iran am Donnerstag bombardieren. – Nein, Sie Idiot, wir sollten Iran am Mittwoch bombardieren. – Wie können Sie so dumm sein? Sie wissen doch, dass wir immer montags bombardieren. – Da liegen Sie völlig daneben: am Montag schicken wir die Zerstörer rein und bewaffnen die Aufständischen«, führte Noonan aus. Demokraten verspotteten die Republikaner gern als »John-Wayne-Partei«, da sie es lieben, »um sich zu ballern«. Doch John Wayne habe mit Bedacht gehandelt. »In Wirklichkeit fuhr John Wayne nicht auf einen Kampf brennend in die Stadt. Er wollte sich auch nicht ins Bein schießen. Er war wortkarg, beobachtend. Er ritt in der Hoffnung auf Frieden, aber wenn ein Kampf ausbrach, stand er bereit.« Dies sei Teil der Stärke seines Charakters gewesen. »Die Grand Old Party sollte zurückgehen und John Wayne sein.«

Solange das nicht geschieht, entsprechen die Republikaner jedoch dem von den Demokraten gezeichneten Bild. Barack Obamas Politik der »atemberaubenden Schwäche« kritisierte etwa Karl Rove, nachdem eine Aufnahme des Präsidenten im vermeintlich privaten Austausch mit dem russischen Premier Dmitri Medwedew die Runde machte. Obama hatte bei einer gemeinsamen Pressekonferenz während des Atomgipfels in Südkorea nicht bemerkt, dass eines der Mikrofone noch eingeschaltet war, und ließ in einer Bemerkung sein Gegenüber wissen, dass er in Bezug auf die Verhandlungen über einen amerikanischen Raketenabwehrschirm in der Nähe Russlands nach der Wahl »mehr Flexibilität« haben werde. Medwedew, mit dem sich Barack Obama seit Jahren gut versteht, antwortete: »Ich bin auf Ihrer Seite, ich werde das so an Wladimir [Putin] weitergeben.«

Umgehend machten die Republikaner diesen kleinen Dialog zum Wahlkampfthema. Die Verteufelung Obamas zum konspirativen Präsidenten, der mit Russland gegen seine eigenen Wähler klüngele, blieb jedoch ein schwaches Scharmützel.

In der Frage der Außenpolitik, so scheint es, war Obama den Republikanern immer einen Schritt voraus. Ein Schwächling, der beim Korrespondenten-Dinner des Weißen Hauses mit einem Pokerface pointierte Witze riss und mit dem Befehl zur Liquidierung Osama bin Ladens kurz davor den Befehl für eine der riskantesten Militäroperationen seiner Amtszeit gegeben hatte? Den Befehl hatte er noch einen Tag vor der Veröffentlichung seiner vollständigen Geburtsurkunde gegeben. 24 Stunden später konnte er bereits den Erfolg der Operation verkünden.

Die weltweiten Drohnenangriffe und Spezialkommandos des Auslandsgeheimdienstes CIA, die Liquidierung der Führungsriege von Al Qaida und das harte militärische Vorgehen gegen Gaddafi können kaum als Zeichen von Obamas Schwäche gewertet werden.

Den War Powers Act ignorierte Obama im Falle Libyens. Das Gesetz schreibt nach Ablauf von 60 Tagen der kämpferischen Auseinandersetzungen eine Autorisierung durch den US-Kongress vor. Das Weiße Haus bemühte sich erst gar nicht um eine fundierte Begründung und rechtfertigte sein Vorgehen damit, dass seine Juristen hierin »kein Problem« sähen. Beobachter werteten diese Einschätzung als ein präsidentielles »Pech gehabt« an die Adresse der Legislative.

Auch bei der Nationalen Sicherheitspolitik ging Obama weiter als George W. Bush. Als der Kongress eine Regelung zur unbegrenzten Inhaftierung von Terrorverdächtigen ohne rechtsstaatliches Verfahren debattierte, drohte Obama mit einem Veto. Nicht allerdings, weil ihm die Regelung zu weit ginge und diese erstmals die Politik Bushs per Kongressentscheidung legalisiert hätte. Er wollte verhindern, dass der Exekutive ein Verfahren zur ausnahmsweisen Anklage vor ordentlichen Gerichten vorgeschrieben wurde. Mit anderen Worten: Das Gesetz störte Obama nicht wegen der zu großen Vollmachten, sondern wegen dieser einen Einschränkung präsidentieller Befugnisse durch den Kongress. Er verzichtete schließlich auf sein Veto und unterzeichnete die Regelung. Damit wurde ein wesentlicher Pfeiler der Nationalen Sicherheitspolitik George W. Bushs amerikanisches Recht. Ähnlich verhielt es sich beim Drohnenprogramm. Selbst Republikaner räumen ein, dass Obamas Politik – von der Verdreifachung der Truppen in Afghanistan bis hin zum globalen Einsatz von Todesdrohnen zur systematischen Liquidierung der Führungsspitze Al Qaidas – in nichts der von Bush nachstehe. Allerdings wurde diesem im »Krieg gegen den Terror« nie vorgeworfen, »zu weich« oder »zu schwach« gewesen zu sein. Der ehemalige Vorsitzende des Republican National Committee Michael Steele nannte den US-Präsidenten deshalb »Bush mal zwei«.

Das Schweigen der Tea Party kann als Zustimmung zu diesem Kurs interpretiert werden. Es zeigt, wohin die Reise in Zukunft gehen wird. Beide Flügel verachten die »liberale« Außenpolitik. Wenn »nötig« steht die Tea Party für totalen Krieg. Mit Ausnahme ihres libertären Flügels ziehen ihre Anhänger eine bedingungslose Kapitulation der Neutralität oder »beschränkten Kriegen« und »beschränkten Zielen« vor, wie es Walter Russell Mead formulierte.[280] Wenn es um die Außen- und Sicherheitspolitik geht, ist ihr Verständnis des »kleinen Staates« und der US-Verfassung durchaus dehnbar.

9. »WHEN I COME TO WASHINGTON«

DIE TEA PARTY UND OCCUPY WALL STREET

Die Wut über die großzügigen Hilfsprogramme für Banken auf Risiko und Kosten der Steuerzahler, fand in den Protesten der Tea Party ihre Bestätigung. Die weiterhin schwache Wirtschaft und die konstant hohe Arbeitslosenrate von rund zehn Prozent schienen zudem die Kritik an den Konjunkturprogrammen Obamas als »verschwenderische Ausgaben« einer »außer Kontrolle« geratenen Regierung zu bestätigen. Dass die Konjunkturprogramme tatsächlich Steuern für fast alle Amerikaner senkten und nach Angaben von Ökonomen auch den Verlust von bis zu zwei Millionen Arbeitsplätzen verhinderten, blieb den rechten Aktivisten verborgen.

Die Linke war mit der Amtseinführung Obamas so gut wie nicht mehr präsent. Inmitten der größten Wirtschaftskrise seit der Großen Depression bot sie diesem von Angst und Wut geprägten Teil der Bevölkerung keine Alternativen. Berücksichtigt man noch, dass auch die Demokraten sich in den letzten Jahren mehr und mehr nach rechts entwickeln, und somit das gesamte politische Koordinatensystem der USA, stellte die Tea Party mit ihren oftmals konfusen Positionen die einzig zu vernehmende Stimme gegen die Elite beziehungsweise das Establishment dar. Es ist daher nicht weiter überraschend, dass die Medien dieser Bewegung mehr Raum gaben, als sie aufgrund ihrer wirklichen Stärke verdient hätte. Sie beherrschte das politische Theater. Während die Linke hinter den Kulissen blieb, stürmte die Tea Party die Bühne. Doch schon bald zeigte ihr Auftritt Schwächen.

Hatten 2009 und 2010 noch Tausende ihrer Anhänger an Protesten zum »Tax Day« teilgenommen, war dies 2011 unter dem Eindruck von Massenprotesten der Linken und der Gewerkschaftsbewegung in Wisconsin nicht mehr der Fall. Während der am Ende seiner Fox News-Karriere stehende Glenn Beck Abschied nahm, begannen linke Gruppen den Tag für sich zu beanspruchen. Plötzlich waren nicht mehr nur Parolen über die »tyrannische Regierung« zu hören, sondern auch Proteste gegen soziale Ungerechtigkeit und staatliche Subventionen für die Wirtschaft, die »Sozialhilfe für Konzerne«.[281] Ein Ziel der Proteste war der Großkonzern General Electric (GE), der trotz eines Profits von 14,2 Milliarden Dollar keine Steuern zahlen musste und darüber hinaus noch drei Milliarden Dollar an steuerlichen Vergünstigungen kassierte. Mit einer gefälschten Presseerklärung von GE gelang der Aktionsgruppe US Uncut ein Coup.[282] Der Konzern, so hieß es darin, werde die drei Milliarden Dollar an den Staat zurückzahlen. Die Nachrichtenagentur AP veröffentlichte den entsprechenden Bericht. Und auch wenn dieser bald wieder zurückgezogen wurde, zwang die kleine linke Gruppe damit GE zu einer peinlichen Korrektur: Nein, der Konzern werde das Steuergeschenk nicht zurückzahlen. Es folgte einer der schlechtesten PR-Monate für den Konzern, der mit dem Motto »Imagination at work« für sich wirbt und, wie die *New York Times* urteilte, diesen »Einfallsreichtum« offenbar besonders geschickt für aggressives Lobbying und eine »innovative Buchhaltung« einsetze. Gegen die von den Republikanern geforderten Steuersenkungen für Konzerne und Haushaltskürzungen, die »Kinder hungrig, Veteranen obdachlos und Tausende ohne Jobs« lassen würden[283], organisierte die linke Organisation MoveOn.org ein Massenfasten. Immer mehr zeichnete sich der Abstieg der Tea Party in der öffentlichen Wahrnehmung ab und gleichzeitig begann damit der Aufstieg einer neuen sozialen Bewegung. Plötzlich ging es nicht mehr ausschließlich um Haushaltskürzungen und die »Tyrannei« des Staates mit seiner universalen Krankenversicherung, wie von der Tea Party propagiert, sondern Themen wie soziale

Gerechtigkeit und die Folgen der von den Republikanern geforderten, drastischen Kürzungen im sozialen Bereich bestimmten zunehmend die Diskussionen. Die Initiative Stand Up! Chicago sendete falsche Steuerrechnungen an Konzerne wie Boeing, Exelon und Bank of America, die allesamt trotz Rekordprofiten keine Steuern zu zahlen hatten. Die Medien stürzten sich darauf und berichteten über diese außergewöhnliche Aktion.

Dass sich schließlich eine neue linke Gegenbewegung für mehr soziale Gerechtigkeit entwickeln sollte, zeigte sich erst gegen Ende des Jahres, als sich an einem Septembertag einige Hundert Demonstranten mitten im Finanzdistrikt von Manhattan niederließen und unter ständigen Repressionen der Polizei im Zuccotti Park ihre Schlafsäcke ausrollten. Innerhalb von wenigen Wochen erfassten die Proteste das ganze Land und entwickelten sich sogar zu einer globalen Bewegung, die die politische Landschaft in den USA fundamental änderte.

»Noch vor sechs Wochen waren wir in eine absurde nationale Diskussion verwickelt«, sagte der Wirtschaftsnobelpreisträger Paul Krugman.[284] »Hier waren wir mit 14 Millionen Menschen ohne Arbeit, die Regierung mit der Möglichkeit, Geld zu den niedrigsten Zinsen in der Geschichte zu leihen und mit der enormen Zunahme der Ungleichheit – wo ein paar wenige an der Spitze immens prosperierten und fast alle anderen auch schon vor der Krise nicht vorankamen. Und über was diskutierten wir? Das Defizit, die Haushaltsdisziplin und ›lasst uns Medicare und Social Security streichen‹.« Seine und andere kritische Kommentare hätten lange Zeit nichts daran geändert. Erst mit den Protesten sei das »Wunder« geschehen und die Diskussion habe sich komplett gedreht. »Der Kaiser ist wirklich nackt und wir müssen nur noch die Menschen darauf aufmerksam machen.« Das tat Occupy seit diesen Tagen im Herbst 2011. Doch mit dem Beginn der Bewegung lag Barack Obamas Amtseinführung fast drei Jahre zurück. Die größten Auseinandersetzungen waren längst ausgefochten.

DIE VERARMTEN STAATEN VON AMERIKA

Es ist wohl kaum ein Zufall, dass die Geschichte des Aufstiegs der Rechten in einer Phase der tiefgreifenden Wirtschaftskrise erfolgt ist. Sie kann nicht ohne eine Analyse der Geschichte des jahrzehntelangen, kulturellen und vor allem ökonomischen Abstiegs der USA verstanden werden. Die zunehmende Religiösität und der Antiintellektualismus gingen einher mit dem ökonomischen Abwärtstrend. Dieser entgeht den reicher werdenden Eliten in ihren abgeschotteten Wohnanlagen mit Bio-Supermärkten und Privatschulen leicht. Doch es genügt ein Blick auf die degenerierenden Städte Amerikas, die zunehmend den von der Natur zurückeroberten Geisterstädten aus der Zeit des Goldrauschs oder des Ölbooms gleichen.

Stagnierende Löhne, fallende Immobilienpreise und immer schwerere Wirtschaftskrisen haben den Lebensstandard der Amerikaner in den vergangenen 30 Jahren deutlich gesenkt. Die soziale Mobilität, das Herzstück des »American Dream«, gehört in den Vereinigten Staaten seit längerem schon zum Wunschdenken. Länder des »alten Europa sind für viele amerikanische Konservative der Inbegriff von festgefahrenen Strukturen, wenn nicht gar einer »sozialistischen Diktatur«. Tatsächlich jedoch verfügen sie über eine größere soziale Mobilität als die USA.[285]

Die Verlegung der industriellen Produktion in Billiglohnländer hat seit den 1970er-Jahren Arbeitsplätze im ganzen Land vernichtet. Und selbst in verhältnismäßig reichen Städten wie New York verfallen öffentliche Einrichtungen und erinnern oftmals an Zustände in der Dritten Welt.

Mit neu aufstrebenden Weltmächten wie China und Indien entgeht diese Entwicklung – trotz der fast schon religiös anmutenden ständigen Beteuerungen des »American Exceptionalism« und Treueschwüre auf ihre Fahne – auch der amerikanischen Öffentlichkeit nicht mehr.

Der drohende »Niedergang« der Vereinigten Staaten beschäftigt inzwischen auch ein ständig wachsendes Konvolut an Literatur. Beispiele dafür sind amerikanische Bestseller wie *Third World America: How Our Politicians Are Abandoning the Middle Class and Betraying the American Dream* von Arianna Huffington oder *That Used to Be Us: How America Fell Behind in the World It Invented and How We Can Come Back* von Michael Mandelbaum und Thomas Friedman. Aufsehen erregte auch der Investor und überzeugte Demokrat George Soros mit seinen Bemerkungen über den kommenden Klassenkampf.[286] Die aktuelle Krise der kapitalistischen Länder sei so tiefgreifend und so bedeutend wie die Phase, die zum Untergang des sozialistischen Blocks geführt habe. Aktuelle Untersuchungen untermauern dieses zunehmend düstere Bild. Nach einer Untersuchung der US-Statistikbehörde leben inzwischen 100 Millionen Menschen, also jeder dritte Amerikaner, unterhalb der Armutsgrenze oder nahe daran.[287]

Der Lebensstandard der Amerikaner sinkt seit Jahrzehnten. Der Verlust, den viele Menschen in Amerika verspüren, ist real. Vergleiche mit dem Niedergang des englischen Imperiums und einem »kontrollierten Rückzug« sind in der Wissenschaft angekommen. Die Einkommensdiskrepanz hat inzwischen das Niveau der Dritten Welt erreicht. Nach dem World Factbook der CIA ist der Abstand von Arm und Reich in den USA inzwischen extremer als in Ländern wie Ägypten, Jemen oder Russland. Das Bildungswesen hinkt dem der westlichen Welt hinterher, das Gesundheitswesen ist so teuer wie in keinem anderen westlichen Land, und dennoch haben rund 50 Millionen Menschen, also ein Sechstel der US-Bevölkerung, keine Krankenversicherung. Das Hauseigentum, das nach dem Auto die größte Anlage einer typischen amerikanischen Familie darstellte, war im Zuge der Liberalisierung Reagans und einer Niedrigzinspolitik noch eine der Anlagen, auf die sich Amerikaner aufgrund der niedrigen Zinsen und stetig steigenden Immobilienpreise hatten verlassen können. Die Refinanzierung von Hypotheken erlaubte Ausgaben auf Pump. Doch all das endete mit dem Platzen der Immobilienblase 2007.

DIE TRICKLE-DOWN-ECONOMY

Wer in einer der größten Krisen des Kapitalismus ein Erstarken der linken Bewegungen weltweit erwartet hatte, wurde eines besseren belehrt. In den Vereinigten Staaten reagierte ein Teil der Bevölkerung mit einer populistisch-konservativen Bewegung. Dabei erstaunt vor allem, wie es das Netzwerk von rechten Interessengruppen geschafft hat, einfache Amerikaner vor den Karren ihrer relativ durchsichtigen Kampagne für weniger Regulierungen und höhere Profite zu spannen. Wer verstehen will, wie eine Bewegung aus dem Volk sich mit den Wirtschaftsinteressen der Konzerne vereint, darf die jahrzehntelange ideologische Lobbyarbeit nicht außer Acht lassen. Denn die ist dem rechten Netzwerk in den vergangenen 40 Jahren gut gelungen. Bei der politischen und wirtschaftlichen Elite hat sie längst den Kampf um die Meinungsführerschaft gewonnen. Die USA sind in dieser Frage in den vergangenen Jahrzehnten stetig nach rechts abgedriftet. Kaum einer bestreitet die Formeln vom kleineren Staat, selbst viele Demokraten würden dieser »Idee« zustimmen.

Noch nicht gelungen war es diesen Strukturen, ihre ideologische Dominanz auf politischer Ebene trotz jahrzehntelanger Versuche auf die Straße zu übertragen. Das ist verständlich, denn es ist schwer vorstellbar, wie die Interessen des einfachen Bürgers mit denen von Koch Industries in Einklang zu bringen wären. Warum sollte sich ein Arbeiter für die Forderung der Ultrakonservativen nach noch größeren Steuergeschenken an die Reichen einsetzen, während er selbst ums Überleben kämpft? Das Zauberwort heißt »Trickle Down Economy«.

Nach dieser Theorie des entfesselten Marktes, die die Wirtschaftspolitik der USA seit mindestens 30 Jahren in Beschlag nimmt, profitieren letztendlich auch die unteren Klassen der Gesellschaft vom ins Unermessliche wachsenden Reichtum einiger weniger. Denn diese schaffen nicht nur Arbeitsplätze, sondern sie investieren auch ihr Geld, das damit von »oben nach unten« durchsickert.

In der Tradition der Ökonomen Ludwig von Mises, dem Österreicher Friedrich August von Hayek und der Chicagoer Schule um Thomas Sowell und Milton Friedman soll der Markt nicht durch staatliche Interventionen gestört werden. Je weniger Staat, desto besser der Markt, so die von vielen Republikanern vertretene Lehre. Je besser es den Reichsten ginge, desto besser würde es auch allen anderen gehen, so die Idee. Das Problem ist nur, dass diese Wirtschaftsphilosophie seit ihrer Anwendung in den 1970er-Jahren die Diskrepanz zwischen Arm und Reich in den USA nur vergrößert hat. Konzernprofite, so zeigt die Entwicklung, haben nichts mit dem gesellschaftlichen Fortschritt der einfachen Bevölkerung zu tun, die zunehmend verarmt. Würde die Theorie stimmen, müsste es den Amerikanern heute genauso viel besser gehen wie den Reichsten der Reichen. Während jedoch das Einkommen von weniger als einem Prozent der Bevölkerung in den vergangenen dreißig Jahren um fast 300 Prozent stieg und einen mit den 1920er-Jahren vergleichbaren Anteil am Gesamtvermögen der USA erreicht hat, stagnierte das durchschnittliche Einkommen der »restlichen« 90 Prozent. Diese Entwicklung ist noch dramatischer in anderen Bereichen, wie beispielsweise dem Gesundheitswesen. Während 1993 noch 25 000 Menschen jährlich starben, weil sie keinen Zugang zu einer Krankenversicherung hatten, waren es 2010 schon 45 000 Menschen. Heute besitzen 51 Millionen keine Gesundheitsversicherung. Ausgaben für Medikamente und Behandlungen sind heutzutage der Hauptgrund für Privatinsolvenzen. Anhand dieser Statistik zeigt sich ein weiteres Problem: Rund zwei Drittel dieser vom Bankrott Betroffenen hatte zum Zeitpunkt des Krankheitsfalls eine private Krankenversicherung. Diese Zahl macht deutlich, dass die privaten Krankenversicherungsangebote im Krankheitsfall viel zu oft keine ausreichende Versorgung sicher garantieren. Patienten bleiben immer wieder auf den Kosten ihrer Behandlungen sitzen.

Das Bewusstsein über den sinkenden Lebensstandard hat längst eingesetzt. Mit der Illusion der sozialen Mobilität wankt die Grundlage des amerikanischen Traums. Beschleunigt hat sich in den USA lediglich die soziale Mobilität nach unten. Im internationalen Vergleich fallen die Vereinigten Staaten seit den 1960er-Jahren stetig zurück. Die Wirtschaftskrise und die Occupy-Bewegung haben dafür gesorgt, dass diese Realität nun auch wahrgenommen wird. Diese Entwicklung hat nicht erst mit der Wirstchaftskrise begonnen, schon seit den 1980er-Jahren ist die strukturelle Umwälzung der amerikanischen Wirtschaft im vollen Gange. Mit der Abwanderung der industriellen Produktion in andere Länder wie China verloren die Vereinigten Staaten Millionen von Arbeitsplätzen. Im Gegenzug kamen Servicejobs im Niedriglohnsektor.

Obamas Versprechen des Wandels ist nicht neu. Seit Jimmy Carter trat praktisch jeder Kandidat im Wahlkampf mit dem Versprechen an, in Washington aufzuräumen, wohlwissend, dass dies nicht in seiner Macht steht. »Wähler geben vor, zu rebellieren. Politiker geben vor, zuzuhören. Das ist unser politisches Theater«, schrieb der Professor der Geisteswissenschaften Mark Lilla in der *New York Review of Books*.[288] Seit den 1970er-Jahren hätten sich Amerikaner deshalb ins Individuelle zurückgezogen. Sie ziehen beispielsweise in Umgebungen mit Menschen, die ihre Überzeugungen teilen. Diese kleinere Gemeinschaft ersetze für sie das nationale Kollektiv, so Lilla.

Dieser Trend lässt sich an den Wahlergebnissen gut ablesen. Denn in solchen Gemeinden gewinnen Republikaner oder Demokraten in Erdrutschsiegen. In der Wahl 2008 kam fast die Hälfte der Stimmen, 48 Prozent, aus Wahlkreisen, in denen einer der beiden Kandidaten, Obama oder McCain, mit mindestens 20 Prozent Vorsprung gewann.[289] 1976 lag der Anteil sogenannter Erdrutschbezirke noch bei 27 Prozent.

Weil sie sich einen Arztbesuch nicht leisten können, werden Millionen von Amerikanern durch ihre Recherche im Internet zu ihren eigenen Ärzten. Doch auch diese Entwicklung hat eine ideologische Variante: Viele Amerikaner trauen dem Gesundheitssystem schlichtweg nicht. In mehr als 20 Bundesstaaten der USA können Eltern die Impfung ihrer Kinder aus »philosophischen oder persönlichen Gründen« ablehnen. In diesen Staaten sinkt seit Jahren aufgrund irrationaler Ängste die Zahl nicht geimpfter Kinder. Auch die betont religiöse republikanische Kongressabgeordnete und Präsidentschaftsbewerberin Michele Bachmann nutzte dieses Thema zur Angstmache, als sie ihrem Kontrahenten Rick Perry vorwarf, in seinem Bundesstaat eine Impfung für junge Mädchen zur Pflicht gemacht zu haben, die das Risiko von Gebärmutterhalserkrankungen senken würde. Der Geisteswissenschaftler Mark Lilla beschreibt Amerikaner daher als »gutgläubige Skeptiker«. Sie zweifelten die Autorität der Priester an und redeten dann mit den Toten. Sie misstrauten ihren Kardiologen, nur um schließlich »Quacksalber im Dschungel« ausfindig zu machen.[290] Erfahrung, Autorität und Bildung sind verdächtig. Das Vertrauen in ihre eigenen Fähigkeiten ist dagegen groß. Doch dieses Weltbild hat mit der Wirtschaftskrise 2008 einen Schock erfahren. Obwohl Wirtschaftswissenschaftler relativ einig darüber waren, dass zur Verhinderung einer wirtschaftlichen Depression eine starke nationale und internationale Antwort vonnöten war, sahen die Amerikaner, die der Elite ohnehin misstrauten, eine Verschwörung am Werk. Der Staat wolle die Krise nutzen, um die Kontrolle über seine Bürger zu intensivieren.

Ende 2011 häuften sich die Berichte mit Spekulationen über das Ende der Tea-Party-Bewegung. Schon im Sommer deuteten Umfragen auf eine Trendwende hin. Noch im April 2010 hatten sich in einer Umfrage der *New York Times* 21 Prozent der Befragten als Anhänger der erzkonservativen Bewegung bezeichnet. 18 Prozent bezeichneten sich als Gegner. Die größte Gruppe allerdings waren mit 46 Prozent diejenigen, die angaben, nicht genügend über die Tea Party zu wissen.[291]

Wenig mehr als ein Jahr später hatte sich die Stimmungslage deutlich verändert. Nach den verheerenden Auseinandersetzungen um den Haushalt 2011 und die Schuldengrenze hatte sich die öffentliche Meinung deutlich gedreht. Während die Zahl der Anhänger lediglich um einen Prozentpunkt gesunken war, hatte sich die Zahl ihrer Gegner mehr als verdoppelt.[292]

Inmitten der Diskussion um die Schuldengrenze bezeichneten sich 40 Prozent als Gegner der Tea Party. Eine klare Mehrheit von 72 Prozent der Befragten verurteilte die Verhandlungsstrategie der Republikaner und zwei Drittel widersprachen dem Dogma der Tea Party: Die Schaffung von Arbeitsplätzen sollte Priorität haben vor Haushaltskürzungen.

Eine weitere Untersuchung ergab ein noch deprimierenderes Bild für die Anhänger der Bewegung. Von 23 Gruppen war die Tea Party die unpopulärste. Sie schnitt schlechter ab als die Gruppe der Republikaner oder die der Demokraten. Sie sei »sogar unbeliebter als ›Atheisten‹ oder ›Muslime‹«, stellten die Verfasser der Studie, die Politologen David Campbell und Robert Putnam, fest.[293] Eine der wenigen Gruppen, die ähnlich schlecht abschnitten, war die »Christliche Rechte«. Sie mache sich zunehmend unbeliebt, schwimme »gegen die Strömung« und sei als politische Marke sogar »Gift« für die Republikaner, fassten Campbell und Putnam die Ergebnisse ihrer Beobachtungen zusammen. Da die Studie vor dem Debakel um die Anhebung der Schuldengrenze erfolgte, kann man davon ausgehen, dass die Popularität der Tea Party in der Zwischenzeit weiteren Schaden genommen hat.

Darauf deuteten auch Untersuchungen der Tea-Party-Bezirke hin, also die Wahlbezirke der 60 Abgeordneten im Kongress, die sich ausdrücklich mit der Tea Party identifizieren. Denn selbst in diesen Hochburgen der erzkonservativen Bewegung gab es nach einer Untersuchung des Pew Research Center nur ein Jahr nach den Zwischenwahlen 2010 mehr Gegner als Befürworter der Tea Party.[294] Landesweit sagten 27 Prozent, dass sie nicht mit ihr übereinstimmten, nur noch 20 Prozent sprachen sich für sie aus. Ein Jahr zuvor war dies noch genau umgekehrt gewesen. Interessanterweise ist der gleiche Trend in den Hochburgen der Bewegung zu beobachten. Während 2010 dort noch 33 Prozent der Befragten mit der Tea Party übereinstimmten, und nur 18 Prozent sich negativ äußerten, lagen beide Gruppen ein Jahr darauf mit 25 zu 23 Prozent fast gleichauf.

2011 war kein gutes Jahr für die Rechte. In den Augen einer großen Mehrheit von Amerikanern hat sie ihre Karten überspielt. Diese negative Stimmung könnte das Ende der Tea Party einläuten. Trotzdem setzt die Grand Old Party im Schulterschluss mit der Bewegung ihren Kurs in rechtsextremes Fahrwasser fort.

Das schlechte Image der Tea Party hatte direkte Folgen für die Popularität der Republikanischen Partei. In dem relativ kurzen Zeitraum von März bis Oktober 2011, in dem vor allem die Debatte um den US-Haushalt und die Schuldengrenze das Land fesselte und die Tea Party im Schulterschluss mit Rechtskonservativen im Kongress durch ihre kompromisslose Haltung mehrfach die Zahlungsunfähigkeit der USA heraufbeschworen, fiel die Partei ausgerechnet in Tea-Party-Bezirken in der Gunst der Befragten um 14 Prozentpunkte auf 41 Prozent – deutlich mehr als in der landesweiten Befragung, die für die Partei einen Popularitätsverlust von lediglich sechs Prozentpunkten ergab. In den Tea-Party-Bezirken hat sie damit beinahe das Popularitätsniveau der Demokratischen Partei von 39 Prozent erreicht.

Bei den Demokraten gab es dagegen nach den kritischen Haushaltsdiskussionen kaum eine Veränderung. Sie büßten im gleichen Zeitraum in diesen Bezirken ebenso wie bei der landesweiten Untersuchung lediglich zwei Prozentpunkte ein.

Die Tea Party hat sich nach der Grand Old Party die amerikanische Gesellschaft vorgenommen. Mit der zunehmenden Ideologisierung und der damit einhergehenden Polarisierung der Debatte warnen zahlreiche Beobachter davor, dass sich die Partei immer weiter vom gesellschaftlichen Mainstream wegbewegt und zunehmend isoliert. »Bis auf die Frage der Größe des Staates entfernt sich die Tea Party mit ihren Positionen zunehmend von den meisten Amerikanern, auch von vielen Republikanern«, schreiben Campbell und Putnam.[295] Sie sehen Parallelen zur Bewegung gegen den Vietnamkrieg und der Kandidatur des linksliberalen Demokraten Goerge McGovern 1972. Bei den allgemeinen Wahlen gegen Richard Nixon hatte er keine Chance. Die Demokraten erlitten eine Niederlage, von der sie sich lange Zeit nicht mehr erholen sollten. »Die Aktivisten brachten Energie, aber auch Schärfe in die Demokratische Partei, schreckten moderate Wähler ab und beschädigten die demokratische Marke für eine ganze Generation. Durch ihre Umarmung der Tea Party drohen die Republikaner, die Geschichte zu wiederholen.«

DER TOD EINER BEWEGUNG?

Noch im Sommer 2011 begannen die Diskussionen über das Ende der Bewegung. »Die Tea Party ist tot! Es lebe die Tea Party (in den Medien)!« schrieb die Journalistin Leslie Savan im Magazin *The Nation*[296] über das »Phänomen« Tea Party, die trotz geringer Teilnehmerzahlen bei zentralen, nationalen Aktionen in den Medien weiterlebt. »Wo ist die Tea Party?«, fragte auch der Journalist und Autor Will Bunch.[297] Beim »Tax Day« im April hätten sich die Versammlungen regelmäßig auf wenige Hundert Teilnehmer beschränkt. Trotz der Anwesenheit von nationaler Prominenz wie Donald Trump, Sarah Palin oder Jim DeMint seien nicht mehr Menschen gekommen. Die Bewegung sei zu Sherlock Holmes' berühmtem Hund geworden, der nicht bellt.

Auf der Straße war sie praktisch nicht mehr zu sehen. In den Medien war sie dagegen präsent. CNN etwa organisierte eine Debatte der republikanischen Präsidentschaftsbewerber gemeinsam mit dem Tea Party Express.

Doch es gibt noch einen anderen Grund dafür, dass es um die Tea Party zunehmend ruhiger geworden ist: In nur zwei Jahren hatte sie die Diskussion weit nach rechts gezwungen. Die von ihr geforderten Inhalte waren längst im Mainstream angekommen. So gesehen, hatte sie gewonnen.

Aber die Absorption der Bewegung in der Republikanischen Partei ging mit Nebenwirkungen einher. Der Parteiführung fiel es schwer, die neue Rechte, gestärkt durch die Tea Party, im Kongress zu kontrollieren. Eine Studie des Abstimmungsverhaltens der Abgeordneten im Repräsentantenhaus seit 1879 zeigt einen relativ konstanten Anteil von Moderaten und Konservativen bei den Republikanern beziehungsweise Moderaten und Linken bei den Demokraten.[298] Während sich die Kurve allerdings bei den Demokraten in den vergangenen 130 Jahren nur unwesentlich verändert hat, schießen beide Kurven bei den Republikanern ab 1975 in die Höhe. Moderate Republikaner heute sind so konservativ wie ihre moderaten Kollegen der 1970er-Jahre. Und die Parteikonservativen vertreten inzwischen so konservative Positionen wie nie zuvor in der über 100-jährigen Geschichte der Kongresskammer. An die Stelle von Pragmatismus und Kompromissbereitschaft traten eine erzkonservative Ideologie und Dogmatismus. Das beste Beispiel dafür ist die Schuldendebatte, in der die rechtsextremen Abgeordneten selbst die Zahlungsunfähigkeit der USA als Kollateralschaden ihrer politischen Mission in Kauf nahmen. Dieser Sprung brauchte gerade einmal eine Generation, und die Tea Party hat diesen Trend lediglich verstärkt, nicht erfunden.

DIE TEA PARTY IM KONGRESS

Neben vielen Freshmen, den neu in den Kongress gewählten Abgeordneten, bediente sich auch das Parteiestablishment gern des Labels der Tea Party. Als eigene politische Kraft im Kongress etablierte sich die Bewegung allerdings nicht. Weder die Tea-Party-Fraktionsgruppe im Repräsentantenhaus noch die entsprechende Vereinigung im Senat entwickelten eigene Initiativen. Sie schafften es zudem kaum, sich zu treffen. Während die 60 erzkonservativen Aktivisten im Repräsentantenhaus bis Ende 2011 nur zu zwei Versammlungen zusammenkamen, brachte es die Senatsgruppe auf gerade einmal ein Gründungstreffen im Januar desselben Jahres.

Während die Schlacht um die Schuldengrenze Washington aufbrachte und die Tea Party vor dem Kapitol demonstrierte, war die von Michele Bachmann gegründete Fraktionsgruppe im Kongress nicht zu finden, schrieb die Zeitung *The Hill*.[299] Auch eine eigene Position formulierte sie nicht.

Die »Mitgliedschaft« scheine für viele Abgeordnete und Senatoren eher eine willkommene Gelegenheit zu sein, den eigenen Namen mit der bei der konservativen Basis populären Bewegung in Verbindung zu bringen.

Die über weite Phasen gehende Abwesenheit der selbsternannten Sprecherin der Bewegung im Kongress Bachmann während ihres Wahlkampfes als Präsidentschaftsbewerberin erklärt diese Untätigkeit nur teilweise. Sie hatte bei der Gründung der Tea-Party-Fraktionsgruppe im Repräsentantenhaus im Juli 2009 noch erklärt, dass von nun an »die Stimme des Volkes Einzug in die Korridore des Kongresses« halte.[300] Diese »Stimme des Volkes« blieb jedoch erstaunlich stumm.

Ein weiterer Grund für die eher symbolische Existenz ist wohl auch das Bestehen weiterer Fraktionsgruppen, allen voran das rechtskonservative Republican Study Committee, in dem sich rund zwei Drittel der republikanischen Abgeordneten im Repräsentantenhaus zusammengeschlossen haben. »Ich wollte nicht in einer Gruppe innerhalb einer Gruppe sein«, erklärte etwa der kubanischstämmige konservative Senator aus Florida Marco Rubio. Im Senat sind daher nur 16 von 47 republikanischen Senatoren Mitglied der Tea-Party-Gruppe, so zum Beispiel der 2010 in den Kongress gewählte Sohn von Ron Paul, Rand Paul, und die Führungsfigur der Rechten und Senator aus South Carolina Jim DeMint.

Zahlreiche Kongressabgeordnete betonen zudem, dass eine Abstimmung der gemeinsamen Strategie auch ohne regelmäßige Treffen erfolge. Dass dies zutrifft, zeigte die koordinierte Blockade der Verhandlungen um die Erhöhung der Schuldengrenze im August 2011.

Die Agenda der Tea Party war nicht gerade beliebt in der Bevölkerung. Sie beschädigte nicht nur das Ansehen der Republikaner, sondern auch die Popularität des Kongresses. In Umfragen lagen beide Institutionen bei weniger als 30 Prozent. Präsident Barack Obama genoss eine deutlich größere Beliebtheit, und das trotz widrigster Umstände – allen voran eine Arbeitslosenquote von über acht Prozent. Auch in den Bundesstaaten regt sich Widerstand gegen die Tea-Party-Agenda. Zwei Jahre nach ihrer Wahl war eine neue Generation rechtskonservativer Gourverneure mit dem organisierten Widerstand großer Teile ihrer Bevölkerung konfrontiert.

In Wisconsin musste Scott Walker gegen seine frühzeitige Abwahl kämpfen, nachdem er gewerkschafts- und frauenfeindliche Gesetze durchgesetzt hatte. Die vorzeitige Abwahl eines Gouverneurs ist extrem selten, und im Falle Walkers stehen gut finanzierte Gruppen bereit, um das Vorhaben zu vereiteln. Allein die beiden Milliardäre und Tea-Party-Finanziers Charles und David Koch versprachen, Millionen zur Unterstützung Walkers auszugeben. Was der Gouverneur mit den Gewerkschaften angestellt habe, sei »mutig«, sagte David Koch.[301] Wenn es den Gewerkschaften gelinge, Walker abzusägen, gäbe es keine Grenzen mehr für die Macht der Gewerkschaften. Das wollen die Industriellen verhindern. »Wir haben sehr viel Geld in Wisconsin ausgegeben. Wir werden noch mehr ausgeben.« In Ohio bekam der ehemalige Fox News-Moderator und 2010 gewählte Gouverneur John Kasich das zu spüren. In Umfragen wuchs die Unzufriedenheit innerhalb weniger Monate von 22 auf 52 Prozent. Grund war ein radikales Gesetz, das Gewerkschaften des öffentlichen Dienstes weitgehend zerschlagen hätte. Damit könnte sich die Tea Party überhoben haben. Bis Ende 2011 sammelten Bürger mehr als 1,3 Millionen Unterschriften für eine Abstimmung über die Rücknahme des Gesetzes SB 5. Ausgereicht hätten gerade einmal 300 000.

VOM ECUADORIANISCHEN BEUTELFROSCH

Bereits das Ende der erzkonservativen Bewegung zu feiern, wäre verfrüht. Auch wenn sich die Tea Party personell nicht immer durchsetzen konnte, hat sie es immerhin geschafft, die Republikanische Partei in ein weitaus rechteres Fahrwasser zu stoßen. Allein die Angst vor dem Phantom, dem Druck von rechts, hat große Zugeständnisse der Amtsinhaber produziert und damit die Politik merklich gesteuert. 2012 schaffte sie es ebenfalls in zahlreichen Bundesstaaten, langjährige Amtsinhaber aus dem Amt zu befördern und eigene Kandidaten zu nominieren. Noch im Mai besiegte die Bewegung etwa Richard Lugar, der sein Amt für 38 Jahre innehatte. Auch deshalb waren die Republikaner trotz größter Zugeständnisse vonseiten Obamas nicht bereit, auf Vorschläge der Demokraten einzugehen und Kompromisse zu schließen.

Moderate Republikaner in der Partei waren zunehmend isoliert und fürchteten um ihre Wiederwahl. Aus Furcht vor der Bedrohung von rechts hielten sie sich in öffentlichen Diskussionen beschämt zurück oder wichen von eigenen Prinzipien ab. »Wenn sie Kollegen wie Bob Bennett verlieren sehen«, sagte der Präsident des konservativen Club for Growth, Chris Chocola[302], »dann hat das Folgen.«

Obwohl schockierend, war der Rückzug von Olympia Snowe daher keine Überraschung. In ihrem Heimatstaat Maine erlebte sie die Machtübernahme der Tea Party in den Parteistrukturen. Dennoch lieferte sie für das Dodd-Frank genannte Regulierungsgesetz Obamas für den Finanzmarkt und der Bildung der damit zusammenhängenden Consumer Protection Agency eine entscheidende Stimme und war damit mitverantwortlich für den Erfolg der Vorhaben. Ihre Bereitschaft zur Zusammenarbeit hatte jedoch Grenzen. Unter dem Druck der Tea Party wanderte auch Snowe nach rechts. Ihr Abstimmungsverhalten änderte sich mit dem Mainstream der Republikaner. Während ihr die American Conservative Union, eine weitere »Ratingagentur« der Konservativen, 2009 in nur 49 Prozent der entscheidenden Abstimmungen eine konservative Position attestierte, erreichte sie schon ein Jahr später 64 Prozent.[303] So unterstützte sie beispielsweise die Filibuster genannte Blockade der Republikaner gegen die Nominierung des von Obama berufenen ersten Leiters der Consumer Protection Agency, Richard Cordray.

Moderate bei den Republikanern seien, so die *Huffington Post*, inzwischen so selten wie der »vom Aussterben bedrohte ecuadorianische Beutelfrosch«.[304] Der Begriff des »mitfühlenden Konservativen«, den selbst Bush noch im Wahlkampf 2000 zumindest rhetorisch bemüht hat, ist inzwischen zum Schimpfwort verkommen.

Soziale Fragen ignoriert diese neue Rechte gern. Ein Beispiel war die Reaktion der konservativen Heritage Foundation auf einen schockierenden Armutsbericht des Census Bureau vom Herbst 2011.[305] Danach leben 100 Millionen Amerikaner, also jeder dritte, in Armut oder nahe der Armutsgrenze. Besonders betroffen sind Kinder. Die Antwort der Heritage Foundation war bezeichnend und ähnelt Reaktionen von Tea-Party-Mitgliedern. Arme seien in Wirklichkeit nicht arm, weil auch sie sich einen Kühlschrank und eine Mikrowelle leisten könnten, parierte der konservative Thinktank das Ergebnis der Studie.

DIE PASSIVITÄT DER DEMOKRATEN

Dass die Tea Party in so kurzer Zeit so viel Macht erreichen konnte, lag auch an der Passivität der Demokraten. Ihre Antwort auf die radikalen Kürzungsversuche von Sozialprogrammen durch die Rechte: »Lasst uns ein bisschen weniger kürzen.« Wenn Kürzungen das probate Mittel seien, denkt sich der Wähler, warum dann nicht richtig, und stimmt dann für den, der am entschiedensten auftritt.

Obwohl sie im ersten Jahr die Macht in beiden Kammern des Kongresses hatten und den Präsidenten im Weißen Haus stellten, gingen die Demokraten in die Defensive. Weit weniger als durch die Totalblockade der Republikaner war die Gesundheitsreform vor allem aufgrund des Unwillens der Demokraten kompromittiert, die keine eigene Position für eine tatsächlich fundamentale Reform formulierten, sondern sich mit einem konservativen Modell der Republikaner zufriedengaben. Ein weiteres Beispiel ist das Dodd-Frank-Gesetz zur Bankenreform. Die Ausarbeitung wesentlicher Bestimmungen überließen die Kongressabgeordneten den Regulierungsbehörden. Kritiker bezeichnen die Legislative aufgrund des unschönen politischen Alltags und der Einflussnahme von Lobbyisten häufig als »Wurstfabrik«.

Die Arbeit der Regulierungsbehörden ist allerdings weitaus weniger transparent und umso anfälliger für die Einflussnahme sogenannter »spezieller Interessen«. Eine der zentralen Regelungen des Gesetzes war die sogenannte Volcker-Regel. Benannt nach dem ehemaligen Chef der US-Notenbank Federal Reserve Paul Volcker, sollte sie den Eigenhandel der Banken unterbinden. Solange solche Geschäfte gut liefen, garantierten sie gigantische Profite. Als sie scheiterten, musste der Steuerzahler für die Verluste aufkommen. Um diesen »Banken-Sozialismus« in Zukunft zu unterbinden, forderte Volcker seit Jahren die Wiedereinführung der aus der Zeit der Großen Depression stammenden strikten Trennung von Investment- und Geschäftsbanken, die unter Präsident Clinton von Demokraten und Republikanern gemeinsam abgeschafft worden war.

Doch die Ausarbeitung der Regel, die Ende 2011 präsentiert wurde, war so enttäuschend, dass selbst ihr Namensgeber »signifikante Änderungen« forderte. Die damals vorgestellte Konkretisierung empfahl Banken lediglich, keine kurzfristigen Handelsgeschäfte durchzuführen. Ein Verbot des profitablen wie riskanten Hochfrequenz-Handels enthielt sie nicht. Statt feststehende Gebühren pro Transaktion einzuführen, blieben Anreize für ein hohes Volumen an Eigenhandel wie etwa ein Anteil am Profit bestehen. Und zu guter Letzt sah die vorgelegte Regelung auch keine Strafen für Verstöße vor. Mit den Worten der *New York Times* hatte sie schlicht »keine Zähne«.[306]

OCCUPY

Die »Empörten«, die sich in den Vereinigten Staaten in der Kampagne »Occupy Wall Street« zusammengefunden haben, könnten der Beginn einer neuen Ära in der Geschichte der Vereinigten Staaten darstellen. Mit »Occupy Wall Street« gab es unter der Regierung von Barack Obama erstmals wieder eine Bewegung von links. Innerhalb weniger Monate vermochte sie es, der Tea Party unter dem Eindruck von kontinuierlicher Polizeigewalt und der Repression der Medien die Begriffe der öffentlichen Debatte zu entziehen.

Plötzlich ging es nicht mehr um die Kürzung von Sozialprogrammen, sondern um die immer stärker wachsende soziale Ungerechtigkeit, die zunehmende Diskrepanz von Arm und Reich sowie die extreme Konzentration von Wohlstand bei einigen wenigen. Angesichts der immer weiter sinkenden Popularität entdeckte auch das Weiße Haus das Thema der sozialen Frage für sich. Nachdem Obama seine Rhetorik nach zahlreichen Kompromissversuchen und desaströsen Verhandlungen mit den Republikanern im Kongress Ende 2011 verschärft hatte, äußerte er nun Verständnis für die Frustration in der Bevölkerung. »Wir sind auf ihrer Seite«, sagte der US-Präsident.[307]

OCCUPY UND TEA PARTY

Wenn die Linke so erfolgreich sein will wie die Rechte in der jüngsten Vergangenheit, dann müsse sie ihre eigenen unabhängigen Institutionen aufbauen, erklärt der Georgetown-University-Historiker Michael Kazin.[308] Zu viele seien davon ausgegangen, dass die landesweite Initiative zum Aufbau einer Wahlkampforganisation mit tausenden Freiwilligen, die zur Wahl Obamas führte, ausreichend gewesen sei.

Doch das war nicht der Fall. Ohne den beständigen Druck einer linken Bewegung auf der Straße sah das Weiße Haus keinen Anlass für einen entsprechenden Kurs. Einer der wesentlichen Unterschiede zwischen Occupy Wall Street und der Tea Party sind ihre unterschiedlichen Organisationsformen. Auch wenn die rechten Kritiker der Occupy-Bewegung gern auf den Investor George Soros als einen der Unterstützer der Occupy-Bewegung verwiesen, war das Geld auf der Seite der Tea Party.

Gewerkschaften seien heute durch die konservative Offensive geschwächt. Linke Universitäten, Webseiten und Non-Profit-Organisationen sprächen mit ihrem Fokus auf bestimmte Teilbereiche vom Umweltschutz bis zur gleichgeschlechtlichen Ehe an, kümmerten sich aber nicht um das »große Bild«, so Kazin. Das seien etwa Arbeitsplätze und Löhne, die ein Leben in Würde ermöglichten. Die Linke müsse aufhören, ihre vergangenen Niederlagen zu betrauern und solle sich stattdessen organisieren, um den Wandel in der Zukunft zu bewirken. »Die Linke muss realisieren, dass sie in der Vergangenheit bei ihren erfolgreichen Kämpfen zur gewerkschaftlichen Organisation oder für Gleichberechtigung ihre Hoffnungen nur selten auf Politiker setzte. Sie bildete vielmehr ihre eigenen Institutionen – Gewerkschaften, Frauengruppen, Gemeinde- und Einwandererzentren und eine geistreiche, anti-autoritäre Presse – in denen sie für sich selbst und für die Interessen der Niedriglohnverdiener sprach.«

DIE REAKTIONEN AUF DIE GEGENBEWEGUNG

Während die Tea Party an Einfluss verlor, verfolgten Konservative im Herbst 2011 mit Besorgnis das Entstehen einer neuen sozialen Bewegung. Schon einfache Forderungen wie die nach einem fairen Steuerrecht, das Wohlhabende mindestens so sehr zur Kasse bittet wie Mittelklassefamilien, führten zu panikartigen Reaktionen bei den Rechten. Der Mehrheitsführer der Republikaner im Repräsentantenhaus Eric Cantor bezeichnete die Bewegung als »Mob« und zeigte sich »zunehmend besorgt« über den wachsenden »Pöbel«, ein Begriff, der ihm bei den tumultartigen Störungen von politischen Versammlungen durch die Tea Party anlässlich der Gesundheitsreform Obamas nie eingefallen wäre. »Klassenneid und soziale Unruhen sind nicht etwas, das wir in Amerika machen«, sagte der republikanische Vorsitzende des Haushaltsausschusses im Repräsentantenhaus und prominente Rechtsaußen Paul Ryan. Seine Eltern hätten nie die »Opferkarte« gespielt, sagte Herman Cain. Er habe kein Verständnis

»für Leute, die gegen den Erfolg anderer protestieren«, sagte der einzige afroamerikanische Präsidentschaftsbewerber der Republikaner. Rush Limbaugh nannte die Demonstranten »Parasiten«. Der Höhepunkt war jedoch unzweifelhaft der Kommentar Glenn Becks. Die Ikone der Tea-Party wandte sich von seinem Internet-Programm aus nicht an die Tea-Party-Basis, sondern direkt an das Kapital: »Kapitalisten, glaubt nicht, dass Ihr mit dieser Bewegung spielen könnt. Sie werden Euch jagen, auf die Straße schleifen und töten. Sie werden es machen. Sie sind marxistische Radikale. Diese Burschen sind schlimmer als Robespierre in der Französischen Revolution ... Wenn Du wohlhabend bist, werden sie Dich für das, was Du hast, töten.«[309]

Innerhalb der republikanischen Partei konnte diese neue Bewegung der Tea Party nicht schaden. Auf nationaler Ebene jedoch, wo sie meist mit der Schuldendebatte in Verbindung gebracht wurde, die die USA an den Rand der Zahlungsunfähigkeit brachte, verlor die Tea Party rasch an Zustimmung. In einer *New York Times*/CBS News-Umfrage vom August 2011 bezeichneten sich 40 Prozent der Befragten als Gegner der Tea-Party-Bewegung, ein deutlicher Sprung von einst nur 18 Prozent im April des Vorjahres.

Auch die Occupy-Bewegung war in gewissem Sinne ein Produkt der Medien. Hunderte folgten einem Aufruf des konsumkritischen kanadischen *Adbusters* Magazins und besetzten am 17. September 2011 einen Platz im Finanzdistrikt Manhattans. Die Medien berichteten über die symbolische Belagerung der Wall Street, allerdings so wie sie es auch bei Protesten anderer linker Gruppen machten: Sie ignorierten das Geschehen entweder völlig oder überzogen die Demonstranten mit Spott. Bunte Frisuren, die Tatsache, dass sie im Freien übernachteten und sich nicht richtig waschen konnten, weil die Stadt ihnen verweigert hatte, während der monatelangen Besetzung mobile Duschen zu benutzen, boten Sendern wie Fox News ausreichend Klatsch. Als die Bewegung allerdings nicht abflaute, sondern weiter wuchs, begannen sie, sich auf die vermeintliche Orientierungslosigkeit

der Aktivisten zu konzentrieren. Ihre breitgefächerte Agenda –
von der Exekution des wahrscheinlich unschuldigen Afroameri-
kaners Troy Davis in Georgia bis zum Verbot von Gasbohrungen,
bei denen gefährliche Chemikalien zum Einsatz kommen –, so
die Meinung vieler Beobachter, sei ein Beispiel für die mangelnde
Agenda. Occupy sei damit eine Bewegung, die angesichts der Ver-
armung der Bevölkerung und der ungebrochen hohen Arbeitslosigkeit verständlicherweise empört sei. Konkrete Forderungen
seien jedoch nicht erkennbar. Das Problem war aber vielmehr,
dass sich die Journalisten häufig nicht die Mühe machten, nach-
zufragen. Jedes Gespräch mit den Demonstranten hätte zu der
Erkenntnis führen müssen, dass hier zwar allerlei politische Strömungen zusammenkamen, sie alle aber eines gemeinsam hatten:
Im Gegensatz zur Tea Party waren sie alle gegen den Abbau demokratischer Errungenschaften wie des ohnehin schwachen sozialen Netzes. Eine Bewegung ohne Führer und ohne eine Drei-
Punkte-Liste leicht verdaulicher, plakativer Forderungen passte
nicht in ihr Bild einer politischen Bewegung. Was sie übersahen,
war, dass die, die an den Protesten teilnahmen, durchaus klare
Vorstellungen hatten und durchaus einen Zusammenhang all
dieser Belange, angefangen bei der Gefängnisindustrie über die
Frage sozialer Gerechtigkeit bis hin zu einer nachhaltigen Um-
weltpolitik, sahen oder bewusst herstellten. Erst als die Bewegung
von Woche zu Woche größer wurde und das aggressive Vorgehen
der Polizei durch zahlreiche Videos im Internet eine weitere
Öffentlichkeit erreichte, änderte sich die Berichterstattung. Gewerkschaften und Politiker schlossen sich an, US-Präsident Barack Obama und Vizepräsident Joe Biden äußerten Verständnis.
Rechte Politiker und Repräsentanten der Tea Party gingen zum
Angriff über.

DIE STRUKTURELLE KRISE DER USA

Die wirtschaftliche und politische Krise der USA weise auf eine strukturelle Krise der amerikanischen Demokratie hin, erklärte der Wirtschaftswissenschaftler der Columbia University Jeffrey Sachs.[310] Doch nichts geschehe, um dieser Krise zu begegnen. Dies sei außenpolitisch zu beobachten. Es sei schockierend, dass die USA von einem Gipfel zum nächsten »fast keine Rolle mehr« spiele. Die Krise verhindere eine globale Führungsrolle der USA, während Europa mit seinen eigenen Problemen konfrontiert sei und kommende Großmächte wie China oder Indien noch im Aufbau begriffen seien. Hauptgrund für die Entwicklung sei die Abhängigkeit der politischen Elite von den finanziellen Zuwendungen des Finanzmarktes. Geld habe die amerikanische Politik nach rechts gedrängt.[311] »Wir haben eine Partei rechtsaußen, die Republikaner, und eine Mitte-Rechts-Partei, die Demokraten. Es gibt noch nicht einmal eine Partei in der Mitte, geschweige denn eine Partei links von der Mitte.« In diesem Duopol herrsche der Einfluss des Geldes, das amerikanische Volk sei nicht mehr repräsentiert.

Die Eliten in Amerika hätten die Orientierung verloren, es gehe mehr darum, Geld von der Wall Street zu sammeln, als um öffentliche Güter, den Respekt für die verarmte Bevölkerung und den Umweltschutz. Diese Entwicklung habe mit Ronald Reagan begonnen. Bei seiner Antrittsrede am 20. Januar 1981 sprach Reagan von der Regierung als dem Problem.

Dass nun mit Occupy Wall Street eine neue soziale Bewegung im Entstehen war, ist kaum zu überschätzen. In wenigen Wochen hat eine relativ kleine Anzahl junger Aktivisten die nationale Debatte in eine völlig neue Richtung gelenkt. Dass bei der koordinierten Räumung von Occupy-Camps in 40 Städten nicht nur militarisierte Polizeikräfte mit Schockgranaten und Gummigeschossen, sondern auch für den Antiterrorkampf eingerichtete Strukturen und die Bundespolizei FBI zum Einsatz kamen, ist bezeichnend für den Zustand der westlichen Demokratien. Die

Totalblockade der Frankfurter Innenstadt im Mai 2012 mit tausenden Polizeikräften anlässlich geplanter Blockupy-Versammlungen zeigt, dass der zunehmend repressive Umgang mit urdemokratischen Grundrechten wie der Versammlungsfreiheit nicht auf die Vereinigten Staaten beschränkt ist. Systematisch behinderte die Polizei Journalisten bei der Arbeit und nahm immer wieder Demonstranten unter Vorwänden fest, um die Bewegung im Keim zu ersticken. Als die Bewegung von den Innenstädten auch Universitäten erfasste, ging auch dort die Polizei mit großer Brutalität gegen Demonstranten vor.

Nach den Räumungen ging Occupy Wall Street dazu über, Zwangsräumungen zu verhindern und Menschen bei der Verteidigung ihrer Wohnungen beizustehen. Damit belebten sie eine Tradition der Arbeiterbewegung, die in der Großen Depression durch Massenversammlungen entsprechende Räumungen verhinderte. Im Frühjahr 2012 organisierte die Bewegung den »99-Prozent-Frühling«, bei dem 100 000 Aktivisten im ganzen Land in der Kunst gewaltfreier Aktionen trainiert wurden. Ob Occupy tatsächlich der Auftakt einer neuen progressiven Bewegung ist, wie Jeffrey Sachs hofft, wird sich zeigen. Amerikanische Historiker beschreiben die Entwicklung der USA in großen Schwankungen. Zweimal habe es in den Vereinigten Staaten ein solches Umschwenken gegeben, als die soziale Ungleichheit extrem, das politische System instabil und korrupt gewesen war, schrieb Sachs in der *New York Times*.[312] Die erste Phase leitete die Wirtschaftskrise von 1893 ein. Während beide Parteien im Dienste der »Räuberbarone der Konzerne« standen, formierte sich eine neue progressive Bewegung, die unter den Präsidenten Theodore Roosevelt und Woodrow Wilson immerhin erstmals eine nationale progressive Einkommenssteuer, Monopolgesetze, ein besseres Arbeitsrecht, das Wahlrecht für Frauen und die direkte Wahl von Senatoren durchsetzte.

Die unternehmerfreundlichen Regierungen der Präsidenten Harding, Coolidge und Hoover leiteten die nächste Phase in den 1920er-Jahren ein. Ihre Politik öffnete die Tore für einen exzessiven Kapitalismus, der zu Korruption, extremer Ungleichheit und schließlich in die Krise und die Große Depression führte.

Erneut reagierten die USA mit einem Schwenk nach links. Der New Deal Roosevelts markierte den Beginn von Jahrzehnten einer reduzierten Einkommensdiskrepanz, starken Gewerkschaften, hoher progressiver Steuerklassen und einer starken Regulierung des Finanzmarktes. All das stabilisierte das wirtschaftliche und politische System der Vereinigten Staaten – bis Ronald Reagan ins Weiße Haus einzog und das Erbe Roosevelts Stück für Stück demontierte. Doch mit der Politik der Neuen Rechten kam erneut eine große soziale Ungleichheit, ein Abbau von Investitionen in Bildung, Infrastruktur, Umweltschutz und Energiepolitik. Die Einkommenskonzentration beim obersten einen Prozent wuchs am Ende der Bush-Regierung nicht zufällig auf das bisherige Rekordhoch vor Ausbruch der Weltwirtschaftskrise 1929. Dieselbe Politik führte zu mehr Reichtum für Reiche. Und wie 1929 kam es 2008 zu einer Wirtschaftskrise. Doch die Präsidentschaft Barack Obamas habe ihn »entmutigt«, schreibt Sachs. Er hofft nun, dass 2016 endlich ein »wirklich progressiver Präsident« an die Macht kommt.

Mit der Tea Party ist der organisierten Rechten gelungen, was die Linke in Jahrzenten des Kampfes vorgelebt und gelehrt hat. Nach Jahren der professionellen Lobbyarbeit hat sie sich nach dem Vorbild der Rules for Radicals des linken Aktivisten Saul Alinsky auf den Ausbau einer Basisbewegung konzentriert, um die Straße zu übernehmen und einfache Amerikaner zu erreichen. Inwiefern dies auch langfristig Bestand haben wird, bleibt offen. Die Zeichen deuten auf Ermüdungserscheinungen hin. Bei öffentlichen Veranstaltungen und Demonstrationen kommen längst nicht mehr die Menschenmassen, die noch im Herbst 2009 auf die Mall in Washington D.C. geströmt waren. Doch ihr Einfluss könnte bleiben.

Die politischen Kernforderungen der Bewegung sind längst im Mainstream Washingtons angekommen. Das Experimentierfeld der Bundesstaaten hat zudem gezeigt, dass die Tea Party gemeinsam mit sozialkonservativen Strömungen bei Anliegen wie dem Kampf gegen Abtreibung und die Empfängnisverhütung die Republikaner unter ihre Kontrolle gebracht haben. Unter ihrer Ägide sollen die Erfolge der Frauenrechtsbewegung, der »Feminazis«, wie der rechtsextreme Radiomoderator Rush Limbaugh Feministinnen gern zu nennen pflegt, zurückgerollt werden.

Dabei hat sie sich einer Abwandlung der Methoden bedient, die schon die Linke, die Arbeiterbewegung, die Bürgerrechts-, Frauen- und Schwulenbewegung erfolgreich angewendet haben: Ohne entsprechend anspruchsvolle Inhalte setzte diese neue Rechte erstmals auf Aktionen auf der Straße. Sie hat einen klaren, langfristigen Fokus. Wenn sie von Freiheit redet, dann meint sie weniger Staat, meint sie weniger Steuern, weniger Sozialprogramme für die Armen und weniger Regulierungen für die Wirtschaft, allen voran die größten Umweltsünder, die Öl- und Kohleindustrie. Ob die noch junge Occupy-Bewegung diesen Trend umkehren kann, bleibt abzuwarten. Die Demokraten jedenfalls werden dies nicht tun – wer mit Barack Obama eine Abkehr von der Ära Bush erwartet hatte, wurde herb enttäuscht. Vieles von dessen Prioritätenliste hat auch der einstige demokratische Hoffnungsträger als gewählter Präsident fortgesetzt.

Dass er dies mit weitaus kühlerem Kopf umsetzt als sein »von Gott« inspirierter Vorgänger oder dessen ideologisch verblendete Basis, ist dabei kaum ein Trost. Ein Beispiel ist das Gefangenenlager Guantanamo, das unter George W. Bush zumindest zu allgemeiner Kritik provozierte. Unter Obama ist nicht nur die Kritik an der praktisch unbegrenzten Inhaftierung ohne rechtsstaatliches Verfahren verebbt. Der US-Präsident unterzeichnete inzwischen ein Gesetz, das diese Methode gegen ausländische wie inländische »Terrorverdächtige« legalisiert. Nimmt man die wahlkampfbedingte Rhetorik heraus, bleiben nur wenige Unterschiede zwischen dem bekennenden Zentristen Barack Obama und dem Republikaner Mitt Romney.

Die Tea Party hat daher längst eine langfristige Perspektive eingenommen und arrangiert sich mit den politischen Bedingungen, also auch mit Mitt Romney. In zahlreichen Bundesstaaten votierte die Mehrheit ihrer Anhänger für ihn. Wer dies jedoch als Zeichen ihrer Schwäche oder gar des Todes der Bewegung abtut, würde sie und die hinter ihr stehenden Kräfte unterschätzen. »Dies ist der erste Präsidentschaftswahlkampf mit einer Tea-Party-Bewegung«, sagte Brendan Steinhauser von FreedomWorks.[313] Schon 2016 werde es eine »bessere Auswahl« von Kandidaten aus der erzkonservativen Bewegung geben, sagte der Direktor für National- und Bundesstaatliche Kampagnen. Doch schon jetzt habe die Bewegung ein Klima geschaffen, in dem Mitt Romney und die anderen Kandidaten gezwungen waren, sich zu den Zielen der Erzkonservativen zu bekennen, von Kürzungen bei Regierungsausgaben bis hin zu einem ausgewogenen Haushalt.

»Die Republikanische Partei hatte keine Ersatzbank«, sagte Ryan Rhodes, der Vorsitzende der Iowa Tea Party.[314] »Die Tea Party hat eine Ersatzbank geschaffen und hat begonnen, einige dieser Leute nach oben zu bringen.« Er nannte den Justizminister von Virginia Ken Cuccinelli als Beispiel. Der verkündete nach »ausführlichen Gebeten«, dass er 2013 bei den Gouverneurswahlen in seinem Bundesstaat antreten wolle. Auch der von der Bewegung unterstützte radikal-libertäre Senator Rand Paul aus Kentucky sowie drei republikanische Gouverneure, Susana Martinez aus New Mexico, Scott Walker aus Wisconsin and Rick Scott aus Florida, seien Beispiele für die schnellen Erfolge der Tea Party. Weitere würden folgen. »Es ist lediglich eine Frage der Zeit«, sagte Rhodes. Selbst wenn die Tea-Party-Bewegung eines Tages von der Bildfläche verschwinden sollte, hat sie längst die Parameter der politischen Diskussion weit nach rechts verschoben und die Voraussetzungen für einen grundlegenden Wandel der amerikanischen Politik für die kommenden Jahre geschaffen. Es entbehrt einer gewissen Ironie, dass die Tea Party genau die politischen Positionen erfolgreich vertritt, die zu dem wirtschaftlichen Totalschaden führten, welcher wiederum die Bewegung erst entstehen ließ. Seit Jahrzehnten senken die USA Steuern. Der höchste Steuersatz betrug in den USA einmal 92 Prozent. Heute sind es gerade noch 35 Prozent. Auf Einkommen aus Kapitaleinkünften, ein riesiger Brocken unter Wohlhabenden, liegt der Steuersatz bei 15 Prozent. Die Erbschaftssteuer wurde abgeschafft. Und Mitt Romney, der auf sein Jahreseinkommen von rund 20 Millionen Dollar nur 14 Prozent Steuern zahlte, will die Steuern weiter senken. Während die Steuersenkungen George W. Bushs für Millionäre im Schnitt Ersparnisse von 129.000 Dollar im Jahr bedeuteten, würde Romneys Plan diesen Betrag auf rund 260.000 Dollar erhöhen. Das Gleiche gilt für andere Bereiche der Wirtschaftspolitik.

Die Deregulierung hat einen wesentlichen Beitrag zur Verschärfung der Wirtschaftskrise geleistet. Dennoch fordert die Tea Party nicht mehr, sondern weniger Staat. Und sie ist nicht bereit, diese Forderung aufzugeben. Die Feststellung, dass die Republikanische Partei nach dem parteiinternen Vorwahlkampf nun im allgemeinen Wahlkampf wieder ins Zentrum rücken müsse, wiesen gerade die Tea-Party-Abgeordneten zurück. »Wir sind keine Einheit von Cheerleadern«, sagte der 2010 in den Kongress gewählte Abgeordnete Jeff Landry aus Louisiana für die erzkonservative Bewegung.[315] »Wir sind der Zugführer. Uns kommt es zu, den Zug zu steuern.« Gemäßigte Politiker wie Romney, so ihre Botschaft, müssten sich auch in Zukunft vor der Bewegung in Acht nehmen.

Die Geschichte gibt ihnen nicht recht. Immer wieder bewegten sich die republikanischen Kandidaten wie etwa George W. Bush 2000 oder Bob Dole 1996 nach einer rechten Positionierung im parteiinternen Vorwahlkampf für die Konfrontation im allgemeinen Wahlkampf deutlich zurück in die Mitte. Moderate Wähler der Mitte würden von den rechten Positionen abgeschreckt und ohne diese Wählergruppe sind die Präsidentschaftswahlen nicht zu gewinnen. Doch die historischen Vergleiche sind nur bedingt geeignet. Damals gab es noch keine Tea-Party-Bewegung.

Bei den Zwischenwahlen 2010 hat die Bewegung in zentralen Fragen bewiesen, dass sie Prinzipientreue über pragmatische Überlegungen stellt. Obama bezeichnete die anstehende Wahl im

November 2012 nicht zu Unrecht als die größte ideologische Schlacht seit den Präsidentschaftswahlen 1964, als der Demokrat Lyndon B. Johnson gegen den erzkonservativen Republikaner Barry Goldwater antrat. »Es stehen sich gegensätzliche Visionen gegenüber«, sagte Obama in Florida.[316]

Tatsächlich ging die Republikanische Partei 2012 gerade unter dem Druck der Tea-Party-Bewegung mit einer der konservativsten Programme seit Goldwater in den Wahlkampf. Die Basis hatte schon 2010 unter Beweis gestellt, dass sie lieber Wahlen verliert, als ihre Prinzipien aufzugeben. Und sie hat gezeigt, dass diese Niederlagen sie nicht aufhalten. Die Republikanische Partei ist dagegen so abhängig von dieser rechten Energie, dass eine Distanzierung nicht zu erwarten ist. Sollte diese von langer Hand vorbereitete rechte Offensive nicht von einer progressiven Gegenbewegung abgelöst werden, wird sie die politische Agenda der amerikanischen Gesellschaft mit weitreichenden Folgen beeinflussen. Die Anhänger der Tea Party bleiben jedenfalls optimistisch – auch ohne einen eigenen Präsidentschaftskandidaten. Für die Wahlen 2012 konzentriert sie nun ihre Anstrengungen auf eine Machtübernahme im Senat. Mit der Tea Party steht ein rechtes Netzwerk, von den Thinktanks und Interessengruppen bis hin zu den Rechtskonservativen des Republican Study Committee, im Kongress. Mit der Occupy-Bewegung waren erste Ansätze einer neuen progressiven Ära zu sehen, die in nur wenigen Wochen die nationale Diskussion tiefgreifend veränderte. Doch diese Bewegung ist jung. Die Rechte hat dagegen seit Jahrzehnten systematisch daran gearbeitet, das politische Zentrum nach rechts zu verschieben. Mit großem Erfolg. Das Label der Tea Party mag irgendwann außer Mode kommen. Ihre Ideen aber sind gekommen, um zu bleiben.

ANMERKUNGEN

1 Smith, Ben: »Health reform foes plan Obama's ›Waterloo‹«. In: *Politico*, 17.07.2009. Auf: http://www.politico.com/blogs/bensmith/0709/Health_reform_foes_plan_Obamas_Waterloo.html.   2 Blumer, Tom: »Rant for the Ages: CNBC's Rick Santelli Goes Off«. In: *Newsbusters.com*, 19.02.2009. Auf: http://newsbusters.org/blogs/tom-blumer/2009/02/19/rant-ages-cnbcs-rick-santelli-goes-studio-hosts-invoke-mob-rule-downplay.   3 »Bush: ›I've Abandoned Free Market Principles To Save The Free Market System‹«. In: *ThinkProgress*, 16.12.2008. Auf: http://thinkprogress.org/politics/2008/12/16/33798/bush-free-market.   4 Zernike, Kate: *Boiling Mad. Inside Tea Party America*. New York 2010. S. 23 f.   5 Dies.: »Unlikely Activist Who Got to the Tea Party Early«. In: *The New York Times*, 27.02.2010. Auf: http://www.nytimes.com/2010/02/28/us/politics/28keli.html.   6 Ebd.   7 Zernike, Kate / Thee-Brenan, Megan: »Poll Finds Tea Party Backers Wealthier and More Educated«. In: *The New York Times*, 14.04.2010. Auf: http://www.nytimes.com/2010/04/15/us/politics/15poll.html.   8 Ebd.   9 Kadrich, Brad: »Tea Party dodges raindrops at Plymouth rally«. In: *The Observer*, 15.04.2012. Auf: http://www.hometownlife.com/article/20120415/NEWS15/120415001.   10 Terrell, Anthony / Montanaro, Domenico: »Paul, Tea Party Godfather, says ›Occupy‹ all about ›handouts‹«. In: *MSNBC.com*, 30.10.2011. Auf: http://firstread.msnbc.msn.com/_news/2011/10/30/8546673-.   11 Arrillaga, Pauline: »3 years later, what's become of the tea party?«. In: *Associated Press*, 14.04.2012. Auf: http://news.yahoo.com/3-years-later-whats-become-tea-party-205645508.html.   12 Campbell, David / Putnam, Robert: »Crashing the Tea Party«. In: *The New York Times*, 16.08.2011. Auf: http://www.nytimes.com/2011/08/17/opinion/crashing-the-tea-party.html.   13 Gerson, Michael: »TR: The conservatives' new demon«. In: *The Washington Post*, 26.02.2010. Auf: http://www.washingtonpost.com/wp-dyn/content/article/2010/02/25/AR2010022503943.html.   14 Hayward, Steven F.: »Is Conservatism Brain-Dead?«. In: *American Enterprise Institute*, 04.10.2009. Auf: http://www.aei.org/article/society-and-culture/is-conservatism-brain-dead.   15 Krugman, Paul: »Tea Parties Forever«. In: *The New York Times*, 12.04.2009. Auf: http://www.nytimes.com/2009/04/13/opinion/13krugman.html.   16 Zernike, Kate: *Boiling Mad*, S. 88.   17 Finucane, Martin: »Coakley quote even caused dismay in White House«. In: *The Boston Globe*, 21.05.2010. Auf: http://www.boston.com/news/local/breaking_news/2010/05/coakley_quote_e.html.   18 Kilgore, Ed: »Starving the Beast«. In: *Blueprint Magazine*, 23.06.2003. Auf: http://web.archive.org/

web/20041120220704/http://www.ppionline.org/ndol/print.cfm?contentid=251788.
19 »The Richest People in America«. In: *Forbes*, Stand 11/2011. Auf: http://www.for-bes.com/forbes-400. **20** Webseite der Koch Industries: »Koch Sustainability Vision«, Stand 01.02.2012. Auf: http://www.kochind.com/ehs. **21** »Exposing the dirty money behind fake climate science«. In: *Greenpeace*, 30.03.2010. Auf: http://www.greenpeace.org/international/en/news/features/dirty-money-climate-30032010. **22** Mayer, Jane: »Covert Operations«. In: *The New Yorker*, 30.08.2010. Auf: http://www.newyorker.com/reporting/2010/08/30/100830fa_fact_mayer?currentPage=all. **23** Armey, Dick/Kibbe, Matt: *Give Us Liberty. A Tea Party Manifesto*. New York 2010. S. 91. **24** Ebd., S. 92. **25** Ebd., S. 97. **26** Marcus, Rachael: »Tea party leader Dick Armey gets first-class treatment«. In: *The Huffington Post*, 19.04.2012. Auf: http://www.huffingtonpost.com/the-center-for-public-integrity/b_1437109.html. **27** Lederman, Josh: »Mourdock nabs FreedomWorks nod in Indiana Senate primary«. In: *The Hill*, 24.10.2011. Auf: http://thehill.com/blogs/ballot-box/senate-races/189443-mourdock-nabs-freedomworks-nod-in-indiana-senate-primary. **28** Center for Responsive Politics: »Freedomworks for America Recipients, 2012«. In: *opensecrets.org*. Auf: http://www.opensecrets.org/outsidespending/recips.php?cmte=C00499020&cycle=2012, 19.04.2012. **29** CNN Transcripts: »Sarah Palin Speaks at Tea Party Convention«, 06.02.2010. Auf: http://archives.cnn.com/TRANSCRIPTS/1002/06/cnr.09.html. **30** Mayer, Jane: »The Insiders – How John McCain came to pick Sarah Palin«. In: *The New Yorker*, 27.10.2008. Auf: http://www.newyorker.com/reporting/2008/10/27/081027fa_fact_mayer?currentPage=all. **31** Ebd. **32** Becker, Jo/Goodman, Peter S./Powell, Michael: »Once Elected, Palin Hired Friends and Lashed Foes«. In: *The New York Times*, 13.09.2008. Auf: http://www.nytimes.com/2008/09/14/us/politics/14palin.html?pagewanted=all. **33** Pemberton, Mary: »Palin Flip-Flopped On Infamous ›Bridge To Nowhere‹«. In: *The Huffington Post*, 31.08.2008. Auf: http://www.huffingtonpost.com/2008/08/31/n_122843.html. **34** Cummings, Jeanne: »RNC shells out $150K for Palin fashion«. In: *Politico*, 21.10.2008. Auf: http://www.politico.com/news/stories/1008/14805.html. **35** McGinniss, Joe: »Palin's Bus Hoax«. In: *The Daily Beast*, 29.11.2009. Auf: http://www.thedailybeast.com/articles/2009/11/29/palins-bus-hoax.html. **36** CNN Transcripts: »Sarah Palin Speaks at Tea Party Convention«, 06.02.2010. **37** Stump, Scott: »Author speaks out on salacious Palin claims«. In: *MSNBC*, 15. September 2011. Auf: http://today.msnbc.msn.com/id/44531485/ns/today-books/t/author-speaks-out-salacious-palin-claims. **38** McGinniss, Joe: *The Rogue – Searching for the real Sarah Palin*. New York 2011, S. 50. **39** Hennessey, Kathleen: »Sarah Palin to Tea Party Convention: ›This is about the people‹«. In: *Los Angeles Times*, 07.02.2010. Auf: http://articles.latimes.com/2010/feb/07/nation/la-na-tea-party7-2010feb07. **40** CNN Transcripts: »Sarah Palin Speaks at Tea Party Convention«, 06.02.2010. **41** Palin, Sarah: »Cannibals in GOP Establishment Employ Tactics of the Left«, 27.01.2012. Auf: http://www.facebook.com/note.php?note_id=10150516734848435. **42** Rich, Frank: »The Axis of the Obsessed and Deranged«. In: *The New York Times*, 27.02.2010. Auf: http://www.nytimes.com/2010/02/28/opinion/28rich.html?ref=opinion. **43** Paulson, Amanda: »Sen. Jim DeMint and ›tea party‹: architects of a GOP makeover?«. In: *Christian Science Monitor*, 20.09.2010. Auf: http://www.cs-monitor.com/USA/Politics/The-Vote/2010/0920/Sen.-Jim-DeMint-and-tea-party-

architects-of-a-GOP-makeover.   **44** O'Donnell, Christine: »I'm you«, Video. In: *Youtube*, 04.10.2010. Auf: http://www.youtube.com/watch?v=tGGAgljengs.   **45** Farber, Dan: »Christine O'Donnell TV Ad: ›I'm Not a Witch … I'm You‹«. In: *CBS News.com*, 05.10.2010. Auf: http://www.cbsnews.com/8301-503544_162-20018526-503544.html.   **46** Friel, Brian / Cohen, Richard E.: »A Congressional Coalition Is Harder To Puzzle Out«. In: *National Journal*, 18.05.2012. Auf: http://www.national-journal.com/2008voteratings?person=400105.   **47** Mooney, Alexander: »DeMint says GOP in better position to take Senate«. In: *CNN*, 19.09.2010. Auf: http://politi-calticker.blogs.cnn.com/2010/09/19/demint-says-gop-in-better-position-to-take-senate.   **48** Singer, Stacey: »David Koch intends to cure cancer in his lifetime and remake American politics«. In: *Palm Beach Post*, 18.02.2012. Auf: http://www.palm-beachpost.com/money/david-koch-intends-to-cure-cancer-in-his-2185046.html?page=2&viewAsSinglePage=true.   **49** Greenhouse, Steven: »Ohio's Anti-Union Law Is Tougher Than Wisconsin's«. In: *The New York Times*, 31.03.2011. Auf: http://www.nytimes.com/2011/04/01/us/01ohio.html.   **50** Goode, Erica: »N.R.A.'s Influence Seen in Expansion of Self-Defense Laws«. In: *The New York Times*, 12.04.2012. Auf: http://www.nytimes.com/2012/04/13/us/nra-campaign-leads-to-expanded-self-defense-laws.html?_r=1&hp.   **51** Gabriel, Trip: »Romney Warns Gun Lobby of a Second Obama Term«. In: *The New York Times*, 13.04.2012. Auf: http://thecaucus.blogs.nytimes.com/2012/04/13/romney-to-warn-gun-lobby-of-a-second-obama-term.   **52** Beckel, Michael: »Tea Party-aligned Sen. Jim DeMint donates $500,000 to Club for Growth super PAC«. In: *The Huffington Post*, 20.03.2012. Auf: http://www.huffingtonpost.com/the-center-for-public-integrity/b_1368550.html?ref=elections-2012.   **53** Farnam, T. W.: »72 super PACs spent $83.7 million on election, financial disclosure reports show«. In: *The Washington Post*, 03.12.2010. Auf: http://www.washingtonpost.com/wp-dyn/content/article/2010/12/03/AR2010120306995.html?hpid=topnews.   **54** Beckel, Michael: »Conservative super PAC's donors are few and rich«. In: *iWatch News*, 21.04.2012. Auf: http://www.iwatchnews.org/2012/04/20/8715/more-half-crossroads-cash-comes-three-texas-tycoons.   **55** Froomkin, Dan: »IRS May Make Political Groups Pay Dearly for Keeping Donors Secret – And Out Them«. In: *The Huffington Post*, 08.03.2012. Auf: http://www.huffingtonpost.com/2012/03/08/n_1333389.html.   **56** Fowler, Erika F.: »Outside Group Involvement in GOP Contest Skyrockets Compared to 2008«. In: *Wesleyan Media Project*, 30.01.2012. Auf: http://mediaproject.wesleyan.edu/press-releases.   **57** Liptak, Adam: »Court Under Roberts Is Most Conservative in Decades«. In: *The New York Times*, 24.07.2010. Auf: http://www.nytimes.com/2010/07/25/us/25roberts.html?pagewanted=all.   **58** Zernike, Kate: *Boiling Mad*, S. 48.   **59** Remnick, David: »Decline and Fall«. In: *The New Yorker*, 14.11.2011. Auf: http://www.newyorker.com/talk/comment/2011/11/14/111114taco_talk_remnick.   **60** Summers, Juana/ Guillen, Alex: »Jon Huntsman tacks to skepticism on climate«. In: *Politico*, 06.12.2011. Auf: http://www.politico.com/news/stories/1211/69892.html.   **61** Weigel, David: »Don't Be Fooled – Why the Tea Party Is More Powerful Than Ever«. In: *Alternet.org*, 09.01.2012. Auf: http://www.alternet.org/teaparty/153718/?page=entire.   **62** Begala, Paul: »The Stupid Party«. In: *Newsweek Magazine*, 13.11.2011. Auf: http://www.the-dailybeast.com/newsweek/2011/11/13/rick-perry-shows-gop-dumbing-itself-down-to-be-our-stupid-party.html.   **63** Haberman, Maggie: »Sarah Palin on Donald

Trump's birtherism: ›More power to him‹«. In: *Politico*, 10.04.2011. Auf: http://www. politico.com/news/stories/0411/52880.html. **64** Pfeiffer, Dan: »President Obama's Long Form Birth Certificate«. In: *White House*, 27.04.2011. Auf: http://www. whitehouse.gov/blog/2011/04/27/president-obamas-long-form-birth-certificate. **65** Corley, Matt: »Despite Claiming That She Never Called Obama ›Anti-American‹, Bachmann Now Brags About How She Did«. In: *thinkprogress.com*, 25. März 2010. Auf: http://thinkprogress.org/politics/2010/03/25/88681/bachmann-nostradamus. **66** Kleefeld, Eric: »Bachmann Blasts Obama's ›Economic Marxism‹, Calls For ›Orderly Revolution‹ To Save Freedom«. In: *talkingpointsmemo.com*, 27. März 2009. Auf: http://tpmdc.talkingpointsmemo.com/2009/03/bachmann-blasts-obamas-economic-marxism-calls-for-revolution-to-save-freedom.php. **67** Siehe http:// www.rollcall.com/issues/57_46/Tea-Party-Uncertain-on-2012-209696-1.html. **68** Edwards, David: »Cain: Tea party doesn't hate Obama because he's black«. In: *The Raw Story*, 31.10.2011. Auf: http://www.rawstory.com/rs/2011/10/31/cain-tea-party-doesnt-hate-obama-because-hes-black. **69** Liptak, Kevin: »Cain: Racism not holding anyone back«. In: *CNN*, 09.10.2011. Auf: http://politicalticker.blogs.cnn. com/2011/10/09/cain-racism-not-holding-anyone-back. **70** »Herman Cain, Koch Brothers' ›Brother From Another Mother‹, Defends Ties To Conservative Group«, Video. In: *The Huffington Post*, 04.11.2011. Auf: http://www.huffingtonpost.com/ 2011/11/04/n_1076835.html. **71** Hallowell, Billy: »Janeane Garofalo: Herman Cain Helps GOP Hide ›Racist Elements of the Republican Party‹«. In: *The Blaze*, 29.09.2011. Auf: http://www.theblaze.com/stories/janeane-garofalo-herman-cain-helps-gop-hide-racist-elements-of-the-republican-party. **72** Gabriel, Trip: »For a Close Aide to Herman Cain, Scrutiny Comes on Two Fronts«. In: *The New York Times*, 03.11.2011. Auf: http://www.nytimes.com/2011/11/04/us/politics/mark-block-faces-tough-questions-on-cain-campaign.html?pagewanted=all. **73** Egan, Timothy: »Deconstructing a Demagogue«. In: *The New York Times*, 26.01.2012. Auf: http://opinionator.blogs.nytimes.com/2012/01/26/deconstructing-a-demagogue/?hp. **74** »News from the Votemaster«, 19.11.2011. Auf: http://www.electoral-vote.com/ evp2011/Pres/Maps/Nov19.html. **75** Bai, Matt: »Newt Gingrich's Glory Days«. In: *The New York Times*, 28.12.2011. Auf: http://www.nytimes.com/2012/01/01/magazine/ newt-gingrich-glory-days.html?_r=1&hp=&adxnnl=1&adxnnlx=1325187123-5UQH7gdKexb7LEp3bdEI4w. **76** »Dole Goes Nuclear«. In: *National Review Online*, 26.01.2012. Auf: http://www.nationalreview.com/corner/289360/dole-goes-nuclear-nro-staff. **77** Beck, Glenn: »The Tea Party Supporting Gingrich Over Obama ›Must Be About Race‹«. In: *Mediaite*, 10.12.2011. Auf: http://www.mediaite. com/tv/glenn-beck-to-judge-napolitano-the-tea-party-supporting-gingrich-over-obama-must-be-about-race. **78** Page, Susan: »Swing States poll: Romney and Obama tied; Gingrich trails«. In: *USA Today*, 30.01.2012. Auf: http://www.usatoday. com/news/politics/story/2012-01-27/swing-states-poll/52871890/1. **79** Weigel, David: »The Legitimate Heir of the Reagan Movement, Not Some Liberal From Massachusetts!« In: *Slate.com*, 29.01.2012. Auf: http://www.slate.com/blogs/weigel.html. **80** Erickson, Erick: »Insanity«. In: *RedState*, 19.12.2011. Auf: http://www.redstate. com/erick/2011/12/19/insanity. **81** Kirchick, John: »Angry White Man«. In: *The New Republic*, 08.01.2008. Auf: http://www.tnr.com/article/politics/angry-white-man?id=e2f15397-a3c7-4720-ac15-4532a7da84ca. **82** Reeve, Elspeth: »Why

Doesn't the Tea Party Love Ron Paul?« In: *The Atlantic Wire*, 19.12.2011. Auf: http://www.theatlanticwire.com/politics/2011/12/why-doesnt-tea-party-love-ron-paul/46393.   **83** McAskill, Ewen: »Rick Santorum back in the race after sweeping wins over Mitt Romney«. In: *The Guardian*, 08.02.2012. Auf: http://www.guardian.co.uk/world/2012/feb/08/rick-santorum-victory-colorado-minnesota.   **84** Vogel, Kenneth: »3 billionaires who'll drag out the race«. In: *Politico*, 12.01.2012. Auf: http://www.politico.com/news/stories/0112/71358.html.   **85** Hamby, Peter: »Palin: Timing of New Hampshire visit ›coincidental‹«. In: *CNN*, 02.06.2011. Auf: http://politicalticker.blogs.cnn.com/2011/06/02/palin-timing-of-new-hampshire-visit-coincidental.   **86** Murphy, Patricia: »Tea Party ›Is Dead‹: How the Movement Fizzled in 2012's GOP Primaries«. In: *The Daily Beast*, 06.02.2012. Auf: http://www.thedailybeast.com/articles/2012/02/06/tea-party-is-dead-how-the-movement-fizzled-in-2012-s-gop-primaries.html.   **87** Parker, Ashley: »Romney Tells Evangelicals Their Values Are His, Too«. In: *New York Times*, 13. Mai 2012. Auf: http://www.nytimes.com/2012/05/13/us/politics/romney-woos-evangelicals-treading-lightly-on-gay-marriage.html?pagewanted=all.   **88** Ward, Jon: »FreedomWorks Suggests Tea Party Opposition To Romney Is Softening«, Video. In: *The Huffington Post*, 23.09.2011. Auf: http://www.huffingtonpost.com/2011/09/23/n_977905.html.   **89** Romney, Mitt: »Man of Principles«. In: *Youtube*, 18.03.2012. Auf: http://www.youtube.com/watch?v=BMgawFJcPWQ.   **90** »Presidential Ads 70 Percent Negative in 2012, Up from 9 Percent in 2008«, In: *Wesleyan Media Project*, 02.05.2012. Auf: http://mediaproject.wesleyan.edu/2012/05/02/jump-in-negativity.   **91** Firestone, David: »The Cost of a Bloody Florida Battle«. In: *The New York Times*, 31.01.2012. Auf: http://loyalopposition.blogs.nytimes.com/2012/01/31/the-cost-of-a-bloody-florida-battle/?hp.   **92** Shear, Michael: »Romney's Fight to Win Comes at a Cost, Polls Show«. In: *The New York Times*, 31.01.2012. Auf: http://thecaucus.blogs.nytimes.com/2012/01/31/romneys-fight-to-win-comes-at-a-cost-polls-show/?hp.   **93** Confessore, Nicholas / Parker, Ashley: »Romney Lags in Small Donors as Big Givers Hit Limits«. In: *The New York Times*, 07.03.2012. Auf: http://www.nytimes.com/2012/03/08/us/politics/romney-lags-in-gop-grass-roots-fund-raising.html?pagewanted=1&_r=1.   **94** »The GOP and RomneyCare«. In: *The Wall Street Journal*, 20.10.2011. Auf: http://online.wsj.com/article/SB100014240529702039143045766627683818892932.html?mod=WSJ_Opinion_LEADTop.   **95** Podhoretz, John: »A pack of nonsense«. In: *The New York Post*, 26.10.2011. Auf: http://www.nypost.com/p/news/opinion/opedcolumnists/pack_of_nonsense_eKQaBolCs3rTAEIWKzppiN.   **96** Friedman, Emily: »Romney Declares Himself ›Ideal‹ Tea Party Candidate«. In: *ABC News*, 17.12.2011. Auf: http://abcnews.go.com/blogs/politics/2011/12/romney-declares-himself-ideal-tea-party-candidate.   **97** Haberman, Maggie: »Mitt Romney: No tea party membership cards«. In: *Politico*, 07.09.2011. Auf: http://www.politico.com/news/stories/0911/62942.html.   **98** Skocpol, Theda: »Mitt Romney, the stealth tea party candidate«. In: *The Washington Post*, 03. 02. 2012. Auf: http://www.washingtonpost.com/opinions/2012/01/31/gIQAy0BZnQ_story.html.   **99** Killough, Ashley: »Armey Says Gingrich Won't Win«, 05.02.2012. Auf: http://www.wmtw.com/politics/30383363/detail.html.   **100** Langer, Gary: »Romney's Big Win: Who Turned Out?« In: *ABC News*, 05.02.2012. Auf: http://abcnews.go.com/Politics/story?id=15515966#.Ty-_w_F5G2w.   **101** Saad,

Lydia: »GOP Slightly Ahead in Voting Enthusiasm«. In: *Gallup*, 01.03.2012. Auf: http://www.gallup.com/poll/153038/GOP-Slightly-Ahead-Voting-Enthusiasm.aspx. **102** Nocera, Joe: »Rooting for Santorum«. In: *New York Times*, 02.03.2012. Auf: http://www.nytimes.com/2012/03/03/opinion/nocera-rooting-for-santorum.html?_r=1&hp. **103** Skocpol, Theda / Williamson, Vanessa: »The Fox in the Tea Party«. In: *Reuters*, 21.12.2011. Auf: http://blogs.reuters.com/great-debate/2011/12/21/the-fox-in-the-tea-party. **104** Ebd. **105** »On the house: Fox aired 107 ads for its coverage of tea party protests over 10 days«. In: *Media Matters for America*, 17.04.2009. Auf: http://mediamatters.org/research/200904170011?f=h_latest. **106** Kennedy, Helen: »Tea Party Express leader Mark Williams kicked out over ›Colored People‹ letter«. In: *New York Daily News*, 18.07.2010. Auf: http://articles.nydailynews.com/2010-07-18/news/27070288_1. **107** »The 50 Worst Things Glenn Beck Said On *Fox News*«. In: *Media Matters for America*, 06.04.2011. Auf: http://mediamatters.org/research/201104060047. **108** Mencimer, Stephanie: »One Nation Under Beck«. In: *Mother Jones*, 05–06/2010. Auf: http://motherjones.com/politics/2010/03/glenn-beck-constitution-tea-party. **109** Solutions from Science: »How To Survive The Coming Food Shortage!« Auf: http://www.foodshortageusa.com, 31.03.2012. **110** Solutions from Science: »Amazing ›Solar Generator‹ Is Like Having A Secret Power Plant Hidden In Your Home!« Auf: http://www.mysolarbackup.com, 31.03.2012. **111** »Gourmet Meal Plans«. In: *Food Insurance*. Auf: http://www.foodinsurance.com/food-insurance/gourmet-meal-plans, 31.03.2012. **112** Colbert, Stephen: »Food Insurance Insurance«, 26.10.2010. Auf: http://www.colbertnation.com/the-colbert-report-videos/363237/october-26-2010/food-insurance-insurance. **113** Kurtz, Howard: »Roger's Reality Show«. In: *Newsweek Magazine*, 25.09.2011. Auf: http://www.thedailybeast.com/newsweek/2011/09/25/roger-ailes-repositions-fox-news.html. **114** Kristol, William: »Stand for Freedom«. In: *The Weekly Standard*, 14.02.2011. Auf: http://www.weeklystandard.com/articles/stand-freedom_541404.html. **115** Boehlert, Eric: »*Glenn Beck* has lost 1/3 of its TV audience since January«. In: *Media Matters for America*, 28.04.2010. Auf: http://mediamatters.org/blog/201004280008. **116** Strupp, Joe: »Some Conservatives Cheer Beck's Departure From Fox«. In: *Media Matters for America*, 08.04.2011. Auf: http://mediamatters.org/blog/201104080009. **117** Holcomb, Jesse / Mitchell, Amy / Rosenstiel, Tom: »Cable: By the Numbers«, Project for Excellence in Journalism. In: *The State of The News Media 2011*. Auf: http://stateofthemedia.org/2011/cable-essay/data-page-2. **118** Dickinson, Tim: »How Roger Ailes Built the *Fox News* Fear Factory«. In: *The Rolling Stone*, 25.05.2011. Auf: http://www.rollingstone.com/politics/news/how-roger-ailes-built-the-fox-news-fear-factory-20110525. **119** Wong, Gary: »Corporate Donors Dole Out Hefty Sums to Democratic, GOP Governors Associations«. In: *Center for Responsive Politics*, 29.04.2011. Auf: http://www.opensecrets.org/news/2011/04/corporate-donors-dole-out-hefty-sums.html. **120** Smith, Ben: »News Corp. gave $1 million to pro-GOP group«. In: *Politico*, 30.09.2010. Auf: http://www.politico.com/news/stories/0910/42989.html. **121** Hagey, Keach: »Kasich inspired News Corp.'s RGA gift«. In: *Politico*, 06.10.2010. Auf: http://www.politico.com/blogs/onmedia/1010/Kasich_inspired_News_Corps_RGA_gift.html. **122** »Palin Opens Up About Possible 2012 Run, Says She's Willing to ›Give It a Shot‹«. In: *FoxNews.com*, 17.09.2010. Auf: http://www.foxnews.com/

politics/2010/09/17/palin-opens-possible-run-says-shed-shot. **123** Boyer, Peter: »Palin Plots Her Next Move«. In: *Newsweek Magazine*, 10.07.2011. Auf: http://www.thedailybeast.com/newsweek/2011/07/10/palin-plots-her-next-move.html. **124** Fox Nation: »Palin Passes on Presidency: ›I Can Wake Up Americans to What's Going On in This Country‹«. In: *FoxNews.com*, 06.10.2011. Auf: http://nation.foxnews.com/sarah-palin/2011/10/05/palin-says-shes-not-running-president. **125** Schoetz, David: »David Frum on GOP: Now We Work for Fox«. In: *ABC News*, 23.03.2010. Auf: http://abcnews.go.com/blogs/headlines/2010/03/david-frum-on-gop-now-we-work-for-fox. **126** Obama, Barack: »Remarks by the President to the House Democratic Congress«. In: *White House*, 20.03.2010. Auf: http://www.whitehouse.gov/the-press-office/remarks-president-house-democratic-congress. **127** Alterman, Eric: »Don't Cry for David Frum«. In: *The Nation*, 08.04.2010. Auf: http://www.thenation.com/article/dont-cry-david-frum. **128** Hardball. In: *MSNBC*, 06.12.2011. **129** Sean Hannity in der »Sean Hannity Show«, 16.02.2010. **130** »Fox News Viewers Know Less Than People Who Don't Watch Any News: Study«. In: *The Huffington Post*, 21.11.2011. Auf: http://www.huffingtonpost.com/2011/11/21/n_1106305.html. **131** »Fox News Viewers Are The Most Misinformed: Study« In: *The Huffington Post*, 17.12.2010. Auf: http://www.huffingtonpost.com/2010/12/17/n_798146.html **132** Jones, Jeffrey M.: »In U.S., Concerns About Global Warming Stable at Lower Levels« In: *Gallup*, 14.03.2011. Auf: http://www.gallup.com/poll/146606/Concerns-Global-Warming-Stable-Lower-Levels.aspx. **133** »CNN, Tea Party Express to Host First-Ever Tea Party Debate, Sept. 12«. In: *CNN Pressroom*, 08.09.2011. Auf: http://cnnpressroom.blogs.cnn.com/2011/09/08/cnn-tea-party-express-to-host-first-ever-tea-party-debate-sept-12. **134** Limbaugh, Rush: »The Rush Limbaugh Show«, 16.01.2009. Auf: http://www.rushlimbaugh.com/daily/2009/01/16/limbaugh_i_hope_obama_fails. **135** Cillizza, Chris: »Is Rush Limbaugh the New Face of the GOP?« In: *The Washington Post*, 27.01.2009. Auf: http://voices.washingtonpost.com/thefix/white-house/is-rush-limbaugh-the-new-face.html. **136** Rabinowitz, Dorothy: »The Alien in the White House«. In: *The Wall Street Journal*, 09.06.2010. Auf: http://online.wsj.com/article/SB10001424052748703302604575294231631318728.html. **137** Taranto, James: »Taking On the ›Democrat-Media Complex‹«. In: *The Wall Street Journal*, 16.10.2009. Auf: http://online.wsj.com/article/SB10001424052748704471504574451703003340362.html. **138** Rahn, Richard W.: »The sensational Giles and O'Keefe«. In: *The Washington Times*, 16.09.2009. Auf: http://www.washingtontimes.com/news/2009/sep/16/the-sensational-giles-and-okeefe. **139** Robertson, Campbell/ Robbins, Liz: »4 Arrested in Phone Tampering at Landrieu Office«. In: *The New York Times*, 26.01.2010. Auf: http://www.nytimes.com/2010/01/27/us/politics/27landrieu.html. **140** Kurz, Howard: »MSNBC Pundit Rises With Clinton Crises«. In: *The Washington Post*, 15.09.1998. Auf: http://www.washingtonpost.com/wp-srv/politics/special/clinton/stories/olbermann091598.htm. **141** »Palin congratulates Santorum over ›bulls-‹ remark«. In: *CNN*, 27.03.2012. Auf: http://politicalticker.blogs.cnn.com/2012/03/27/palin-congratulates-santorum-over-bulls-remark. **142** »Mike Castle on Barack H. Obama Birthcertificate«. In: *Youtube*, 10.07.2009. Auf: http://www.youtube.com/watch?v=9V1nmn2zRMc. **143** Barr, Andy: »Karl Rove: Christine O'Donnell said ›nutty things‹«. In: *Politico*, 15.09.2010.

Auf: http://www.politico.com/news/stories/0910/42205.html. **144** Weisman, Jonathan: »They're Trying to ›Make You Scared of Me‹«. In: *The Washington Post*, 30.07.2008. Auf: http://voices.washingtonpost.com/44/2008/07/30/obama_theyre_trying_to_make_yo.html. **145** Swaine, Jon: »Birther row began with Hillary Clinton«. In: *The Telegraph*, 27.04.2011. Auf: http://www.telegraph.co.uk/news/worldnews/barackobama/8478044/Birther-row-began-with-Hillary-Clinton.html. **146** Veröffentlichung einer Kopie der Certification of Live Birth, 06/2008. Auf: http://factcheck.org/UploadedFiles/2011/03/BO-Birth-Certificate.jpg. **147** Limbaugh, Rush: »Rush explains what Obama and God have in common«. In: *Media Matters for America*, 10.06.2009. Auf: http://current.com/community/90185283_rush-explains-what-obama-and-god-have-in-common.htm. **148** Barr, Andy: »Poll: 51 percent of GOP primary voters think Obama born abroad«. In: *Politico*, 15.02.2011. Auf: http://www.politico.com/news/stories/0211/49554.html. **149** Taylor, Goldie: »Why Obama shouldn't have had to ›show his papers‹«. In: *The Grio*, 28.04.2011. Auf: http://www.thegrio.com/politics/why-obama-shouldnt-have-had-to-show-his-papers.php. **150** »The Birth Certificate: Is It Real?« In: *Drudgereport. com*, Archiv, 27.04.2011. Auf: http://www.drudgereportarchives.com/data/2011/04/27/20110427_141914.htm. **151** Cohen, Jon: »Poll: Number of ›birthers‹ plummets«. In: *The Washington Post*, 05.05.2011. Auf: http://www.washingtonpost.com/blogs/behind-the-numbers/post/2011/05/04/AF3GAZxF_blog.html. **152** »Joe Arpaio: Barack Obama birth proof ›may be forged‹«. In: *BBC*, 02.03.2012. Auf: http://www.bbc.co.uk/news/world-us-canada-17229009. **153** Rutten, Tim: »America the Delusional«. In: *Los Angeles Times*, 19.08.2009. Auf: http://www.latimes.com/health/boostershots/la-oe-rutten19-2009aug19,0,6183601.column. **154** Langley, Monica: »Texas Billionaire Doles Out Election's Biggest Checks«. In: *The Wall Street Journal*, 23.03.2012. Auf: http://online.wsj.com/article/SB10001424052702303812904577291450562940874.html. **155** Keyes, Scott: »King Panders To Town Hall Bigots: Obama's ›A Marxist‹ Who ›Doesn't Have An American Experience‹«. In: *ThinkProgress*, 16.08.2010. Auf: http://thinkprogress.org/politics/2010/08/16/113758/king-obama-marxist. **156** Peck, Adam: »Palin Says Obama Wants To Return To Racial Discrimination ›That Took Place Before The Civil War‹«. In: *ThinkProgress*, 09.03.2012. Auf: http://thinkprogress.org/politics/2012/03/09/441316/sarah-palin-obama-civil-war. **157** Fuller, Robert C.: *Naming the Antichrist. The History of an American Obsession*. Oxford u. a. **158** McCain, John: »The One«. In: *Youtube*, 01.08.2008. Auf http://www.youtube.com/watch?v=mopkn0lPzM8. **159** Sullivan, Amy: »An Antichrist Obama in McCain Ad?«. In: *Time*, 08.08.2008. Auf: http://www.time.com/time/politics/article/0,8599,1830590,00.html. **160** McCain, John: »Celeb«. In: *Youtube*, 30.07.2008. Auf: http://www.youtube.com/watch?v=oHXYsw_ZDXg. **161** The Rachel Maddow Show: »Apocalypse Now?« In: *Youtube*, 28.02.2009. Auf: http://www.youtube.com/watch?v=9lpwDTSVsoc. **162** Lindsey, Hal: »How Obama prepped world for the Antichrist« In: *World Net Daily*, 01.08.2008. Auf: http://www.wnd.com/2008/08/71144. **163** Milhiser, Ian: »Catholic Bishop Claims Obama Is ›Following A Similar Path‹ To Hitler«. In: *ThinkProgress*, 17.04.2012. Auf: http://thinkprogress.org/justice/2012/04/17/466053/catholic-bishop-claims-obama-is-following-a-similar-path-to-hitler. **164** Gerhart, Ann: »Joe Wilson's War: A Congressman Cries ›Lie!‹«. In: *The Washington Post*,

10.09.2009. Auf: http://www.washingtonpost.com/wp-dyn/content/article/2009/09/09/AR2009090903585.html. **165** Mackinder, Evan: »Wall Street's Huge Bet on Romney«. In: *opensecrets.org*, 23.03.2012. Auf: http://www.opensecrets.org/news/2012/03/wall-streets-huge-bet-on-romney.html. **166** Alter, Jonathan: »A Fat-Cat Strikes Back«. In: *Newsweek*, 15.08.2010. Auf: http://www.thedailybeast.com/newsweek/2010/08/15/schwarzman-it-s-a-war-between-obama-wall-st.html. **167** Goldfarb, Zachary A.: »Wall Street's resurgent prosperity frustrates its claims, and Obama's«. In: *The Washington Post*, 06.11.2011. Auf: http://www.washington-post.com/business/economy/2011/10/25/gIQAKPIosM_story.html. **168** Christopher, Tommy: »Drudge Hypes, Then Disappears, Another ›Kenyan-Born Obama‹ Fail«. In: *mediaite.com*, 18.05.2012. Auf: http://www.mediaite.com/online/drudge-hypes-then-disappears-another-kenyan-born-obama-fail. **169** »Rep. Mike Coffman, Colorado Republican Congressman, Says Obama Is ›Not An American‹«. In: *The Huffington Post*, 15.05.2012. Auf: http://www.huffingtonpost.com/2012/05/16/rep-mike-coffman-colorado_n_1523147.html. **170** Costa, Robert: »Gingrich: Obama's ›Kenyan, anti-colonial‹ worldview«. In: *TheNational Review*, 11.09.2010. Auf: http://www.nationalreview.com/corner/246302/gingrich-obama-s-kenyan-anti-colonial-worldview-robert-costa. **171** D'Souza, Dinesh: »How Obama Thinks«. In: *Forbes Magazine*, 09.09.2010. Auf: http://www.forbes.com/forbes/2010/0927/politics-socialism-capitalism-private-enterprises-obama-business-problem.html. **172** Beutler, Brian: »John Dingell Runs Through Litany Of Violent Rhetoric On House Floor«, Video. In: *Talking Points Memo*, 12.01.2012. Auf: http://tpmdc.tal-kingpointsmemo.com/2011/01/john-dingell-runs-through-litany-of-violent-rheto-ric-on-house-floor-video.php. **173** Cecere, David: »New study finds 45,000 deaths annually linked to lack of health coverage«. In: *Harvard Science*, 17.09.2009. Auf: http://news.harvard.edu/gazette/story/2009/09/new-study-finds-45000-deaths-annually-linked-to-lack-of-health-coverage. **174** Sack, Kevin / Connelly, Marjorie: »In Poll, Wide Support for Government-Run Health«. In: *The New York Times*, 20.06.2009. Auf: http://www.nytimes.com/2009/06/21/health/policy/21poll.html. **175** Carey, Nick: »Tea Party ›kingmaker‹ DeMint focuses on Senate races«. In: *Reuters*, 16.01.2012. Auf: http://www.reuters.com/article/2012/01/16/us-usa-campaign-demint-idUSTRE80F1T320120116. **176** Smith, Ben: »Health reform foes plan Obama's ›Waterloo‹«. In: *Politico*, 17.07.2009. Auf: http://www.politico.com/blogs/bensmith/0709/Health_reform_foes_plan_Obamas_Waterloo.html. **177** »Lim-baugh fearmongers about health-care reform: you will be sent to ›some reeducation camp if you don't lose weight‹«. In: *Media Matters for America*, 10.11.2009. Auf: http://mediamatters.org/mmtv/200911100024. **178** »Barney Frank Confronts Woman At Town Hall Comparing Obama To Hitler«. In: *The Huffington Post*, 19.08.2009. Auf: http://www.huffingtonpost.com/2009/08/19/n_262682.html. **179** Associated Press: »US secret service investigates man who held ›death to Obama‹ sign«. In: *The Guardian*, 13.08.2009. Auf: http://www.guardian.co.uk/world/2009/aug/13/death-to-obama-sign. **180** Isenstadt, Alex: »Town halls gone wild«. In: *Politico*, 31.07.2009. Auf: http://www.politico.com/news/stories/0709/25646.html. **181** Horwitz, Josh: »Thomas Jefferson and ›The Blood of Tyrants‹«. In: *The Huffington Post*, 01.09.2009. Auf: http://www.huffingtonpost.com/josh-horwitz/b_273800.html. **182** Shapiro, Lila: »Chris Matthews To Town Hall Protestor: Why

Did You Bring A ›God Damn Gun‹ To A Presidential Event?«, Video. In: *The Huffington Post*, 11.09.2009. Auf: http://www.huffingtonpost.com/2009/08/11/n_256952. html. **183** Weiner, Rachel: »Palin: Obama's ›Death Panel‹ Could Kill My Down Syndrome Baby«. In: *The Huffington Post*, 07.09.2009. Auf: http://www.huffington-post.com/2009/08/07/n_254399.html. **184** Fang, Lee: »Right-Wing Harassment Strategy Against Dems Detailed In Memo: ›Yell‹, ›Stand Up And Shout Out‹, ›Rattle Him‹«. In: *ThinkProgress*, 31.07.2009. Auf: http://thinkprogress.org/politics/2009/07/31/53761/recess-harassment-memo. **185** Ebd. **186** Ebd. **187** Meola, Olympia: »Bus tour set to protest Obama health-care plan«. In: *Richmond-Times Dispatch*, 23.07.2009. Auf: http://www2.timesdispatch.com/news/2009/jul/23/buss23_20090722 -222402-ar-36367. **188** Bailey, Holly: »The Looming Ad War over Health Care Reform«. In: *Newsweek*, 30.07.2009. Auf: http://www.thedailybeast.com/newsweek/ blogs/the-gaggle/2009/07/30/the-looming-ad-war-over-health-care-reform. html. **189** Adamy, Janet: »Despite Making Concessions, Insurers Face Renewed Attacks«. In: *The Wall Street Journal*, 30.07.2009. Auf: http://online.wsj.com/article/ SB124891353497192109.html. **190** Kleefeld, Eric: »Boehner Cites Jefferson: ›A Little Rebellion Now And Then Is Good‹«. In: *Talking Points Memo*, 17.09.2009. Auf: http://tpmdc.talkingpointsmemo.com/tea-party/2009/09. **191** Allen, Jonathan / Shiner, Meredith: »Tea partiers descend on Capitol Hill«. In: *Politico*, 06.11.2009. Auf: http://www.politico.com/news/stories/1109/29183.html. **192** Singer, Paul: »Bachmann Playing With House Money«. In: *Roll Call*, 20.06.2011. Auf: http://www. rollcall.com/issues/56_141/bachmann-plays-with-house-money-206599-1.html. **193** »The Rush Limbaugh Show«, 22.03.2010. **194** Memoli, Michael A.: »Mitch McConnell's remarks on 2012 draw White House ire«. In: *Los Angeles Times*, 27.10.2010. Auf: http://articles.latimes.com/2010/oct/27/news/la-pn-obama-mcconnell-20101027. **195** Kliff, Sarah: »Tea party finds success blocking reform«. In: *Politico*, 30.03.2012. Auf: http://www.politico.com/news/stories/0311/52231.html. **196** Berman, Russell: »House repeals healthcare law«. In: *The Hill*, 19.01.2011. Auf: http://thehill.com/homenews/house/138897. **197** Ebd. **198** »Transcript: Bachmann's response to State of the Union«. In: *CNN*, 25.01.2011. Auf: http://articles.cnn.com/2011-01-25/politics/sotu.response.bachmann_1_s=PM:POLITICS. **199** Berman, Russell: »House repeals healthcare law«, 19.01.2011. **200** Rayfield, Jillian: »Tea Party Express Leader: Left Is ›Revolting And Disgusting‹ For Blaming The Tea Party«. In: *Talking Points Memo*, 10.01.2011. Auf: http://tpmdc.talkingpoints-memo.com/2011/01/tea-party-express-leader-left-is-revolting-and-disgusting-for-blaming-the-tea-party.php. **201** Reilly, Ryan: »Sarah Palin Defends ›Blood Libel‹, Says Loughner Was ›Perhaps Even Left-Leaning‹«, Video. In: *Talking Points Memo*, 18.01.2011. Auf: http://tpmdc.talkingpointsmemo.com/2011/01/sarah-palin-defends-blood-libel-says-loughner-was-perhaps-even-left-leaning-video.php. **202** Beutler, Brian: »GOP Rep: Loughner's Beliefs ›The Liberal Of Liberals‹«. In: *Talking Points Memo*, 11.01.2011. Auf: http://tpmdc.talkingpointsmemo.com/2011/01/gop-rep-loughners-beliefs-the-liberals-of-liberals.php. **203** »Sheriff Clarence Dupnik: Arizona ›Mecca For Prejudice & Bigotry‹«. In: *The Huffington Post*, 08.01.2011. Auf: http://www.huffingtonpost.com/2011/01/08/n_806303.html. **204** Mehta, Aaron: »The Missed Warning Signs«. In: *Newsweek*, 11.01.2011. Auf: http://www.thedaily-beast.com/newsweek/2011/01/11/homeland-security-study-warned-of-right-wingextremism.html. **205** Romney, Mitt: »Mr. President, What's the Rush?« In: *USA Today*, 30.07.2009. Auf: http://mittromneycentral.com/op-eds/2009-op-eds/mr-president-whats-the-rush. **206** Erickson, Erick: »BREAKING: Mitt Romney Urged Obama to Embrace the Individual Mandate«. In: *RedState*, 02.03.2012. Auf: http://www.redstate.com/erick/2012/03/02/breaking-mitt-romney-urged-obama-to-embrace-the-individual-mandate. **207** Ders.: »Further Proof Romney Supported a National Individual Mandate In 2009«. In: *RedState*, 03.03.2012. Auf: http://www.redstate.com/erick/2012/03/03/further-proof-romney-supported-a-national-individual-mandate-in-2009. **208** »Obama on single payer health insurance«. In: *Youtube*, 30.06.2003. Auf: http://www.youtube.com/watch?v=fpAyan1fXCE. **209** »Transcript: The Democratic Debate in South Carolina«. In: *The New York Times*, 21.01.2008. Auf: http://www.nytimes.com/2008/01/21/us/politics/21demdebate-transcript.html?pagewanted=all. **210** Obama, Barack: »Remarks by the President at the Associated Press Luncheon«. In: *White House*, 03.04.2012. Auf: http://www.whitehouse.gov/the-press-office/2012/04/03/remarks-president-associated-press-luncheon. **211** Pauly, Mark V. / Damon, Patricia / Feldstein, Paul / Hoff, John: »A Plan for ›Responsible National Health Insurance‹«. In: *Health Affairs*, 02/1991. Auf: http://content.healthaffairs.org/content/10/1/5.full.pdf+html. **212** Physicians for a National Health Program: »Health law, constitutional or no, fails to remedy ailment: doctors group«. In: *PNHP*, 26.03.2012. Auf: http://www.pnhp.org/news/2012/march/health-law-constitutional-or-no-fails-to-remedy-ailment-doctors-group. **213** Moore, Michael: »Why the Current Bills Don't Solve Our Health Care Crisis«. In: *The Huffington Post*, 29.09.2009. Auf: http://www.huffingtonpost.com/michael-moore/b_302483.html. **214** »Focus Area Universal Health Care«. In: *Consumer Watchdog*, Auf: http://www.consumerwatchdog.org/focusarea/universal-health-care, 31.03.2012. **215** »Dennis Kucinich and Ralph Nader: A Discussion on Healthcare, Politics and Reform«. In: *Democracy Now!*, 18.03.2010. Auf: http://www.democracynow.org/2010/3/18/dennis_kucinich_and_ralph_nader_a. **216** Sussman, Dalia / Cooper, Helene / Phillips, Kate: »Most Oppose at Least Part of Overhaul, Poll Finds«. In: *The New York Times*, 26.03.2012. Auf: http://www.nytimes.com/2012/03/27/us/most-americans-want-health-care-law-overturned-or-changed-poll-finds.html?_r=1&ref=healthinsuranceandmanagedcare. **217** Kaiser Health Tracking Poll: »Public Opinion on Health Care Issues«, 03/2012, S. 10. In: *The Henry J. Kaiser Family Foundation*. Auf: http://www.kff.org/kaiserpolls/8285.cfm. **218** »H.R. 4872, Reconciliation Act of 2010 (Final Health Care Legislation)«. In: *Congressional Budget Office*, 20.03.2010. Auf: http://www.cbo.gov/publication/21351. **219** Sargent, Greg: »How did legal observers and Obamacare backers get it so wrong?« In: *The Washington Post*, 29.03.2012. Auf: http://www.washington-post.com/blogs/plum-line/post/2012/03/29/gIQArH5wiS_blog.html. **220** Fried, Charles: »Solicitor General's Critics Wrong About his Defense of Obamacare«. In: *The Daily Beast*, 29.03.2012. Auf: http://www.thedailybeast.com/articles/2012/03/29/solicitor-general-s-critics-wrong-about-his-defense-of-obamacare.html. **221** Klein, Ezra: »Reagan's solicitor general: ›Health care is interstate commerce. Is this a regulation of it? Yes. End of story.‹« In: *The Washington Post*, 28.03.2012. Auf: http://www.washingtonpost.com/blogs/ezra-klein/post/2011/08/25/gIQAmaQigS_blog.html. **222** Raskin, Jamin: »The Ghost of *Lochner* Sits on the Supreme Court and

Haunts the Land«. In: *The Huffington Post*, 02.04.2012. Auf: http://www.huffington-post.com/jamie-raskin/b_1398073.html. **223** »Obama takes a shot at Supreme Court over healthcare«. In: *Reuters*, 02.04.2012. Auf: http://www.reuters.com/article/2012/04/02/us-obama-healthcare-idUSBRE83I0WP20120402. **224** »Carville: A Supreme Court loss will help Democrats«. In: *CNN*, 27.03.2012. Auf: http://politicalticker.blogs.cnn.com/2012/03/27/carville-a-supreme-court-loss-will-help-democrats. **225** »New Polls: Tea Party Roadblock To Budget Compromise«. In: *The Huffington Post*, 07.04.2011. Auf: http://www.huffingtonpost.com/2011/04/07/n_846122.html. **226** »Public Would Blame Both Sides if Government Shuts Down – Tea Party Reps Say Stand on Principle Even If It Means a Shutdown«. In: *Pew Research Center for the People & the Press*, 04.04.2011. Auf: http://www.people-press.org/2011/04/04/public-would-blame-both-sides-if-government-shuts-down. **227** Hulse, Carl: »Budget Deal to Cut $38 Billion Averts Shutdown«. In: *The New York Times*, 08.04.2011. Auf: http://www.nytimes.com/2011/04/09/us/politics/09fiscal.html?pagewanted=all. **228** Bai, Matt: »Obama vs. Boehner: Who Killed the Debt Deal?« In: *The New York Times*, 28.03.2012. Auf: http://www.nytimes.com/2012/04/01/magazine/obama-vs-boehner-who-killed-the-debt-deal.html?pagewanted=all. **229** Barney Frank im Interview mit Rachel Maddow. In: *MSNBC.com*, 19.12.2011. Auf: http://www.msnbc.msn.com/id/26315908/ns/msnbc_tv-rachel_maddow_show. **230** Allen, Jonathan: »New GOP split over payroll bill«. In: *Politico*, 19.12.2011. Auf: http://www.politico.com/news/stories/1211/70637.html. **231** Beutler, Brian: »GOP Fractures Further Over Payroll Tax Mess«. In: *Talking Points Memo*, 22.12.2011. Auf: http://tpmdc.talkingpointsmemo.com/2011/12/gop-fractures-further-over-payroll-tax-mess.php. **232** »The GOP's Payroll Tax Fiasco«. In: *The Wall Street Journal*, 22.12.2011. Auf: http://online.wsj.com/article/SB10001424052970204791104577110573867064702.html? **233** Steinhauer, Jennifer: »G.O.P. Freshmen Not as Defiant as Reputation Suggests«. In: *The New York Times*, 16.03.2012. Auf: http://www.nytimes.com/2012/03/17/us/politics/house-freshmen-not-as-defiant-as-their-reputation-suggests.html. **234** Ebd. **235** Zernike, Kate: »Tea Party Set to Win Enough Races for Wide Influence«. In: *The New York Times*, 15.10.2010. Auf: http://www.nytimes.com/2010/10/15/us/politics/15teaparty.html?_r=1&hp. **236** Olver, Christopher: »Tea Time in America? The Impact of the Tea Party Movement on the 2010 Midterm Elections«. In: *Journalist's Resource*, 06.07.2011. Auf: http://journalistsresource.org/studies/government/politics/tea-party-move-ment-2010-midterm-elections. **237** Contract from America auf: http://www.contractfromamerica.org, 20.04.2012. **238** O'Donnell, Christine: »Christine O'Donnell: I'm You«. In: *Youtube*, 04.10.2010. Auf: http://www.youtube.com/watch?v=tGGAgljengs. **239** Siegel, Elyse: »Sharron Angle Senate Campaign: How To Lose An 11-Point Lead In 7 Weeks«. In: The Huffington Post, 29.07.2010. Auf: http://www.huffingtonpost.com/2010/07/29/sharron-angle-senate-camp_n_663798.html#s120557&title=Tout_Extremely_Controversial. **240** Ryan, Josiah: »Parts of the Constitution inadvertently skipped on ›historic reading‹ on floor«. In: *The Hill*, 06.01.2011. Auf: http://thehill.com/blogs/floor-action/house/136475. **241** Moody, Chris: »Original U.S. Constitution will not be read in entirety on House floor«. In: *Daily Caller*, 05.01.2011. Auf: http://dailycaller.com/2011/01/05/original-u-s-consti-tution-will-not-be-read-in-entirety-on-house-floor. **242** Yadron, Danny: »House

Reads Constitution, Gets Civics Lesson«. In: *The Wall Street Journal*, 06.01.2011. Auf: http://blogs.wsj.com/washwire/2011/01/06/house-reads-constitution-gets-civics-lesson. **243** Sherman, Jake: »GOP bends its own new House rules«. In: *Politico*, 06.01.2011. Auf: http://www.politico.com/news/stories/0111/47124.html. **244** Haberkorn, Jennifer: »GOP won't count cost of repeal«. In: *Politico*, 06.01.2011. Auf: http://www.politico.com/news/stories/0111/47000.html. **245** Kapur, Sahil: »Top 6 initiatives House Republicans prioritized over job creation«. In: *The Raw Story*, 22.03.2011. Auf: http://www.rawstory.com/rs/2011/03/22/top-6-things-republicans-consider-more-important-than-job-creation. **246** Weisman, Jonathan: »Before Vote, Republicans Make Moves to the Right«. In: *The New York Times*, 25.02.2012. Auf: http://www.nytimes.com/2012/02/26/us/politics/republicans-stampede-to-the-right-ahead-of-2012-election.html. **247** »The Club's Congressional Score Card«. In: *Club for Growth*, 03.03.2012. Auf: http://www.clubforgrowth.org/projects/scorecard/year=2011&chamber=1&state=Any&party=Any&memberName=. **248** Brooks, David: »The Possum Republicans«. In: *The New York Times*, 27.02.2012. Auf: http://www.nytimes.com/2012/02/28/opinion/brooks-the-possum-republicans.html. **249** »Freedomworks for America Independent Expenditures«. In: *opensecrets.org*, 02.03.2012. Auf: http://www.opensecrets.org/pacs/indexpend.php?strID=C00499020&cycle=2012. **250** »Understanding Rep. Ryan's Plan For Medicare«. In: *kaiserhealthnews.org*, 04.04.2011. Auf: http://www.kaiserhealthnews.org/stories/2011/april/05/ryan-plan-for-medicare-vouchers-vs-premium-support.aspx. **251** Klein, Ezra: »Wonkbook: Why did Senate Republicans vote for Ryan's plan?« In: *The Washington Post*, 26.05.2011. Auf: http://www.washingtonpost.com/blogs/ezra-klein/post/2011/05/26/AG6sWuBH_blog.html. **252** »Mixed Views of GOP Proposals on Entitlements«. In: *Pew Research Center Publications*, 14.09.2010. Auf: http://pewresearch.org/pubs/1726/poll-social-security-medicare-republican-plans-bush-tax-cuts-gop-leader. **253** Burns, Alexander: »Romney endorses Ryan budget«. In: *Politico*, 20.03.2012. Auf: http://www.politico.com/blogs/burns-haberman/2012/03/romney-endorses-ryan-budget-118079.html. **254** Frum, David: »When Did the GOP Lose Touch With Reality?« In: *New York Magazine*, 20.11.2011. Auf: http://nymag.com/news/politics/conservatives-david-frum-2011-11. **255** »States Enact Record Number of Abortion Restrictions in 2011«. In: *Guttmacher Institute*, 05.01.2012. Auf: http://www.guttmacher.org/media/inthenews/2012/01/05/endofyear.html. **256** Seitz-Wald, Alex: »Kyl Walks Back Planned Parenthood Claim: It ›Was Not Intended To Be A Factual Statement‹«. In: *ThinkProgress*, 08.04.2011. Auf: http://thinkprogress.org/politics/2011/04/08/157415/kyl-walks-back-claim-about-planned-parenthoo. **257** Ad Hoc Committee for Religious Liberty: »A Statement on Religious Liberty«. In: *United States Conference of Catholic Bishops*. Auf: http://usccb.org/issues-and-action/religious-liberty/our-first-most-cherished-liberty.cfm, 20.04.2012. **258** James, Frank: »Poll: Majority Of Voters Support Birth-Control Benefit Rule«. In: *National Public Radio*, 07.02.2012. Auf: http://www.npr.org/blogs/itsallpolitics/2012/02/07/146527962/poll-majority-of-voters-support-obamas-contraception-benefit-rule? **259** Eckholm, Erik: »Republican Presidential Candidates Embrace Granting Legal Rights to Human Embryos«. In: *The New York Times*, 22.12.2011. Auf: http://thecaucus.blogs.nytimes.com/2011/12/22/republican-presidential-candidates-embrace-granting-legal-rights-to-human-embryos. **260** »Rick

Santorum Even Opposes Birth Control«. In: *USNews*, 06.01.2012. Auf: http://www. usnews.com/opinion/blogs/laura-chapin/2012/01/06/rick-santorum-even-opposes-birth-control.   **261** »Strong on Defense and Israel, Tough on China – Tea Party and Foreign Policy«. In: *Pew Research Center Publications*, 07.10.2011. Auf: http://www. people-press.org/2011/10/07/strong-on-defense-and-israel-tough-on-china/ ?src=prc-headline.   **262** Lawton, Graham: »Everything Was a Problem and We Did Not Understand a Thing«. Interview mit Noam Chomsky. In: *Slate.com*, 25.03.2012. Auf: http://www.slate.com/articles/health_and_science/new_scientist/2012/03/ noam_chomsky_on_linguistics_and_climate_change_.single.html.   **263** http:// www.rasmussenreports.com/public_content/politics/mood_of_america/congressi-onal_performance.   **264** Reagan, Ronald: »The First Inaugural Address«, 20.01.1981. Auf: http://www.presidency.ucsb.edu/ws/index.php?pid=43130#axzz1sn Qm43Vi.   **265** Tritch, Teresa: »How the Deficit Got This Big«. In: *The New York Times*, 23.07.2011. Auf: http://www.nytimes.com/2011/07/24/opinion/sunday/ 24sun4.html.   **266** Paul, Ron: »A Tea Party Foreign Policy«. In: *Foreign Policy*, 27.08.2010. Auf: http://www.foreignpolicy.com/articles/2010/08/27/a_tea_party_ foreign_policy.   **267** Hennessey, Kathleen: »Sarah Palin to Tea Party Convention: ›This is about the people‹«. In: *Los Angeles Times*, 07.02.2010. Auf: http://articles. latimes.com/2010/feb/07/nation/la-na-tea-party7-2010feb07.   **268** McCain, John: »We Are All Georgians«. In: *The Wall Street Journal*, 14.08.2008. Auf: http://online. wsj.com/article/SB121867081398238807.html.   **269** Smith, Ben: »Palin splits with neocon advisers«. In: *Politico*, 03.05.2011. Auf: http://www.politico.com/blogs/bens-mith/0511/Palin_splits_with_neocon_advisers.html.   **270** Rogin, Josh: »Is Palin reading the Tea Party leaves on foreign policy?« In: *Foreign Policy*, 03.05.2011. Auf: http://thecable.foreignpolicy.com/posts/2011/05/03/is_palin_reading_the_tea_ party_leaves_on_foreign_policy.   **271** Smith, Marion: »A Tea Party Foreign Policy?« In: *Heritage Foundation*, 08.06.2011. Auf: http://blog.heritage.org/2011/06/08/a-tea-party-foreign-policy.   **272** »Strong on Defense and Israel, Tough on China – Tea Party and Foreign Policy«. In: *Pew Research Center*, 07.10.2011. Auf: http://www. people-press.org/2011/10/07/strong-on-defense-and-israel-tough-on-china/ ?src=prc-headline.   **273** Bendery, Jennifer: »Paul Ryan, Jeff Sessions Warn Obama's Budget Could Spur Greek-Style Debt Crisis«. In: *The Huffington Post*, 13.02.2012. Auf: http://www.huffingtonpost.com/2012/02/13/n_1273809.html.   **274** »Public Support for Increased Trade, Except With South Korea and China«. In: *Pew Re-search Center*, 09.11.2010. Auf: http://www.people-press.org/2010/11/09/public-sup-port-for-increased-trade-except-with-south-korea-and-china.   **275** Milbank, Dana: »The Tea Party loses another round«. In: *The Washington Post*, 12.10.2011. Auf: http://www.washingtonpost.com/opinions/2011/10/12/gIQAxbU2fL_story.html.   **276** Rucker, Philip: »Mitt Romney taps foreign policy, national security advisers«. In: *The Washington Post*, 06.10.2011. Auf: http://www.washingtonpost.com/politics/ 2011/10/06/gIQAnDHzPL_story.html.   **277** Cooper, Helene: »Candidates Hammer Obama Over Iran, but Approaches Differ Little«. In: *The New York Times*, 06.03.2012. Auf: http://www.nytimes.com/2012/03/06/us/politics/republican-policies-for-iran-differ-little-from-obamas.html?_r=1&hp.   **278** Landler, Mark: »Obama Presses Netanyahu to Resist Strikes on Iran«. In: *The New York Times*, 05.03.2012. Auf: http://www.nytimes.com/2012/03/06/world/middleeast/obama-cites-window-fordiplomacy-on-iran-bomb.html.   **279** Noonan, Peggy: »It's Over. What Have We Learned?« In: *The Wall Street Journal*, 12.04.2012. Auf: http://online.wsj.com/article/declarations.html.   **280** Mead, Walter Russell: »The Tea Party and American Foreign Policy«. In: *Foreign Affairs*, 03–04/2011. Auf: http://www.foreignaffairs.com/articles/67455/walter-russell-mead/the-tea-party-and-american-foreign-policy. **281** Engler, Mark: »For Tax Day 2011, Progressives Have Stolen the Tea Party's Momentum«. In: *Dissent Magazine*, 18.04.2011. Auf: http://dissentmagazine.org/atw.php?id=433.   **282** Kocieniewski, David: »G.E.'s Strategies Let It Avoid Taxes Altogether«. In: *The New York Times*, 24.03.2011. Auf: http://www.nytimes.com/2011/03/25/business/economy/25tax.html?_r=2&hp.   **283** »Moby sings ›The Day‹ against US budget cuts«. In: *Youtube*, 13.04.2011. Auf: http://www.youtube.com/watch?v=sFOnOI0S5RM.   **284** Interview mit Keith Olberman. In: Current TV, 21.10.2011. Auf: http://current.com/shows/countdown/videos/occupy-wall-street-paul-krugman-says-the-movement-has-changed-the-policy-conversation-in-washington.   **285** Noah, Timothy: »The United States of Inequality«. In: *Slate.com*, 03.09.2010. Auf: http://www.slate.com/articles/news_and_politics/the_great_divergence/features/2010/the_united_states_of_inequality/introducing_the_great_divergence.html.   **286** Arlidge, John: »George Soros on the Coming U.S. Class War«. In: *Newsweek*, 23.01.2012. Auf: http://www.thedailybeast.com/newsweek/2012/01/22/george-soros-on-the-coming-u-s-class-war.html.   **287** DeParle, Jason / Gebeloff, Robert / Tavernise, Sabrina: »Older, Suburban and Struggling, ›Near Poor‹ Startle the Census«. In: *The New York Times*, 18.11.2011. Auf: http://www.nytimes.com/2011/11/19/us/census-measures-those-not-quite-in-poverty-but-struggling.html?pagewanted=all.   **288** Lilla, Mark: »The Tea Party Jacobins«. In: *The New York Review of Books*, 29.04.2010. Auf: http://www.nybooks.com/articles/archives/2010/may/27/tea-party-jacobins/?pagination=false.   **289** »Americans Say They Like Diverse Communities; Election, Census Trends Suggest Otherwise«. In: *Pew Social & Demographic Trends*, 02.12.2008. Auf: http://www.pewsocialtrends.org/2008/12/02/americans-say-they-like-diverse-communities-election-census-trends-suggest-otherwise.   **290** Lilla, Mark: »The Tea Party Jacobins«, 29.04.2010. **291** Zernike, Kate / Thee-Brenan, Megan: »Poll Finds Tea Party Backers Wealthier and More Educated«. In: *The New York Times*, 14.04.2010. Auf: http://www.nytimes.com/2010/04/15/us/politics/15poll.html.   **292** Cooper, Michael / Thee-Brenan, Megan: »Disapproval Rate for Congress at Record 82% After Debt Talks«. In: *The New York Times*, 04.08.2011. Auf: http://www.nytimes.com/2011/08/05/us/politics/05poll.html?ref=us.   **293** Campbell, David / Putnam, Robert: »Crashing the Tea Party«. In: *The New York Times*, 16.08.2011. Auf: http://www.nytimes.com/2011/08/17/opinion/crashing-the-tea-party.html.   **294** »More Now Disagree with Tea Party – Even in Tea Party Districts«. In: *Pew Research Center*, 29.11.2011. Auf: http://www.people-press.org/2011/11/29/more-now-disagree-with-tea-party-even-in-tea-party-districts.   **295** Campbell, David / Putnam, Robert: »Crashing the Tea Party«, 16.08.2011.   **296** Savan, Leslie: »The Tea Party Is Dead! Long Live the Tea Party (in the Media)!« In: *The Nation*, 29.09.2011. Auf: http://www.thenation.com/blog/163705/tea-party-dead-long-live-tea-party-media.   **297** Bunch, Will: »The Tea Party, Right-Wing Media, And The Dog That Didn't Bark«. In: *Media Matters for America*, 28.09.2011. Auf: http://mediamatters.org/blog/201109280011.   **298** »Party Polarization: 1879 – 2010«. In: *Voteview*. Auf: http://voteview.com/Polarized_America. htm#POLITICALPOLARIZATION, 11.01.2010. **299** Berman, Russell: »Michele Bachmann's Tea Party Caucus sat out the debt-ceiling debate«. In: *The Hill*, 07.08.2011. Auf: http://thehill.com/homenews/house/175815-bachmanns-tea-party-caucus-silent-during-debt-limit-debate. **300** Raju, Manu / Kim, Seung Min: »Tea party hoopla fades on the Hill«. In: *Politico*, 23.10.2011. Auf: http://www.politico. com/news/stories/1011/66669_Page2.html. **301** Singer, Stacey: »David Koch intends to cure cancer in his lifetime and remake American politics«. In: *Palm Beach Post*, 20.02.2012. Auf: www.palmbeachpost.com/money/david-koch-intends-to-cure-cancer-in-his-2185046.html?viewAsSinglePage=true. **302** Weisman, Jonathan: »Before Vote, Republicans Make Moves to the Right«. In: *The New York Times*, 25.02.2012. Auf: http://www.nytimes.com/2012/02/26/us/politics/republicans-stampede-to-the-right-ahead-of-2012-election.html. **303** American Conservative Union: »2010 U.S. Senate Votes«. Auf: http://www.conservative.org/ratings/ratings archive/2010/2010SenateRatings.htm, 04.03.2012. **304** Sullivan, Amy: »The End Of ›Compassionate Conservatism‹?« In: *The Huffington Post*, 31.01.2012. Auf: http:// www.huffingtonpost.com/2012/01/30/n_1242720.html. **305** DeParle, Jason / Gebeloff, Robert / Tavernise, Sabrina: »Older, Suburban and Struggling«, 18.11.2011. **306** Editorial: »Not What Paul Volcker Had in Mind«. In: *The New York Times*, 27.02.2012. Auf: http://www.nytimes.com/2012/02/28/opinion/not-what-paul-volcker-had-in-mind.html?_r=1&hp. **307** Dwyer, Devin: »Obama: Occupy Wall Street ›Not That Different‹ From Tea Party Protests«. In: *ABC News*, 18.10.2011. Auf: http://abcnews.go.com/blogs/politics/2011/10/obama-occupy-wall-street-not-that-different-from-tea-party-protests. **308** Kazin, Michael: »Whatever Happened to the American Left?«. In: *The New York Times*, 24.09.2011. Auf: http://www.nytimes. com/2011/09/25/opinion/sunday/whatever-happened-to-the-american-left.html? pagewanted=all. **309** »Glenn Beck: Occupy Wall Street Protesters Will ›Kill Everybody‹«, Video. In: *The Huffington Post*, 10.10.2010. http://www.huffingtonpost. com/2011/10/10/n_1004016.html. **310** Sachs, Jeffrey: »›Money has driven American politics to the right‹«, Video, Interview mit Guardians Madeleine Bunting. In: *The Guardian*, 12.12.2011. Auf: http://www.guardian.co.uk/commentisfree/video/2011/ dec/12/jeffrey-sachs-american-politics-economy-video?newsfeed=true. **311** Ebd. **312** Ders.: »The New Progressive Movement«. In: *The New York Times*, 12.11.2011. Auf: http://www.nytimes.com/2011/11/13/opinion/sunday/the-new-progressive-movement.html?_r=1. **313** Stevenson, Richard: »Tea Party Movement Takes the Long View«. In: *The New York Times*, 09.03.2012. Auf: http://thecaucus. blogs.nytimes.com/2012/03/09/tea-party-movement-takes-the-long-view. **314** Ebd. **315** Weisman, Jonathan / Steinhauer, Jennifer: »G.O.P. Lawmakers and Romney Face a Delicate Tango«. In: *The New York Times*, 16.04.2012. Auf: http://www.nytimes.com/2012/04/16/us/politics/house-republicans-would-thwart-romney-move-to-center.html. **316** Jackson, David: »Obama: Election is biggest contrast since LBJ-Goldwater«. In: *USA Today*, 11.04.2012. Auf: http://content.usa-today.com/communities/theoval/post/2012/04/obama-election-is-biggest-contrast-since-lbj-goldwater/1#.T4WECfEki2w.